南山耕余录

吴世民◎著

安徽师范大学出版社
ANHUI NORMAL UNIVERSITY PRESS
·芜湖·

图书在版编目(CIP)数据

南山耕余录 / 吴世民著. -- 芜湖 : 安徽师范大学出版社, 2025. 8. -- ISBN 978-7-5676-7134-8

Ⅰ. K295.43

中国国家版本馆CIP数据核字第20256KW466号

南山耕余录

吴世民◎著

责任编辑：房国贵　　　　责任校对：李克非

装帧设计：张德宝　姚　远　　　　责任印制：桑国磊

出版发行：安徽师范大学出版社

芜湖市北京中路2号安徽师范大学赭山校区　　邮政编码：241000

网　　址：https://press.ahnu.edu.cn

发 行 部：0553-3883578　　5910327　　5910310(传真)

印　　刷：苏州市古得堡数码印刷有限公司

版　　次：2025年8月第1版

印　　次：2025年8月第1次印刷

规　　格：700 mm × 1000 mm　1/16

印　　张：28.5　　插页：3

字　　数：451千字

书　　号：978-7-5676-7134-8

定　　价：98.00元

作者接受记者采访

作者与友人一起进行田野调查

作者与友人一起参加考古活动

撰写论文

老猿盗芋

秋菊一枝送高远

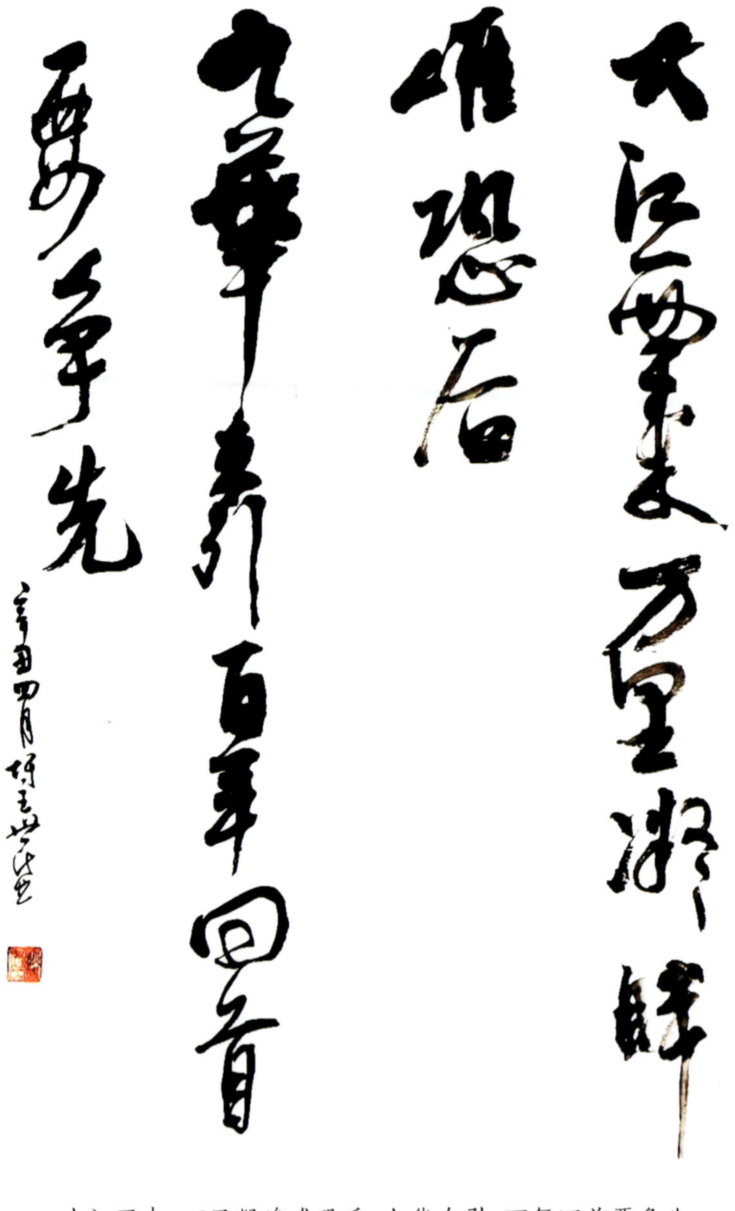

大江西来，万里凝眸唯恐后；九华东引，百年回首要争先

他何曾有“耕余”

出版社编辑将已故好友吴世民遗著样稿寄来，委托我帮助校对并给这本书写篇“序言”。打开快递包裹，看到书名《南山耕余录》几个字，我不禁泪眼潸然：“世民啊，你何曾有过‘耕余’？”

我与世民相交时间不算太长，只有十余年，但交着交着，渐成挚友。在我的印象里，他始终是忙忙碌碌的。世民常称自己是“耕夫”，我感觉这个自称挺“对”他的。他似乎每天都在“挖栽种浇收”，“唧唧复唧唧”，没有一刻消停过。刚开始，我十分疑惑：你一个大学老师，没有学生升学的压力，怎么会这么忙？交往久了，终于理解了：他确实忙，比我想象的还要忙。因为，有那么多“田地”需要他去“耕耘”。而且，以他喜欢较真碰硬的做事风格，花费时间和精力之多可想而知。同时，我也由衷地认为，他的“忙”，忙得确有价值，有很大价值！

（1）深耕学术“田地”，钻研既深且广

世民最喜欢一个词——厚积薄发。他认为，作为一个学者，首先要有深厚的“内功”，必须具备丰厚的学术积淀，要“致广大而尽精微”，即一方面要使自己具备宏观视野和广泛覆盖的能力，另一方面要掌握既“微”且“精”的知识。怎样达到这种境界？“读书，多读书！”世民曾回忆自己的学生生涯说：“每上一所新的学校，图书馆里，除了英语之类的书，差不多都被我扫荡一空。”参加工作后，他读书依旧“贪婪成性”。与专业相关联的书，他广泛读，深入读；与专业关系不大甚至没有关系的书，只要发现有价值或者感兴趣，他必设法罗致，饭不吃也要把它看完。海量读书，虽占用了他的不少生命空间，但也极大地培厚了他的学养，增强了他的学力。自然，做起学问来也就裕如了。

打开2022年世民出版的第一部专著《碰撞·融合·创生——吴越楚文化交融视野下的池州历史变迁》，你就会发现，这本近36万字的专著内容极其丰富，系统阐述了从商代中晚期一直到当代池州地域文明的发展演进，涉及政治、经济、军事、社会、文化、科技、地理、宗教、考古、农业、建筑、冶炼、造纸诸多领域，有许多发现和创见，他认为，称为宣纸的原因是，该纸的产地是池州地域内的秋浦县。秋浦县在唐代的前期属宣州管辖。此段时间内，泾县以及宣州其他各县均未产纸(《新唐书》《元和郡县志》)。乃至宋时，宣州其他各县仍不产纸(《宋史》)。故至北宋时，宣纸一词已成为池纸固定的专指。这一发现，还原了中国造纸文明的一段真实状况。还有，他对池州市和黄山市境内古“南江”遗址路线的发现及论证，修正了当代《水经注》研究权威陈桥驿教授“古南江不存在”的论断，是当代《水经注》学研究的一个新突破。

这本《南山耕余录》虽然在世民笔下仅仅是“耕余之录”，但是依旧充满着学术色彩。其中，上篇第三章到第五章，学术色彩最浓。在第三章《南山悟道》里，他从社会原因、理论溯源、“‘四书’学”的内涵等方面解析了“四书”与“三教合一”的因缘关系，很有思想启发性；他辩证比对了老子的“圣人”学说和庄子的“真人”学说，指出“‘真人’学说是对‘圣人’学说的补充、深化和发展”，拓展了现代学者钱穆关于老子、庄子学说歧异的理论。在第四章《南山寻古》，他考证了长江文化与青弋江文化的地理衔接、陵阳山与道教文化、南太原郡在池州的迁转、唐代大诗人李白流寓秋浦的文化之旅、杜牧与《清明》诗的创作、画坛巨匠黄宾虹旅居池阳的绘画创作、宋朝大书法家沈辽隐居齐山的诗歌创作等。第五章《南山谈艺》则就诗歌创作、绘画艺术、书法技法、文体兴盛等方面阐述了自己的见解。有些观点非常具有启发性，比如“书拘于形状，画拘于形色者，匠也；唯书以写心，画以达意者，可以为师也”“定画品先察修养也”“鹧鸪意象至李白才始大”“诗有画境、情境、意境”等。

即使在偏于记录和感悟生活的上篇第一章《南山樵采》、第二章《南山闲居》和分类汇集个人诗词歌赋的下篇第六章到第十一章，也不乏学术气息。在《南山樵采》中，他对池州的茶文化、造纸科学、动植物资源等进行了探讨；在《南山闲居》中，他又对传统节俗、传统饮食、生死文化等展开论述。他的诗词歌赋大量用典，尽显学者之风。让我印象尤为深刻的是其《池州赋》《杏花村赋》与40余首咏史诗，这些诗赋非有厚实的史学功底不能为。

为什么一本随笔性质的文集有如此浓郁的学术色彩？只有一个解释，那就是“求真知、觅真理已经成为他的生命品质”。

(2)执着池州地域文化研究与保护，开辟荆榛成“良田”

池州建市时间短，地域文化研究基础薄弱，系统研究接近荒芜。世民阅历丰富，视野宽阔，涉猎广泛，原本可以选择一些“时尚”的专业作为主攻方向。这样，可以“多快好省，易出成果”。可他不顾劝阻，毅然决然地凝心于池州地域文化研究上。我曾经问过世民：“你研究生读的是科技哲学史专业，为什么现在却搞起了池州地域文化研究来？这可是个冷门，而且几乎没有什么经验可借鉴，难出成果啊！”世民回答道：“但尽人事，莫问前程！”顿了会，他又说：“我搞研究，不是为了凑热闹，是看社会和地方是否有需要，是否有价值。”说着说着，他的眼里泛起光，“池州是一个既年轻又古老的城市。在这片土地上，距今约30万年就出现了华龙洞人，这有可能是东亚地区向智人演化的最早古人类。商代中晚期，这里便有了青铜文明和稻作文化。两千多年前的西汉时期就有了建城历史。作为池州人，我不能眼睁睁地看着这么灿烂的地域文化湮没在历史的长河中。”

研究地域文化，首先需要有文献为底。中华人民共和国成立以来，作为地市级单位，池州历经多次撤建，文献档案流落各地，找寻异常困难。为了找到所需文献，他四处奔走。既到过北京、上海、合肥、安庆等处图书馆、档案馆，也走街串巷、进村入户到人家中翻找资料。史书、方志、家谱、文集、回忆录等一本本地翻阅，一遍遍地“爬梳”，看过的书籍资料难以计数。世民视力不好，喜欢眯着眼看书。至今，我的眼前还时不时闪现一幅画面：月儿高挂天空，与池州城西郊某小区顶楼一个窗户透出的光遥相呼应。世民置身窗前故纸堆中，手拿一本线装书，凑着台灯，眯着眼分辨着……

世民尤其注重田野调查。中国传统文化讲究“格物致知”，田野调查曾经是人们治学的“刚需”：孔子周游列国而后删述“六经”，司马迁为著《史记》“行万里路”，郦道元踏遍千山万水成就《水经注》，梁思成、林徽因冒着战火辗转全国各地考察研究古建筑……但是，毋庸讳言，近年来，浮躁之风蔓延至学术研究领域。在文史界，能潜心爬梳古籍的人都不多，更不要说去做“费钱费力费时间”的田野调查了。有人曾委婉地提醒世民，“你这学问做得太累了，效率太低了。”世民笑了笑，依然故我。

他曾四40多次前往古石城县、秋浦县遗址所在地考察，厘清了古石城县、秋浦县文化发展脉络。为了寻找春谷古县城遗址，他冒着高温酷暑跑了一次又一次。有时，头天去看了，晚上躺在床上有了疑问，第二天立马又去了现场。为了寻找古南江故道，他结合郦道元《水经注》和杨守敬、熊会贞《水经注疏》的记载，跋山涉水仔细勘察，并请人用无人机航拍进行辨析，终于弄清了古南江的大致流域。他的田野考察经历，这本《南山耕余录》上篇第二章、第四章和下篇诗词诸章有所记载和反映，但这仅仅是他诸多田野考察的一小部分。我印象最为深刻的两件事却没有记录。

第一件事发生在2023年7月。记得一天世民告诉我，说他考察了多次，认为唐朝大诗人李白的《秋浦感主人归燕寄内》一诗的创作大概率与青阳县陵阳镇境内琉璃岭有关。我很兴奋，说：“这个发现很好。我抽时间来拍一个与之有关的电视短片。”8月份，我发现他病情加重，走路都有些摇摇晃晃，就说：“你身体已经这样了，暂时不去。等你身体恢复了我们再去。”9月底的一天，他打电话给我，兴奋地说：“可以基本确定了！李白的《秋浦感主人归燕寄内》一诗写到了琉璃岭。这诗的第一句是‘霜凋楚关木’。我刚又去了琉璃岭，了解到这里过去有个寺庙就叫‘郢关寺’。综合其他因素，可以确定我之前的推断是正确的。”我顿时无语——世民，你病情很重，你是正在进行血液透析治疗啊！

第二件事是在世民去世前的一个月。当时，我正带着团队拍摄寻古秋浦县系列电视专题。他知道了，要陪我们一起去。我以他需要定期透析治疗为由没有答应。他反复说他不是天天透析，透析间隙可以去。不去，心里憋得难受，更不利于治疗。我知道他的个性，拗不过他，只能让他前往。那一次，找到了光绪《贵池县志》记载的陶渊明衣冠冢遗址，他高兴得像个孩子。

这些年，世民究竟跑了多少路？考察了多少地方？考察到什么？这些现在已经无法寻找答案了，我的脑子里只浮现出一句诗词“八千里路云和月”。

功不唐捐。这种独特的“吴氏研究法”虽然在某些“聪明人”看来“很笨”，但正是依靠这种“很笨”的研究方法和十多年如一日在寂寞中的坚守，世民硬是在池州地域文化研究领域开拓出一片又一片“良田”：他初步还原了吴、越、楚文化碰撞、融合，从而创生出池州地域文明的过程与内容；他系统地梳理出池州府治及辖县县治的历史变迁，深度发掘了杏花村文化、古石城——秋浦文化与九华山、齐山文化的内涵和外延；他考证出李白现存关于池州诗歌创作的全部篇目，并系统阐释了这些诗歌涉及的具体地点、创作背景、内容、精神内核与意象特点。这些，从《南山耕余录》中可以管窥之。

直至离世，世民的职称还只是个“副教授”，可谁曾想到就是这个“副教授”，竟然被聘为安徽历史文化研究会研究员和中国唐诗之路研究会会员，还是联合国教科文组织国际考古暨历史语言学会特聘研究员。我想，这些荣誉不仅是对他个人学术成绩的充分肯定，更意味着池州地域文化研究得到了省里、国家乃至国际学术界的重视。

(3)乐种“公田”，精耕“自留地”

世民在世之日，我曾笑他有两个特别“好”。

一是“好管闲事”。

记得2023年9月的一天，他跑到我单位，找到我说：“青阳县杨田镇境内有好几座古老的石拱桥，非常漂亮。老江，你是记者，去拍拍，呼吁要加强保护。”我说我们去报道要按程序申报。过了两天，他就打来电话：“申报通过了没？要尽快报道，引起方方面面的重视。”那段时间，由于其他方面工作较多，我们没有时间去采访。他就隔三岔五地打电话催促。我哭笑不得，回他说：“你急什么？你哪是文管所的？好管闲事了啊！”他说：“这怎么是闲事呢？这是公众的事，人人有责。我发现了就要管！”不久，我们摄制了专题片《十里东堡 悠悠古桥》。

这本《南山耕余录》还收录了一份市政协提案——《关于建立昭明文化遗址公园的建议》。世民不是政协委员，这份提案怎么会出现在他的文集里呢？原来，他发现始建于唐朝的梁昭明太子庙遗址尚存，但没有得到恢复和开发，便邀请一名文艺界市政协委员实地考察，并一同撰写了这份建议，由该委员提交上去。这份提案引起了有关方面的重视。目前，梁昭明太子庙遗址保护已被列入相关保护规划。

有些单位举办职工文化培训，邀请世民作历史文化讲座。只要有时间他都会去，不管有钱没钱。他说，这是机会，可以传播池州历史文化。《池州市志》编辑工作启动，他主动要求加入，说“只要让我为修志出把力，可以不要工资，不挂名”。有些同行治学不严谨，不做认真考证，网上“荡”点资料拼凑成文就发表，他“视同寇仇”。李白笔下的“水车岭”遗址被破坏，他痛斥相关负责人……有关他“好管闲事”的事情不胜枚举。有人说：“你一个学者，安静做你的学问就行了。管那么宽干吗？”他回答道：“做学问的初心是什么？经世致用！如果因为要做学问，就两耳不闻窗外事。那样的学问不做也罢。”

二是“好为人师”。

世民在自己所在的池州开放大学（原池州电大），先后担任学校办公室、教学处和教研室副主任，教学、管理与科研任务相当重，加上他做事较真又“好管闲事”，本来就够忙碌的。有几年，他又去池州学院兼职教学。当时他职称不高，课时费很低。显然，他兼职不是为了钱。我见他太忙了，怕他身体吃不消，就劝他：“你忙得过来吗？你当老师没当够吗？”他憨憨一笑：“当老师永远当不够。”然后解释说，这些大学生就是文化传播的火种，激活他们对文化传承的热情，那可是“星星之火，可以燎原啊”。

世民在池州学院兼职教学中，有两个学生对池州地域文化产生了特别的兴趣。一个叫万余胜，另一个叫杨明星，都来自皖北阜阳市。世民经常给他们“开小灶”。比如，利用节假日带领他们到池州各地考察历史文化，激励他们多读书。

在世民的影响下，万余胜和杨明星大学毕业后都留在了池州，都一直对历史文化研究感兴趣。其中，万余胜在一家艺培机构执教，他喜欢把学生带到老师吴世民家接受文化熏染。自然，这些人又成了世民的学生。不过，把学生招到家中，世民可是要“赔本”的。万余胜曾经回忆过那段经历：“毕业后我陆续带了好几个‘徒子徒孙’到吴老师家里。每个人，吴老师都热情欢迎，小课堂一开就是三四个小时，从不收费。”“他靠记忆普及池州历史文化，如数家珍，精确到年月日。”一个叫陈峥的学生对一件事情印象特别深刻：“那时候我记得我们吃饭吴老师从不让我们结账，都是他自掏腰包。一般人往往是说说而已，最多推三次就结束了这个回合。而他每次都真的付钱。他说我们学生没有钱。”陈峥他们并不知道，当时，他们敬爱的吴老师其实也没什么钱。依靠住房公积金和亲戚朋友的借款，他才好不容易在房价远低于城中的城郊购买了一套二手住房。

就是这个从小酷爱戏曲艺术的陈峥，世民对他特别看好，鼓励他“勇敢逐梦，做自己感兴趣的事情”，告诫他“人的一辈子不可能干得了很多件事情。你要专心致志地把一件事做好！”高中毕业，陈峥考取了中国戏曲学院戏曲导演专业。其后，又考入俄罗斯国立舞台学院攻读硕士。

从表面上看，世民性格狷狂直硬，不好相与。可是，一涉及学生，他却似乎变了一个人，异常温和细致，有时甚至有些婆婆妈妈的：“杨明星昨天考贵池区融媒体中心的，不知道考得怎样？”“万余胜三十岁了，还没对象。老江，你能不能帮他介绍介绍？”当得知陈峥留学归来，暂时没有找到合适工作时，他“哀求”陈峥：“你发狠读书啊，读博士入高校吧！”

耕耘就有收获，付出必有回报。他的学生们没有辜负他的期望：万余胜注册了“秋浦小万”视频号，挖掘传播池州历史文化知识。目前，这个自媒体账号被业内公认为“池州最具专业水平”视频号之一；杨明星成长为贵池区融媒体中心视频部主任，妥妥的业务骨干，挑起了地方视频文化宣传的大梁；陈峥潜心戏曲艺术保护传承，牵头成功恢复失传80多年的剡溪目连戏，被授予省级非遗项目石台目连戏县级代表性传承人……

世民当过小学老师、中学老师、大学老师，还在社会机构上过课，他一生中究竟培养出多少个万余胜、杨明星、陈峥？

在教育园地操碎了心，在池州地域文化研究领域拓荒不停，在学术“田地”里细作深耕……连续多年的超负荷“耕耘”透支了世民的身体，耗尽了他的心力，迫使他停止了“耕作”的步伐。2024年2月3日，世民这支原本燃烧得特别旺盛的“火把”熄灭了——他因病永远离开了我们。

世民患病期间，我和他的朋友、学生们曾不止一次劝说他到大城市去进行更好的治疗，他坚拒不去。当时，我们很不理解。后来才知道其中有一个重要原因：他感觉到自己时日无多，抢抓时间撰写他的学术著作。这些著作就包括这本《南山耕余录》。唉，他这是以身为薪，薪尽火传啊！

书房中眯着眼阅读古籍、图书馆内一页页一行行地查找资料、村野里细致入微地考察文化遗迹……转眼，世民离世一年多了，但至今他生前学习和工作的一幅幅画面仍时常浮现于我的眼前。恍惚中，这些画面又与一组历史影像叠化在一起：双目失明的左丘明摸索着刻写《国语》、伏生全家不要命地守护《尚书》、顾炎武大声呐喊“保天下者，匹夫之贱，与有责焉耳矣”、马衡等学者冒着日寇的炮火护卫着故宫文物南迁、叶嘉莹用一生光阴传递中华诗词文化……那一刻，我真切地感受到“苔花如米小，也学牡丹开”，深刻理解了“为天地立心，为生民立命，为往圣继绝学，为万世开太平”，也真正明白了我们中华文明为什么会几千年绵延不绝、弦歌不辍。

“路漫漫其修远兮！”文化传承的道路上，世民等先行者燃起的火势正旺。火光映路，我辈当奋力前行！

谨以此文悼念挚友世民，并为其遗著《南山耕余录》序。

秋浦仓埠潭　江山　泪撰

2025年2月于池州

江山：资深新闻记者，主任编辑，池州市传媒中心文教生活频道总监。

南山寄傲，赤诚为文

2019年，我主持筹建全国性的唐诗之路研究会。2019年11月3日，该研究会在浙江新昌成功举办了成立大会。当时我受聘于广西民族大学，广西民族大学张国安教授是安徽人，向我推荐："池州有个人，对池州诗路很有研究，可以参加你的研究会。"这个人，就是吴世民。

在成立大会上，我遇见了吴世民。他其貌不扬，身材黑瘦，衣着随意，身高与我相仿，外表上看不出太有学问的样子。此次大会汇聚了来自全国各地高校和地方的众多学者，其中不乏学界翘楚。在这群精英中，吴世民并不显眼。作为会议的召集人，我忙于应酬接待和会务安排，因此与吴世民并未有太多交流。

然而，有一件事令我颇感惊讶：通常，参会者仅提交1篇论文，而吴世民却一口气提交了4篇论文。

我与吴世民互加了微信。吴世民时常在微信朋友圈分享他的作品，既有诗作也有画作。起初，我并未特别留意。习惯了那些中规中矩的诗作和精心构思的画作，他的作品却显得格外随意。他的诗仿佛是即兴之作，信手拈来；画作则多为小品，1株小树、1块小石、1段小溪，常常仅占据画面的一角，不见有力的线条和精致的构图，唯有墨迹自然洇渗。看得多了，我才逐渐体会到其中蕴含的随性自然的趣味——他的作品总是流露出一种疏野，时而甚至狂野。吴世民去世后，我读了友人撰写的悼念文章，对他的性格和人生有了更深的了解。回过头再审视他的诗画，感觉他仿佛是一位隐居山林的小人物，面对广阔的世界和显赫的大人物，发出天问般的呼喊，散淡之中暗藏着一股特立独行的傲骨。

吴世民思想独立、不同流俗，且性情耿直、爱憎分明。我创建了“唐诗之路”联谊微信群，群友们常在此发表对人物和事物的评点。其他人大多温和平静，而吴世民面对不公不义之事，常言辞尖锐，一针见血，对人对事毫不留情。虽令人观之不适，但其言论颇有道理。几次下来，引发了群内一些人的不满。维护一个群不易，我急忙联系张国安，请他劝导吴世民，吴世民这才不大作声。

表面上看，吴世民有些高冷，但其实他内心火热，待人一片赤诚。他对我格外尊重，不直呼“卢老师”，而总是以“卢师”相称。吴世民对人的赤诚，随着他伴我游“池州诗路”，我有了更为深刻的感悟。

2023年9月，我先赴成都进行考察，随后辗转前往安徽。他先是安排了访游活动，随后又联系了池州学院进行讲学。21日上午，在池州学院的讲座上，文传学院的高祥华副院长出席，何家荣教授担任主持。下午，吴世民叫来了他的学生万余胜，与何家荣教授一起游览了杏花村和齐山。22日，我们继续游览了清溪、秋浦等地。23日，游览了九华后山和前山。在整个行程中，无论是接送、行车、游览地点和路线的安排，还是住宿、餐食等方面，吴世民都考虑得极为周到细致。

我不过是一名普通高校教师，与他相识时间并不是很长，然而他对我可以做到“掏心掏肺”。

此次池州同游，我还深切体会到吴世民对家乡的一片深情。他对池州的一山一水、一草一木、历史文化、民俗风情，都了如指掌，几乎能闭目详述。每到一处，历史上的名人轶事、遗留的古迹，他皆能娓娓道来，如数家珍。他对李白在池州的经历研究深入程度更是令人惊讶。一路上，他指着秋浦、清溪，讲述李白曾在此炼丹，所用之水源自何方，附近哪里有铅锌矿；他带我们参观李白曾流寓的秋浦古县治遗址，对着一片荒芜喟叹不已；他解说太白楼的由来；他引领我们登上黄山岭，指出李白诗中的黄山即为此地；他引领我们走进桃花坞，讲述李白沿古道前往九华山白沙岭的历程，并提及李白流放夜郎时所作之诗，正是回忆在此地的生活。

我知道，数十年来，吴世民坚持不懈地用全域调查的方法，深入考察池州诗路。为获取真实感受，他的大部分调查皆以徒步方式完成。唐代涉及秋浦境域的各类诗人，无论是本土诗人、流寓与寄寓诗人，还是宦游、客游与交游诗人，他们的寓住之路、宦游之路、问道之路、客游之路、交游之路、避乱之路，以及他们所踏足的江路（池州段）、河路、驿路、山路、村路，池州境内的古城、古镇、古村、古桥、古树、古坊、古迹等文化遗存，吴世民均以自己的脚步一一丈量，许多地方更是反复踏足。为核实地理信息，他细致查阅地图，精准测量距离。他致力于挖掘、搜集、整理池州的历史文化史料，包括史志、方志、宗谱等地方文化史料及与池州相关的史书、专著。为此，他积极探访村民、当地村落宗谱收藏者及猎人，考察研究内容涵盖山川地貌、村落史、城镇变迁、冶炼、造纸、军事斗争、动植物分布等领域。

在池州游访，与世民相处整整四日，难得难忘。我由衷地感激吴世民如此真诚地待我。自办研究会以来，我一直关注各地诗路。我期待再有机会和吴世民相见相叙，讨论池州宣歙诗路的问题。

不料，2024年2月4日，吴世民的学生万余胜突然给我来信："吴老师昨晚突发心脏病，没抢救过来，走了。"闻此噩耗，我震惊不已，急忙询问详情。随后，万余胜告知："吴老师患有尿毒症，需定期透析治疗。昨晚在透析过程中，一度陷入昏迷，终因抢救无效离世。"

消息一经传出，圈内人士无不为之震惊、叹惋。

中国李白研究会前会长、李白研究权威学者薛天纬先生评价："李白与池州这个话题，他绝对是最权威的专家。"

马鞍山市人大常委会副秘书长、文化研究专家曹化根先生说："吴先生是这个时代真正的荒江野老，异常执着而浑然忘我，无名无位而有才有情，对池州文化倾注了全部心血，在我看来，没有谁比他更深入更细致地了解池州文化了。"

吴世民的学生万余胜2月4日便发布了悼念文章《我最"不靠谱"的吴老师，别走！》。文中提到，初次聆听吴老师的课程时，"教室里哄堂大笑，大家心中疑惑：这位其貌不扬的先生究竟是何方神圣"。毕业后，万余胜陆续带了好几个"徒子徒孙"到吴老师家，"小课堂一开就是三四个小时，从不收费"。"他凭记忆普及池州历史文化，如数家珍，精确到年月日。”吴、万师徒做了好多规划，要把黄宾虹、沈辽、王阳明、李白等人与池州关系都做出来。万余胜虽知吴老师性格“傲慢”“清高”，却不解他为何会参与编写地方志。吴世民解释道：“如果外地媒体来池州查到的资料有错，我们这些人都有罪。”“名让别人挂，文章我来写。”万余胜说：“我被震住了，这才是真正的学者，这才叫真正的研究。就这一句话我就认定您是我老师，永远的老师。”

后来，我读到了吴世民好友许海斌先生的缅怀文章，初识吴世民的印象与我颇为相似。许先生描述他干瘦硬朗、其貌不扬、健谈且性格直率：“初识私宴上，二两白酒下肚，谈及一文友新作《池州赋》，吴老师直言：不咋的。第二天，他发来自己创作的《池州赋》，我才深知他对池州人文历史的精深研究！”许先生在文中还提到，“他围绕池州历史文化所进行的史料挖掘、整理和现场调查考证工作，都是利用业余时间义务完成的，每次外出的开支基本由他自费，偶尔得到随行人员的友情赞助。因此，他牵头组织的文史‘调查组’‘考古队’，实际上是一支自由组合的文化志愿者队伍”。问及他为何如此执着，吴世民答道：池州有山水，“作为本地人，我们有责任把这些搞清楚、记下来，留给后人。”为了池州历史文化的保护与传承，吴世民“敢争、敢怒、敢骂”。他在业余时间举办公益讲座，宣传文物保护，上书呼吁建立昭明文化遗址公园。面对文化文物保护不力的情况，他更是义愤填膺，痛斥相关部门和负责人。

我看到吴世民的家乡情怀、学术眼光和文化担当，看到他的特立独行，看到他的赤子之心与铮铮傲骨。55岁而去，太可惜了！

如今，吴世民故去两个多月了。两个多月来，我时常想起他，想起与他的交往点滴，更想起他的学术贡献与精神品格。每至此时，我都心痛不已！

吴世民生前所赠著作，2022年在安徽师范大学出版社出版的《碰撞·融合·创生——吴越楚文化交融视野下的池州历史变迁》（简称《池州历史变迁》）（下面所注页码都来自本书）。这是他一生对池州诗路文化考察研究的宝贵结晶。

细读这部著作，最令我惊叹的是其广博的视野。该书研究池州的历史变迁，时间跨度从旧石器时代直至1949年，涵盖了先秦、两汉、魏晋南北朝、唐、宋、元、明、清等各个朝代，几乎运用了每个朝代的史料，时间横跨数千年。在空间上，池州境内的几乎所有地域和地物都被纳入研究范围。就学科门类而言，正如作者所言，涉及政治学、社会学、民俗学、地理学、考古学等领域，实际上还涵盖了语言学。所使用的材料除了正史和各学科史料外，还包括考古发现、出土文物、方志、宗谱，以及大量的田野调查资料。

涉猎如此广博，而材料运用和问题论述却很切实。例如楚春谷县的第一次分割，在汉武帝元封二年（前109）（第6页）。开皇九年（589），改陈代石城县为秋浦（第11页）。左史洞最初是唐会昌初年池州刺史李方玄发现（第69页）。棠溪曹氏是北宋仁宗天圣元年（1023）才来的家族（第79页）。再如，“千载诗人地——诗人与诗城”，细数自李白之后，池州的进士以及那些或游历或宦居于此的著名文人墨客。从唐至明清乃至民国，历代的诗歌创作，尤其是其中的精品佳作，以及诸多诗集，均有详尽统计。

除了正史中获取的政治、经济、社会等资料，这部著作的独到之处在于其充分运用了考古和田野调查的素材，这正是作者的优势所在。例如，借助贵池里山徽家冲出土的东周青铜器，揭示了楚国移民的分布情况，并证实了他们从事水稻种植（第5页）。此外，通过唐代窑址、出土铜范，以及青阳县青通河流域的新河镇大撩湾、九华河流域的原墩上乡中铺村杨冲出土的青铜鼎等实物，分别阐释了该地区古代的陶文化、冶铸文化和青铜文化（第207页、208页、219页至223页）。

为充分运用考古和田野调查材料，作者踏遍了池州的山川河流。对于外人而言，需费尽心思搜集资料才能觅得的地方，对作者来说却是他的日常生活，是鲜活的现实存在。正如作者那不拘一格、特立独行的个性，这部著作同样不落窠臼，不按常理出牌。它保留了材料和问题真实生动的原生态面貌，将真切的体验与感受，原汁原味、酣畅淋漓地展现出来，这或许正是这部著作的珍贵之处。作者并未孤立地审视池州文化，而是将其置于吴越楚文化交融的大背景下进行考察。作为一名地方文化研究者，能拥有如此广阔的视野，实属难能可贵。

吴世民的新作《南山耕余录》，蕴含诸多引人关注且饶有趣味的篇章。

吴世民的《自序》洋溢着浓郁的情味。他自称为一个耕樵之夫，这与我所见他那黑瘦的形象颇为吻合。他从最底层崛起，深知吃苦耐劳之必要。地方文化的诸多精髓，恰恰蕴藏于底层的生活之中。吴世民在撰写池州地方文化时游刃有余，正是得益于他长期扎根底层的生活体验。

我特别关注吴世民在书中对池州文化的研究，其中涵盖了丰富的学术内容。他详细分析了陵阳山名称多源的原因，并对《水经注》中“南江”条提及的“牛渚”进行了考证，确定其位于今天的牛头山镇内。此外，他还深入考察了宋代著名隐士沈辽，探讨沈辽与齐山之间的渊源，以及他与王安石、曾布、苏轼等北宋名流的交往关系，指出沈辽为齐山留下了极为丰厚的文化遗产，值得我们认真研究和发掘。作者对李白部分秋浦诗的注析，自然也是我关注的焦点。他厘清了李白在池州诗作的地点分布。其中，清溪河的诗作涉及黄山岭、大楼山、苦竹岭、六峰山、万罗山、清溪、古平天湖、碧山等地；秋浦河的诗作则包括棠溪石门高、曹村白笥陂、乌石水车岭、古石城、古殷家汇江面等处。

作者通过分析李白诗歌指出，李白到秋浦三丹皆炼。既炼内丹又炼外丹，还炼黄白。从李白在秋浦频繁活动的九个地点来看，这些地方与《抱朴子》中关于炼丹选址的要求惊人吻合，这有力地佐证了李白在池州的主要活动就是炼丹。作者详细考察了李白上九华山的顺序：第一次，在天宝十二载（应为十二载而非十三载）冬季，他从泾县进入陵阳，游览了陵阳山子明仙迹，并登上了天柱石；第二次，天宝十三载，他经过老田吴，宿于无相寺，探寻了葛洪井；第三次，天宝十三载冬季，他为建造炼丹屋（即李白书堂），邀请韦权舆、高霁在夏回之堂望九华山并吟诗联句；第四次，天宝十四载春季，韦权舆建成李白书堂，李白在秋浦碧山炼丹未果后，打算在此继续炼丹，但后因滞留庐山，最终未能开炼。而《秋浦歌》，作者认为其构成了一幅完整的寻仙图景。

我再次忆起薛天纬先生的赞誉：“在李白与池州这一话题上，他无疑是当之无愧的权威专家。”

当然，池州文化还涵盖了诸多其他方面。在《南山耕余录》中，我们可以了解到池州茶文化，包括茶技、茶叶的种植与养护、采摘与制作、储存、销售、开园仪式、品质鉴别，以及山歌民调和池州茶道、茶史。令人惊叹的是，单是茶文化一项，竟衍生出如此丰富的内容。池纸则涉及用料纸皮、悬浮剂、沤剂，以及配料和打浆工艺。池州的名物风情，每一项都承载着生动有趣的故事。在作者的笔下，即便是看似寻常的名物，也成为了池州文化不可或缺的一部分。

作者对众多问题和事物进行了深入的评论与探讨。在对人物及事物的评价中，作者总是展现出独特的见解，例如："家族是中华文明的细胞。精英文化往往借仕进以进入家族文化，家族文化亦借仕进以进入精英文化。中国历史上的所谓门阀便是这两种文化频繁交互的产物。"这一论述充分彰显了作者的哲思底蕴和深刻洞察。

作者的几篇山行日记，笔触细腻生动，趣味盎然，文笔优雅，堪称游记散文的典范之作。《初访黄山岭》《夜宿石门》《寻找白笥陂》可视作对李白池州游踪的一次深度探访记录。

本书收录了作者创作的《池州赋》等赋作，以及众多诗作。吴世民自幼浸淫于诗歌之中，成年后笔耕不辍，其诗作内容广泛。作者擅长捕捉季节更替间的细微景致变化，并能生动地描绘出来。其笔下的家乡山水，展现了田园乡野的独特风情。部分诗作以精妙的比喻写景，字句凝练而巧妙。《春日山行》中有"山花欲燃红逼天"之句，不直言红映天，而用"逼"字，独具匠心。同样写红色，《癸卯寒食》其一中"岭上山花红透林"一句，却以"透"字传神。《过九江湖口》中"清风波净浦帆肥"，以"肥"字形容风吹帆满，贴切而生动。这些诗作颇具唐诗遗风。尤其是山水田园诗，兼具刘长卿、韦应物之风格，清丽自然，更显吴世民之才情。

吴世民的遗著《南山耕余录》，其门生万余胜先生嘱我撰写序言。我撰写以上文字，既为缅怀故友，亦为弘扬学术，更为深思慎省。

吴世民先生在池州文化研究领域取得的卓越成就，绝非偶然。他生于斯、长于斯，对家乡的山水风貌、历史文化怀有深厚的情感，了如指掌。他自幼聪慧且能吃苦耐劳，又吃过苦，对池州山乡的农村生活有着深刻的理解，后来接受了高等学府的正规学术训练，不仅对池州文化有着生动而感性的认知，更懂得从宏观的历史和地域文化（吴越楚）交融的角度来审视池州的地理与历史文化。

吴世民的阅读涉猎广泛，不论理工农医，只要是书，皆纳入视野。对于不懂之处，他反而愈发投入，废寝忘食以求甚解。每至新校，图书馆中除却英语类书籍，几乎被他一览无余。这种广博的阅读极大地拓宽了他的视野，使他在古代思想文化研究上拥有广阔的视角，他结合自身的生活阅历，能敏锐洞察学者们在农耕时代思想文化研究中的疏漏，并提出独到见解。

吴世民行事随性而不执着，有果则行，无果亦往，不计得失，唯愿事有所变，不论进退。即便退步，亦能从中探寻原因，视为收获。这种读书与学习方法，深刻影响了他的工作、思维及研究方式，使其善于发现并深入探究问题。因此，尽管其著作未构建严密的体系，却处处闪烁着鲜活的思想火花。

他怀有强烈的文化担当精神，具备卓越的学术眼光。对于平凡之物，他往往不屑一顾。正因淡泊名利，他方能不计个人得失，利用业余时间踏遍池州的山水之间，发掘整理池州文化，发现了李白等诗人留下的诸多遗迹。这使得他的研究植根于坚实的大地，保留了原生态的真实，毫无虚假与矫饰。

我认为，我们的学术研究，尤其是与唐诗之路、历史地理、文化地理、地域文化相关的研究，应当贴近实际，接地气。高校学术应当重视地方学术，与之相互融合，共同进步。地方学术蕴含着深厚的学术潜力，高校学术可以从地方学术中汲取丰富的养分。许多地方学者怀有宝贵的家乡情怀和文化担当意识。像吴世民先生这样具备真才实学的普通学人，在地方并不鲜见。他们执着坚守，默默传承。中华传统文化，实际上是由各地文化汇聚而成。中华文化的传承与发展，离不开历代普通百姓，尤其是那些默默无闻的地方文史研究者和工作者，正是他们的执着坚守，支撑着文化的延续。

一些地方学者，虽未出版专著或发表论文，但每天生活在古人曾经涉足的环境中，对环境有着深刻的了解，常常能解决学术上的诸多难题。对地方文化的熟知，对特定地域地理概况的掌握，地方学者远胜于我们。许多地理概况及地域文化的问题，遍查史料难以求解，而在地方却可能是常识，地方学者往往三言两语便能轻松解答。就唐诗之路而言，相当一部分唐诗创作于“路”上，许多诗人一生大部分时间都在“路”上行走。

当然，地方学术亦需与高校学术相融合。地方文化建设应注重吸纳学界的相关成果，并接受高校系统的学术训练。某些地方文化研究亟待提升，不能仅就事论事，视野不应局限于一时一地，而应秉持更为宏阔的视角，以历史的维度，从整体上审视和研究地方文化。既扎根实地，又视野宽广，加之规范的学术训练，这正是吴世民先生取得卓越成就的关键所在。这一点，值得从事地方文化研究和建设的同仁们铭记。

是以为序。

卢盛江

2024年4月于天津，2025年2月修改

卢盛江：南开大学教授，博士生导师，中国唐代文学学会顾问，唐诗之路研究会会长。

吾心归处是吾乡

我与世民是初中同学，相识、相交已近半个世纪。世民出生乡间，与大多19世纪60年代生长的人一样，少时读书之余，放牛、砍柴"南山"中。高中毕业后，他在乡村小学任民办教师。时逢改革开放，农村实行土地承包制改革，世民于教学工作间隙，躬耕于"南亩"，过"亦师亦农"生活，经年浸润于乡土文化气息中。

虽穿梭于学堂与田畈，在教鞭与牛鞭的交替中，世民不坠青云之志，立志于考学深造。几年后，走进了池州师范专科学校中文系的课堂，倾心于中国文史之学，尤痴迷于唐宋文学，毕业后任教于家乡初级中学。其时，乡村学校教师待遇低下，社会境遇尴尬，世民好学上进，经不懈努力，克服外语基础薄弱、工学矛盾的困难，考上了广西大学研究生，获得硕士学位，奠定了丰厚的文、史、哲学养。

随着全球化进程的加快，中国社会遭遇现代化潮流的巨大冲击。面对西方强势文化的挤压，长期以来，世民对"乡土中国"充满温情与敬意，尤致力于对传统农耕文化的思考、体察与感悟，将其作为防范西方文化殖民、民族文化复兴的根脉所在，而自觉肩负起保存、传承与弘扬的责任，其遗著《南山耕余录》正是这一使命的凝练。民祥受而读之，促起特别感想者有三：

首先，《南山耕余录》堪称一部"农耕文明、乡土文化的亲历者、见证者、守护者、思考者"的思想文集。

首先，书名中"南山""耕余"用词富含深意。在中国文学史中，无论是《诗经》中"幽幽南山"的比赋，六朝陶渊明"南山"之幽深而安逸的意境，抑或李唐王维“君言不得意,归卧南山陲”的隐逸归境,“南山”已成为田园文化的符号与“思乡、隐逸”的寄托。作者用“南山”一词,意在对一种文化精神的唤醒与激发,表达了对渐远渐逝农耕田园文化的敬重,期待其成为现代人构筑文化生命不可或缺的部分。而书名中的“耕余”,其意旨实在“余耕”——体现作者期待农耕文化之血脉的延续和乡土精神的“创生”。

其次,在“大工业”与“计算智能”涌起的当代,急剧的城市化使众多人成为“市民”,而远离乡村自然,忘却乡土气息,逐渐被张扬的“科学主义”与“工具理性”所异化。书中饱含“为故园招魂”的热情,基于一个思想者的洞察与感悟,以曾经的渔樵身体记忆和对再次走进乡村社会所见所闻的审思,竭力唤起“城市人”的农耕文化记忆,试图为新时代的文明求索,提供生命的本根资源与传统文化的精神滋养。

最后,书中对诸多现代性危机的思考,对西方文化侵入的警醒,充满了古今、中西文化碰撞的张力,作者对“消费主义文化”的批判等,展现了思考深度与文化自觉意识,能予读者以思想的启迪。

其次,《南山耕余录》展现了作者“博学、审问、慎思、明辨、笃行”的治学风格。

世民勤于学问,学科背景广阔,学识横贯文、史、哲。凡经史古籍、诗词歌赋、金石书画、宗教历史等领域均有涉猎。为考察池州道教史,购置整部《道藏》,悉心研读;为揭示池州造纸史、铜冶史,参阅大量科技史料;为考察池州历史文化名人,精研志书谱牒、历朝文学史、文人文集……世民的博学,于文集涉猎的广泛议题中可以窥见。

读书贵在“于不疑处有疑”。与他做人的“诤、真”风格一样,世民读书亦本着科学精神,务求真与实,在很多学术问题上,甚至敢于向“名人名家”叫板。如书中对钱穆论老庄之别的批判,对陈桥驿“误断”郦道元《水经注》“南江”条的纠正,痛批“据案考据,误尽苍生”的不良学风。此类求真的“学案”,在文集中不一而足。

全球本土化是当前学术研究的一个趋势,区域历史文化研究已成为学术创新的重要增长点。本着对乡土的敬意,对田园的眷念,多年来,世民的学问一直扎根池州本土，将宣传弘扬家乡文化与历史文化遗产保护紧密结合。面对快速城市化、工业化的进程，承载历史文化遗产的古迹、文物亦随之日渐消亡，他常忧愤而痛苦地“呐喊”，自觉担负起挖掘、宣传、保护的责任，甚至痛斥某些缺失文化保护意识的官员，不惜与商业势力对抗，更增添了他的“南山”悲壮情怀。

世民治学的最大特点之一，即“知行合一”。本着“纸上得来终觉浅，绝知此事要躬行”的立场，二三十年来，世民走遍了池州的山山水水。世民常说，“我的文章是用脚写出来的”。大凡他所关注的历史文化问题，他必亲临现场，实地调研、走访，有些历史古迹，曾多次反复考证，如对“山越人”的历史考察、对古南江的勘定、对池州古城池变迁的追踪、对李白池州“仙踪”的追寻、对池州铜冶与造纸史迹的查勘、对池州文化名山——齐山的文化历史考察等，都是其“慎思、明辨、笃行”相统一的治学风格体现。

世民的“野外治学”又与“田园叙事”相结合。在沉浸于池州历史文化的考据、勘定的人类学研究中，世民常以游记的文学方式记录行程，尽显“南山”风格，“科学”研究与“人文”抒怀有机交融。我们这帮对历史文化感兴趣的朋友也常跟着“野游”一番，往往乐此不疲，增加不少池州“印象”。可惜，斯人已逝，“南山”难现！

最后，《南山耕余录》文笔清新亮丽，不拘一格，既有朱自清散文式美的意境，又有《世说新语》般的幽默风趣、寓意深刻，融思想性与故事性于一体。

打开文集，于细细品读中，能闻到荷花香、听见鱼跃声，能见雀儿跳、蜻蜓飞，青山、绿水、湖光、山影……荡漾其中，五光十色，姹紫嫣红，展现出生活情趣，一幅幅南山悠悠然、耕种乐农事的天人合一之画境跃然纸上。许多富含生存智慧与人生哲理的乡人生活场景，如《渔樵对话》《烧山芋》《人的世界，难懂》等，以及众多警句、格言，给人以启迪。

文集体现了作者丰厚的人文学养与人生智慧。文笔悠长、隽秀，史料、典故、轶事、掌故融为一体，娓娓道来，读之仿佛进入返璞归真的田园之乡，令人陶醉于池州历史文化、人文风俗、地理风光、世运变幻之中，引发与人文、与自然、与心灵的对话，而不觉倦！

总体来看，四十余万字的《南山耕余录》，分为南山樵采、南山闲居、南山悟道、南山寻古、南山谈艺、南山幽幽、南山椒思等板块，虽内容驳杂，然作者本着“囊括百科，欲究天人之际；凡所知之，几欲道之”的精神，将其视为“人生之归藏也”。

“吾心归处是吾乡！”也许读者诸君，在展读《南山耕余录》时可以找到自己心灵的归处。

2025年2月28日　吴民祥　谨序

吴民祥：浙江师范大学教授，博士生导师，主要从事教育文史教研工作。

自 序

我常称自己是“耕樵之夫”。

我的“耕夫”生涯从7岁开始。记得那时大人干农活，我和几个比我大三四岁的小孩跟着凑热闹，收割一块四分田的水稻。一个大人小半天的工作量，我们连耍带割用了3天。到二十几岁的时候，各种农事流程我便基本熟悉了。犁田、打耙、耖田、溉田、插秧、耘田、割稻、打稻、晒场、收仓、舂米、磨米，全都会。我们这里的庄稼，主体是稻。旱地里，有时也种些小麦，为度春荒之用。此外，还少量种些苞芦（玉米）、芦稷（高粱）、粟、山芋、黄豆之类杂粮。收获后，这些杂粮或蒸炒着吃，或磨粉做粑。除了放耕牛、放秧水，我还学会了种菜、喂猪、打豆腐、做甜酒，可惜就是不会熬糖。每近春节，看见大人把大麦芽和米饭放在一起熬糖，几分神秘感便诱惑得我心里直痒痒。

农耕时代，耕者必樵。我的“樵夫”生涯也从7岁开始。农闲作樵夫，砍烧锅柴。下霜时节常身着单衣，夹着弯刀和扁担，踩着山道的寒霜，冷得一抖一缩的。可是，一砍起柴，不知不觉就不冷了。砍柴过程中，我认识了许多植物。黄栗、苦槠、掌栗、乌梅子、檵条、映山红之类，大部分都是落叶的，我们称之为叫“杂柴”，很熬火（耐烧），是砍柴人的最爱。而像九里香、臭柴、槠树、野竹、茅草等，不熬火，不是万不得已我们是不砍的。松丫很难干，只适合夏天砍。但夏天松毛虫多，弄不好毒毛扎在胳膊上黑压压一片，胳膊又痒又肿。山上有莓子（树莓，又叫覆盆子）、杨梅、野桃、山楂、野柿子、乌梅子，摘下就可吃。有的栗子可采摘晒干炒着吃，有的可以做豆腐。有种莓子在早稻耘田时节可吃，叫“耘田莓（我们读‘梦’音）”。杨梅则是端午节的佳品，分“籼米杨梅”和“糯米杨梅”两种。糯米的不红，黄里带白，甜而不酸。吃多了，你会发现你连粥都喝不动了。野桃和山楂，是双抢之后当樵夫的山珍。砍柴间隙，找几个野桃或1捧山楂，坐在地上啃啃，身上便又有了劲。野柿子和乌梅子要等到寒露和霜降才能吃，早了就涩。金樱的果实也是这个时候熟。它两头尖中间鼓，类似以前人们输液时用的桶，人们又称之为“吊桶”。据说，“吊桶”还可以用来熬糖。这东西有刺，用鞋底板搓搓，去了刺便可吃，甜甜的，里面有许多籽。下霜后最好吃的是棠梨，比黄豆大些，不经霜时特别涩。“棠梨”与“棠棣”音近。后来，看到郭沫若有个剧本叫《棠棣之花》，就倍感亲切。棠梨在农历二三月开花，一树雪白，在山野里特别惹眼。冬天别的野果没有了，可以上山捡栗子炒来吃。黄栗、掌栗（橡树栗）、乌栗（苦槠栗）、檡栗（柯的果实）都可以炒吃。当然，最好吃的还是我们叫“毛栗”的野板栗。

耕樵之余我便渔采。一有空，就去湖里采莲蓬、打菱角、拉薇草。有时去河里捞些小鱼小虾，用青椒炒一炒，味道真是“盖”了。春冬之时，我常做全职渔夫，冰天雪地的，在河泥里摸鱼，穿个短裤衩也不觉得冷。大部分时候是霜晨用“虾探”去湖滩或浅沟凼里探，小鱼、虾子、泥鳅、水虫……什么都有。春天鱼打籽，好罩鱼。鱼罩就是鸡罩，用笥竹编成，喇叭状，两头都通。平时罩鸡，捉鱼时又可罩鱼。罩鱼通常在湖滩水草交接处，鱼喜欢在这里打籽。罩到的大多是鲫鱼，也有草鱼和青鱼。草鱼和青鱼，我们这里也叫草混、青混。我琢磨着，之所以这么叫，大约它们总是到处游荡吧。

我的祖父吴仲杰，原是池州城里“有头有脸”的人物，算是那会儿小城里的知名士绅吧。当时我们家住在池州城东风街，拥有大小门面16个。抗战时期，为避日本鬼子，祖父带家人躲到九华山。城内有个大地主洪耀南写信给祖父，说：“日本人对我们地方士绅很好，你回来吧。”我祖父说：“我不回来。回来，日本人肯定要我做汉奸。”后来，日本侵略者把我们家房子全拆了，拆下的建筑材料运去做了碉堡。从此，我家在城里无立锥之地了。

一家老小在九华山寄居终不是长久之计。一日，祖父忽然想起还有一块别人赠送的田地，在贵池城西桂家畈。于是，举家西迁桂家畈。

祖父母膝下共有我父亲兄弟姐妹7个，5个在家住九华山时或死去或走失。其中3个的情况我约略知道:父亲的大哥结婚时遇上土匪,被吓死了。老二多才多艺,原在九华山庙前教书度日。大军渡江后,他觉得自己曾为国民党教过书,担心因此被牵连“治罪”,向江西方向跑了,而后不知所终。老三在国民军里做军官,日机轰炸中牺牲。1949年,我家迁居到桂畈时,只剩下祖父母与父亲、姑姑4口人。

我家在桂畈有十几亩水田,是山间冷水底子田,产量很低。田是城内1个有钱人赠送的。清末时,贵池有一帮秀才上街游行,被县衙以谋反之名全部关进大牢。我祖父出面作保,把这帮人救了出来。为感祖父相救之恩,内中1个有钱人,就将这块田和附近的一小片山场献给我祖父。由于当时家道富裕,不缺田地,祖父收下这块地后,并没有太放在心上。没想到走投无路之际,这块地竟成了救命稻草。

我父亲虽在战乱中长大,但因为有些家底可吃,不需要劳动,结果十几岁时还不会种田,家中的十几亩薄田只好请人耕种。因此,土改时,我们家的成分便被划为“小土地出租”。当年,祖父为求生计,在乡下教过私塾,头脑很灵光的父亲跟着识了不少字。长大后,他还自学了电工。父亲有很强烈的好奇心,喜欢弄一些灵巧的东西。他的这些品性都被我继承了。我很小时候,他便教我识字,让我早早上学。我刚上一年级的时候识的字比二年级学生还多,邻居很惊奇,直夸我是“神童”。生产队里1个被公认为“见过大世面”的人说我:“这小鬼以后是留洋的料。”

我平时读书不甚用心,但每到期末考试,总是“一不小心”就考到前三名。老师经常表扬我,说:“你们看看吴世民,在家里经常打柴火,还学习这么好!”那时,我差不多是每天放学之后,放下书包就拿起扁担和柴刀上山。1担柴砍好,天就黑了。伴着怪鸟的叫声,我跌跌撞撞地把柴火担回家。

我父亲不事农活,作为家中长子,我不得不从小就变成能“耕樵渔采”的标准农夫。不过,繁重的农事活动似乎没怎么影响我读书学习。

小学和中学阶段给我印象深刻的有几件事。一件事就是关于古诗的分析与作法。小学五年级时,什么绝句律诗,什么“平平仄仄仄仄平”“一三五不论,二四六分明”,什么“上下相粘”“三平尾”,我便初步掌握了。这些,得归功于一个章姓老先生。后来上大学读中文系的时候,老师又教这些,觉得有点怪怪的:小学学过的东西,为什么还要教?后来才知道,在我读小学时,有人教作古诗是破天荒的事。

在大学图书馆里,我偶然看到施蛰存的《唐诗百话》,非常喜欢,便借来阅读。因为先前有一定基础,书中讲的什么起承转合,什么跳脱升华,很快就弄清楚了。于是,我开始尝试诗歌创作,渐渐地也就对诗形成了自己的审美标准,并逐步形成了自己的创作模式。在与诗打交道的这些年,我逐渐体悟到"物象、意象、意境"三者与"数"的关系,进而领悟到"数"与"道"之关系,形成了自己的道统观,并由此发散至书、画、医、茶,以至于物玩和育人等已谙物事,且延及其他未谙之物事。凡料事十有八九,非先知也,贯道而已。

耕樵渔采休歇之时,我每循物象而探其本源,虽然思力有限,但也颇有所得。日积月累,竟也可观。

我爱读书。我读书有个特点,大部分时候是边读边翻,扫一眼就过了。理工农医百科,只要是书,不分什么科,我都拿来读。不懂的东西,反倒读得起劲些,不睡觉也想把不懂处搞明白。每上一所新的学校,图书馆里,除了英语之类的书,差不多都被我扫荡一空。有时读得入神,遇到喜欢的内容,情不自禁拍案叫绝,吓得周围人一跳。读书,极大地开阔了我的视野,使我在研究古代思想文化上有较宽接口,加上自身生活阅历比较丰富,能够察觉部分学者在研究农耕时代思想文化方面的些许缺失。

我读书没有领域,求真也没有领域。哪个领域有感兴趣的问题,我就去钻研。问题有了结果,资料又齐全的,就形成论文;有了结果,但资料不完备,把半成品摆一摆,等机会补充资料。只有过程没有结果的,就把过程中一些感悟写出来。

我做事比较随意,执而不执,有结果去做,没有结果也去做;无所谓得失,只要事情有变化就行,不管这个变化是前进还是后退。即使是后退也不要紧,只要找到后退的原因即是收获。有人说农夫离"道"最近。他们整天与大自然打交道,疲极之时,万念俱灰,便是天然的"澄怀"之刻。六朝人说:"澄怀观道。"在万象纷呈的时候,想不察道悟道都难。"池塘生春草,园柳变鸣禽"这样的东西，若谢灵运不沉迷山水，是写不出来的；“行到水穷处，坐看云起时”非出自亲近自然的王维手笔，也无法想象。

虽然我“耕樵渔采”有几十年了，但由于灵性不足，对道的体察浮光掠影、惊鸿一瞥，时见时否，深度不够，还处在所谓“恍兮惚兮”的状态吧。在生活中，所面对的不是一事一物，而是万事万物。这决定了我不可能只对单一事物感兴趣，而是对目力所及的事物都会感兴趣。在“夷人”所谓“科学分化极细”的今天，我或许是个怪物似的存在。虽然尧舜都说“天之道在尔躬”，认为悟道只需内求即可，但在察身体道没参透的情况下，仍需求助于万事万物。悟道虽挺难，但我还是要进行下去。

著名学者周勋初先生曾经对我说：“现在培养的博士都是在做豆芽，在1口井里挖下去，你能挖到什么东西？只有些许琐碎！做任何一门学问，都应该有广阔的知识背景。”是的，广阔知识背景这一点，我自信是有的。也正因如此，虽然时至今日，我“挖”出的东西很多是“半拉子工程”。不过，我倒不着急完成这些“半拉子工程”。因为这些里面有我独到的见解。我自信，这些见解是接近真理真相的，有些见解甚至是颠覆性的。但是，这些见解与当下学术界的基础性观点时有龃龉。即使写出来，又能在哪发表呢？

于是，我只有栖梦南山了：悠悠南山之下，我“牛耕”的时候，时有所思，时有所得，就辍耕将其记录下来。经年下来，集腋成裘，竟可成“集”。这些“辍耕之录”，有似元末明初学者陶宗仪的“瓮叶”。陶宗仪，号“南村”，有集名《南村辍耕录》。所以，我姑且把自己的这本集子称之为《南山耕余录》吧。

这本文集前半部分是我的躬耕之历程及思索，后半部分为躬耕之闻见与悲欢，内容驳杂多端，未必尽合于世，但都是我的肺腑之言。有不当之处，诚望读者诸君指正。

是为序。

壬寅岁末吴世民自序于秋浦草堂之阅江楼

目　录

上篇　南山杂录

下篇　南山耕余

上篇

南山杂录

第一章　南山樵采

1.渔樵问对

从前有位樵夫，想下山养鱼。路过一个池塘，看见一群群小鳘子游来游去，心中大喜，道："好多鱼苗。"于是，捞了一大桶背回家，放进山塘。他请来一位渔夫，夸耀道："我放了一桶鱼苗，到下半年少不得要收上千斤鱼！"渔夫看了一眼水面上成群的鳘子，答道："呵呵，恭喜恭喜，何止上千斤！"一位过路的农夫听到了，就责问渔夫："为何要骗他？"渔夫说："他要是来夸耀的，我就让他虚荣心得到满足；他要是来请教的，一定能听出我是在说反话；他要是别有用意，我这话是帮他遮掩的。无论怎么考虑，我只能说这句话。如何是骗他？要是他一无所知的话，骗他又何妨呢？难道要他把鳘子都捞起来，重新放别的鱼苗不成？他会干吗？"农夫又去问樵夫："你难道不知道这鱼是长不大的吗？"樵夫道："我天天从那塘边过，怎么会不知道呢。但我有难言之隐啊。作为樵夫，我砍柴烧炭，一年要烧10万斤炭，其他人一年至多就烧三五万斤。但是我的老婆从不出门，却一天到晚说我怂，说什么'就烧这么一点点炭，你有什么出息？不如去养鱼'。于是我就捞些不长的鱼来哄她，还请个渔夫来做证。我听得出来，渔夫很懂我的意思，讲得很好。你觉得有什么不妥吗？"农夫很尴尬。这件事的教训就是：仗义，要先看清事情再说，否则就成了件可笑的事。

2.樵夫

从前,网上有个人叫“十年砍柴”。仔细想来,我也砍了20多年的柴。每到暮归,歇了柴担子,在草地上一躺,看见余霞满天,深深吸口气,便觉得“山气日夕佳,飞鸟相与还”是世间最美好的诗句。

虽然我躬耕南亩不会像陶老爹那样“草盛豆苗稀”,但他的《西田获早稻》倒像是我写的。每至绿秧初插、晚风徐徐之时,趿一双破鞋,走在田塍上,异常舒畅!感觉,这便是彻头彻尾的田园之乐。也就从那时,我才知道什么叫心无挂碍。20世纪80年代以后,有一股研究陶渊明热,其中个别研究者自以为与元亮先生有些感同身受,具备了研究资格,其实他们懂的是农耕力田之苦的表象,至死也想象不出农耕还有翘足北窗之乐。

最绝望的是,一个人插田,绕田一圈,伸腰一看,还是白茫茫一片水。那种无助让你永生难忘。栽完了,再一看,就有了一种感觉——“幸福”。一样的天,一样的田,不一样的感觉。渊明先生曰:“力田不吾欺。”你懂了吗?

我没有做成樵夫,砍柴却是我最深处的记忆。到最后,夏天能光着膀子,只穿一短裤衩上山。松毛虫扎在身上,一片黑,用柴刀敷衍了事地刮一刮,再吹一吹,不痛不痒不起包,像个没事人。我经常在山上遇见蛇,但它们一见我就跑。很纳闷它们为何怕我,难道我比它毒性大?

3.耕读传家

过去讲“耕读传家”,说明耕与读是1件事,只是叫法不同而已。现在来看,所谓书法,就是拿笔在纸上种字;所谓种菜,就是拿锄头在地里写畦。背书是浇粪,朗读便是浇水。故锄犁笔皆可统称为“耕具”。

4.池州茶文化

(1)池州茶技文化

池州茶技文化是指池州茶叶种植、养护、采摘、制作、销售过程中产生的一种极具当地特色的文化。

①池州茶叶种植与养护。

种植宜选择得水藏风、花木繁茂、背阳朝阴之处，有经验的茶农称之为“洼里茶”；土壤必须是非石灰质、非板结黄土质的。最佳土质是腐殖质沙土或风化石腐殖质土。茶叶需要花香浸润，如霄坑茶、马坑茶作兰香，上棚茶作映山红花香，仙寓山两亩半茶作蒿子花香，九华天池野茶作紫藤花香等，诸如此类。种植茶叶处忌鸡猪牛圈及堆放有异味之物。

②池州茶叶采摘与制作。

茶叶采摘须选晴朗天气，新鲜茶叶要及时手炒揉烘，忌堆放。杀青忌嫩火和老火；揉制忌不出汁；烘焙须用栗炭，忌杂木炭，尤其是有异味的杂木炭。

池人采茶，只采摘头茶与二茶。民间有“头茶苦，二茶涩，三茶好喝不能摘”之谚。

③池州茶叶储存。

茶叶存储处，忌有异味。池人多喜用瓷罐储放茶叶(能隔潮)，成茶瓷一体之特色。

④池州茶叶销售。

茶叶未有较好的品质分类，优劣混杂，无法取得价位优势。

(2)池州茶俗(开园仪式、品质辨别、山歌民调)与茶道(冲饮时的仪式与意涵)

①开摘池州茶仪式。

开摘前要祭祀神农与土地神。祭神农是面山而祭，在野外；祭土地神，在社庙。除寻常祭品之外，还须献上为祭祀而采制的新茶叶。因为高山茶叶开摘多在谷雨之后立夏之前，祭祀时间也就随之定于此时。

②池州茶的品质辨别。

池人辨茶多以口嚼之，辨其优劣；价位多由商贩定夺，茶农少有发言权。

③池州茶的山歌民调。

主要有采茶歌、鸡公调。采茶歌，石台、东至多有之，为池人采茶劳作之娱，随采随唱，飘于茶山，悠扬绵远；鸡公调流行东至南部一带，属于浮梁茶区文化。

④池州茶道。

池人少有细细品茶之俗，多以粗瓦大壶冲泡。携壶于田间地头，劳作间隙，牛饮解乏。茶叶多为二茶。富贵之家，则以瓷质茶壶冲泡，以头茶为多。瓷茶壶每次能倒七八杯；大瓦壶则往往大一倍。冬天，为保茶温，池人置茶壶于火桶之中。

(3)池州茶史

池州茶叶规模化生产始于二次立州之时(765)。在此之前，池州茶叶已在九华山区域与尧渡河、龙泉河流域有所发展。如唐至德二年(757)上九华山的金地藏即有“烹茗瓯中罢弄花”诗句，说明那时饮茶已成为普遍现象。至德旧属鄱阳与浮梁，元和年间(806—820)白居易贬为九江郡司马，有“前月浮梁买茶去”之句，说明当时已有外地商人入此区域大规模贩茶。可以想见，这样规模的茶区绝非短短几十年间就能形成，在安史之乱前应已初成规模。由此推之，池州茶史至少可上溯天宝年间(742—756)。唐会昌年间(841—846)，池州茶叶已成朝廷税收不容小视之物。会昌初年，唐王朝在尧渡河与长江交会点设“东流场”。会昌中，池州刺史杜牧上书太尉李德裕，建言剿灭抢劫茶商的江匪。至宋，池州茶叶生产出现第一次高潮。宋仁宗时期，经池州知州李虚己、团练副使梅询等人的努力，研制出“闵源茶”，其品位不逊色于“建渚之茶”；梅尧臣当东至县令时，因百姓皆去采茶，只好谬作“采茶官”了。北宋时，至德产茶区还出现了与九江共存的仙芝、嫩蕊、福合、禄合、运合、庆合、指合等名茶。至元末，九华山成为朱元璋与陈友谅两军作战前线，九华山茶业已移至以七井山为中心的周边地区。明清时期这里出现了有名的贵池“粑茶”。

池州茶业的第二次高潮是晚清至民国时期。这时，以周氏家族为代表的池商崛起，使得池州茶叶营销范围急剧扩张，反过来促使产量和质量提升，逐步形成池州茶叶四大茶区格局：以九华山为纽带中心点的东部产茶区，以七井山为纽带中心点的中部产茶区，以仙寓山为纽带中心点的南部产茶区，以尧渡河、龙泉河为纽带中心点的西南部产茶区。这四大产茶区茶叶产量几乎占当时池州茶叶总产量的九成。

清代，至德县就开始了红茶制作。

5.池纸用料

(1)池纸之纸皮

池人称造纸之树俱为纸皮树，楮树为其中之一，有大叶纸皮、小叶纸皮。他人不知，误以为皆是楮皮。宋元明清诸人云池纸者，无一例外称楮纸。外地造纸者屡仿池州不得。南宋蜀地仿作胜池纸，屡造不逮也，盖为“楮纸”两字所误导。其实，大叶纸皮为楮树皮，造粗纸；小叶纸皮则为野桐皮，唐贡之“白麻”、南唐贡之“澄心堂”、宋贡之池纸、明贡之池纸，皆为小叶纸皮所造。楮皮优于青檀皮，野桐皮又优于楮皮。野桐树今山野多有之。

(2)池纸之悬浮剂

池纸之悬浮剂用料大体有三：青桐皮叶柄汁、猕猴桃藤汁、面皮筋汁。青桐，树高大，可植于房前屋后，就近易取。柄浸以为悬浮剂，其叶垫蒸馒头，筋可搓粗绳。猕猴桃，俗称洋桃，生于山野，也可遍植于房前屋后，以其量多汁广，取用最多。面皮筋，俗称冻米果(白色)，即芫花。野生于田间地头，产量少。芫花有毒，以根搓绳，穿猪淋巴肿块，可消其肿；其叶搓汁，可毒鱼。制精品池纸，取其汁为悬浮剂，可使纸具植物毒，以其防蛀且不改纸之白(黄檗涂纸虽防蛀，而纸易黄)。

(3)池纸皮之沤剂

石灰。制优质纸所用之石灰，多以白云石为之，以其无杂质耳。

(4)池纸之配料

优质池纸以野桐皮配以适量沙田稻草为之。山间之田多沙壤,称沙田;其生稻草瘦而多筋骨,入纸则纸韧,故其稻荄为池纸所取。

(5)池纸之打浆

独池纸的打浆工艺采用深臼水舂之法,所造之纸质地柔韧、均匀,润墨不伤毫。此臼,今九华天池景区峡谷尚遗一口,深近1.8米。

6.出现几个陵阳山的原因

陵阳山在今陵阳镇西北,属于九华山东南面,仙迹密布。屈原、窦子明、张果老、李白、李化文、赵知微、陈抟等先后在此修仙。汉武帝时,陵阳县令窦子明(老田吴氏宗谱记为陵阳县尹)在陵阳山修仙而去,后成为陵阳县公祭之神。陵阳县撤并于石埭与泾县,其公祭对象为距离较近的泾县所继承,故泾县设窦子明祭坛于泾县县治附近,其设祭坛之山也被称作“陵阳山”。这是陵阳山名的第一次“移动”。唐武德三年(620)设猷州,泾县之公祭对象归属猷州府祭祀。陵阳山名与窦子明再次“移动”至其府治附近,即今旌德境内。这是陵阳山名的第二次“移动”。六年后撤猷州并于宣州,故窦子明祭祀归于宣州,陵阳山名再“移动”至宣城府治附近,这是陵阳山名的第三次“移动”。永泰元年(765)再设石埭县于今陵阳镇东北数里处,故窦子明祭祀归属石埭县,陵阳山名再次“移动”至太平湖西南岸,石埭县县治旁。这是陵阳山名的第四次“移动”。陵阳山名的四次“移动”,造成五处称为“陵阳山”的地方,使人辨别不清真正的陵阳山究竟在何处。宋王滋《陵阳山窦子明传赞》以为此名是个泛指。但我们认为,真正的窦子明修炼的陵阳山应是九华山东南面的天柱峰、云外峰、阳山一带。清青阳县训导周赟《陵阳解》以为陵阳山在阳山一带,即青阳县朱备镇将军村与陵阳镇政府之间的山系,近乎正确。总之,阳山一带是原始陵阳山,其余四处皆为祭祀山。此四处山虽曾名“陵阳山”,非子明修炼之陵阳山也。

7.乌渡湖本纪

乌渡湖(今称天生湖)(见图1-1)的美德,永铭湖民心中。20世纪60年代改湖名为“天生”,虽未知何意,今以拯救百姓为解,应无异议。故作本纪以记之。

(1)天赐粮仓

天生湖的水生植物皆能养生。春可食芦蒿、莼菜。河滩有些地方芦蒿成片,只要带刀刳割就可以了。芦蒿可以炒腊肉、香肠。没有这两样,放点辣椒糊“跳跳”(方言,“翻炒”之意),也很有味。莼菜采摘起来要求很高,只要一点点嫩头即可。此菜特别好吃,很名贵。夏秋可食的东西更多一些。采摘莲蓬与菱角是一大快事。划只船在湖上荡着,清风悠悠,游鱼三五,蜻蜓乱飞,莲蓬触手可摘。采了莲蓬再去摘菱角。掰开菱角,取出白生生的菱角来塞进嘴里,嫩嫩脆脆的,带有甜味。捞菱角时还可以捞菱角菜。菱角和菱角菜,都可以做菜吃,多了就喂猪。打着桨子,满载而归,特别有成就感。最苦的差事是割鸡芡菜。这东西茎叶都长满了刺。割时,连茎叶一起捆回家,将叶子撇下煮给猪吃。至于茎,撕去其长刺的皮能做菜吃。不长叶的茎上就长鸡头包。其形状与鸡头一样,里面包着一粒粒的种子,种子外有一层气囊一样的油皮。因为鸡头菜也叫芡,所以它的种子也叫芡实或鸡头米。种子除去硬壳,才是米。现在市上有干的卖,用它的粉调水,放入炒锅的菜里,就叫勾芡。以前荒年里人们连鸡头根也挖起来,和茎一起熬粥喝。

图1-1　乌渡湖(天生湖)

鸡留根是吃根的。它长在带沙的河滩上，不甚起眼，外表跟地儿菜（荠菜）差不多，用铲子一撬，将根上的黑皮一剥，即可以食用。它有两种，一种糯米的，一种粳米的。糯米的好吃些。春天放牛，孩子们将牛抛在湖滩上，就去撬鸡留根。撬得兴起，牛跑到人家地里吃油菜了也不知道。

天生湖里全是野藕，“兴”的年头，湖汊都长满了。一望，碧叶无边，红花无数。南风吹来，荷香与稻香争芳。会点水性的可以下水去抽藕心菜。藕心菜就是地下的藕芽，采回后用爆火一“跳”，又脆又香，非常可口。

鸭舌条、水白菜（水车前）、薇薇草都是用来喂猪的。湖边居民家家户户都养猪。夏天水草茂盛的时候，就下湖，用草镰在水底一扫，草便浮到水面上，然后用花篮或畚箕装下，挑回来喂养肥猪。

天生湖的鱼，鲜美无比。据我吃鱼的经验，贵池除长江、秋浦河外，没有哪条河中的鱼能赶得上它的味道。捕鱼既因季节不同，又因地理位置和鱼种的不同而使用不同的方法和渔具。大抵上说，办法是张、撒、拖、罩、戽、叉、兜、钓，工具有网、笼、罩、卡、桶、钩、撩、叉……一般大规模捕鱼，都用网，即撒网或是拖网。湖边的人想到湖里偷点鱼，就去放卡子、钩子，或张丝网。放卡子是将细竹枝截为寸把长，两头削尖，中间拴线，再将竹枝捏成U形，套上一段芦苇筒，中间夹一丁面饼。鱼一咬破芦苇筒的时候，竹枝绷直了成一字，正卡在鱼嘴里。卡子常卡到的是一些素食又嘴小的鱼，如鲫鱼、鲤鱼。汪古丁钩也常用。这种渔钩像弯曲的蟹爪，串蚯蚓，常能张上汪古丁鱼（又叫黄颡鱼）。以上说的捕鱼方法是大多季节常用的深水捕鱼法。浅水河滩上方法则不同。春天鱼交配打籽的时候，人人手里拎个鸡罩（多由笥竹编成），听到滩上有声音就飞奔过去，一罩下去，很快就会感到困鱼的撞动。这种得鱼之乐，是你做任何事都无法得到的——莫名其妙，带有点神秘，甚至夹着美感。河中间的激流，不时听到“轰隆”一声，那是鲤鱼的踊跃声（据说鲤鱼最高能跃一丈多高，所以跳龙门的角色非他莫属）。这时，有人就把叉抛去，一旦叉中，十有八九都是十来斤重的鱼。所谓渔叉，是用有七八个尖头的灯笼形的铁叉头安在一根四五米长的竹竿上。如抛的距离远，竿上还要系绳，以防鱼将叉拖跑了。

对付乌鱼（黑鱼），也有用叉的，但大多用钓法。传说乌鱼有小鱼仔之后，总带在身边，只要发现什么地方有小乌仔，那里一定有老乌鱼。钓乌鱼的钩要特别大，钓的时候不能将钓钩放入水中，要放在水面上，以饵点水。老乌鱼听到水响，迅速游来，一口便连蛙带钩吞下。钓者一拉钩便得。

用钓的方法，还可以钓到汪古丁、黄鲴、青鱼、鲫鱼、鲤鱼。汪古丁、青鱼等，这些都是贪嘴鱼。这些鱼钓起来很爽快。鲫鱼、鲤鱼是沉脚鱼，又很小气，吃食一点一点的，钓它们要有耐性。

春季涨水和秋季落水的时节，可筑坝拦水，张笼子。春季张笼子，屁股朝上游，张戏水鱼；秋季张笼子，笼口对上游，张退水鱼。张笼子要塞屁股，不然前面进去，后面就出去了。所以农村里骂人做事不严谨，叫"张笼子不塞屁股"。

找个水凼，先堵住上游的水，再用桶或盆将水戽干，所谓"竭泽而渔"便是这种方法了。在干涸的凼里捉鱼也是令人兴奋的事。要是冬季的话，还可在泥中寻出乌鱼和老鳖——它们都喜欢偎在泥里冬眠。很多钓不着、网不起的，一戽干水都出来了，像针鱼（三四寸长，鼻尖为针形，很好玩）、白鳝（也叫河鳗，晒干了蒸吃，油滋滋的）、泥鳅、黄鳝、鲇鱼、刺鲃、虾子、螺蛳、河蚌等。

这里的螃蟹，有石蟹和毛蟹之分。捉石蟹，拿个畚箕，在小河沟里一兜，便能捞上几只。但它太小，吃不到什么东西，很少有人吃它，不如毛蟹大而肉多，又鲜嫩。秋天毛蟹上岸时，晚上打电筒去照。运气好的，一夜也能逮十几只。

差点忘了，还有一招，叫"摸"。据说，它对鳜鱼最有效。春三月发洪水，鳜鱼也上溯——"桃花流水鳜鱼肥"。鳜鱼喜欢贴溪岸崖壁游走。渔民就选有崖壁的地方摸，把它摸痒摸顺了，就可轻轻用手捉进竹篓里。等它知道被捉，后悔已晚了。记住，重要的一条规则就是要把它摸得舒坦坦的，不然它就把脊刺张开，刺伤你的手。摸鳜鱼的新手，常被刺得鲜血淋漓。

（2）湖上宾主

春末夏初，两位常客光临湖上：苦哇（秧鸡之一种）和恶无（水雉）。苦哇灰背白脸，小头小脑，十分机警。多喜活动于湖边田秧中，常叫"苦哇、苦哇……"它的嫩雏如黑鸡雏，丰茸茸的，叫声可爱。某年大水，夜里一只苦哇不知何故，一头撞在挂着灯泡的墙上，受伤着地，为我收留。其后，我常掘蚯蚓喂养它。

待它身体复原之后，我将它放飞。三放三回，四逼而去。鸟之于人，有情无情，孰能知之？

恶无，栖居于菱萍之上，时时纠集野草为窝，整日“布窝、布窝……”地叫。别看它名字难听，长得却很漂亮，黑头白胸长尾，形如绶带鸟，是天生湖最美丽的水鸟。

白鹭、苍鹭于浅滩觅食，惊飞而起，如飞雪数点。田鸡总是忙，一天到晚，躲在青秧窠里“顿、顿……”它的儿女也和苦哇差不多形状，很可爱。冬天里，这些鸟都不见了，来了野鸭、大雁。野鸭里有一种“八鸭”，据说，流鼻血的人喝了用它炖的汤便不会再发。大雁很警觉，晚上睡觉，总会有只在放哨。某年冬天大雪，一些大雁两足冻在雪中不能起飞，被附近村民捉了去。

沙鸥和鹬也是常住的。沙鸥也喜欢随浪浮沉。有时也惊飞起来，发出水鸟一样的尖叫声。鹬鸟是“鹬蚌相争”的主人公，不善水，栖迹水草，大概以小鱼（虫）为食吧。它身上麻麻的，跟竹鸡似的，但长着三四寸的尖嘴。因为颜色隐蔽，走在湖边，你很难发现它。我曾得到过一只受伤的鹬，画过它几幅倩影。但终因保护不力，被家里的猫偷吃了。猫大概比我实际：看又看不饱肚子，吃了才饱肚子。这当然是硬道理。

8.乌渡湖环湖众生

环湖的平沙野水之间，大小岗峦之中，生活着各种大大小小的野生动物。机器时代的到来使他们的生存圈不断被压缩，很多都面临着绝种之虞。在这里我要说的是，在生存斗争中，乌渡湖人，似乎没有完全进入猎手的角色。

（1）老虎和豹子

乌渡湖人总是将老虎和豹子混为一谈，他们谈的老虎大约就是金钱豹。

我记事的时候，已不见豹子了。当地有个杀猪的哑巴大爷，力气非常大，70多岁，还能拎起半边猪。本来打猎的时候，他通常带一条猎狗。一旦狗开始叫或者向前追，就是有了猎物。如果狗停滞不前，或回头向主人身边躲，定是前方有猛兽。

有一次，1个猎人遭遇了1只老虎，但他没有学哑巴大爷去与老虎较劲，而是趴在地上装死。老虎扑上来，发现他一动不动，用爪子掏几下，还是不动，以为他死了。老虎不食死物，就悻悻地走开了。他在地上趴了半天，听听周围一点响动都没有了，才敢爬起来，算是捡了一条命，不过回家还是害了一场大病。

1只老虎为了猎食，常常要走好几座山。因为食物有限，所以“一山不容二虎”。偶尔觅不着食物的时候，老虎也会下山，走到村里来。老虎捕家猪的方法很特别，它先不咬死家猪，而是一口咬住家猪的耳朵往前拽，后面用尾巴当鞭子向前赶，连拽带赶将猪弄出村子，然后再将它吃掉。

大雪天，村子里也偶尔见到虎的脚印。传说有户人家的大门缝太宽，以致老虎夜里用尾巴插绞门闩。老太太听到响动，就点着油灯出来看，因老眼看不清，就把灯凑近照一照，谁知烧着了虎尾的毛。那虎烧痛了，抽出尾巴就跑了。第二天，村民发现雪地中有只焦老虎，坐在那里死了。“老虎不服倒头死”，烧焦了，也要坐着死。

只可惜，我没有看过乌渡湖老虎长得啥样，甚至连虎的脚印也没有相见的缘分。这恐怕是永远的遗憾了！

（2）蛇

乌渡湖人常能见到天昂漕（眼镜蛇）、乌梢蛇、土胖蛇、菜花蛇、火腾蛇、水蛇，有时也能见到青蛇。他们将4只脚的蜥蜴也归入蛇类，称之为蛇郎中。

乌渡湖人将眼镜蛇叫作天昂漕，他们不知道天昂漕还有眼镜蛇这个雅号。

到了夏忙之后，晚稻收割之前，村里的劳力都要集中起来，到有草的荒湖滩去打草。所谓打草就是用长柄的草镰，两手握柄，用胳肢（腋）窝夹住柄端在草地扫割野草。等草晒干了，再用耙子将草拢在一起，打捆成包，方便挑、运。他们在湖场上打草，常遇到这种蛇。手里有草镰，就扫断它；手里没有东西，就跑。天昂漕喜欢喷气，专对着人脸。毒气喷到人眼就瞎。大家都怕它。

土胖蛇也是一种毒蛇，不大，尺把长。常伏在地沟里和土埂上，跟土的颜色差不多。赤脚种田的人多被它咬伤。咬时不痛，就像被蚂蚁钳夹了一样，不久就会红肿的。如不及时放去毒血，毒性扩散，也会危及生命。民间的办法是用妇女的长头发捆住腿上伤口两端，再捉来大蜘蛛，放在伤口上。蜘蛛嗜血，便猛吮那毒血。用这办法只要及时,伤者就会脱离危险,且不留后遗症。伤势轻的可到地埂上去找一种叫半边莲的草,捶烂敷在伤口上,效果很好。据说土胖蛇小蛇生不出来的时候,老蛇便找一根柴桩,将腹从上面划过。剖腹之后,小蛇出生,老蛇死亡。

乌梢蛇被当地人称为家蛇。它经常被看见在人家里捉老鼠,人们一般不伤害它。有时在人家里墙角洞边都能见到它脱下的皮。不过,尽管乌梢蛇经常在个别人家里出没,但它的主要活动地还是在野外。小时候我就遇到两次。一次是初秋在山路上,我一个人夹根扁担,往前走。忽然一声柴响,一段黑脊在我眼前一晃,迅速钻进柴丛里,将两旁茅草树木打得乱纷纷直响。凭经验,我判断是乌梢蛇。只有乌梢是这样的黑脊。根据它的酒杯口大的身粗和打动草木路径的长度,我估计这蛇不少于1丈长。

水蛇无毒,细细的,在水上蜿蜒游动,动作轻巧。

泥蛇是红腹,也叫火腾蛇,比水蛇要粗壮。鳞与山溪里滋哺鱼一样毛糙。它喜欢住在泥洞里。一次,我跟几个“害鬼”在小河沟里的浅泥凼里捞鱼,明明看见条大鳌子,可捞来捞去,水弄得极浑,鱼也不知哪里去了。我疑心它钻进洞了,便摸那小泥洞。手伸进去,发现摸到毛糙糙的皮,以为是遇到鱼。用手掏出水面一看,竟是条红腹泥蛇。那种恐惧跟双手捧着个即将爆炸的炸弹差不多。心里急得要扔出去,手却不听使唤,捧着蛇直哆嗦,哆嗦了半天才将蛇扔出去。大家逃上岸,鱼也不捞都回家去了。

我还看见过一回竹叶青蛇。它有近两尺长,碧青的背,实在翠过竹叶。腹部为白色,修长的身子,是十足的“蛇中美女”。我见它的时候,它正在竹林中的灌木枝上爬行,伸长脖子,吐着信子,好像在探险似的。据说它非常毒。

传说蛇受伤的时候,总是由蜥蜴去衔药来为它治疗,所以,当地人叫蜥蜴为“蛇郎中”。我对这个传说极感兴趣。看见蛇郎中,我都是特别留心它的腰间是否也有赤脚医生背的那种药箱。我无端地认为它一定有这样的东西,这个信息留存在我的脑子里一直到我的青年时代。后来看书才知蛇与蜥蜴在血缘上已有一段距离。但我仍愿意相信它们是亲戚,是朋友,会互相照应的。

蛇,永远是乌渡湖人心中的一个梦,真切又神秘。

(3)獐麂鹿兔

獐麂鹿兔是乌渡湖人说顺了嘴的话，但现在鹿已经没有了，獐、麂、兔还有。

麂子是食草的。环湖的山上草木茂盛，常能听到麂子“嚎嚎”的吼声。

獐子比麂子还小，跟大半岁的中型家犬差不多大。它生性机警，不像麂子那么张扬。我的青少年时代都是在湖边度过的，没有听过它叫声。我所认识的猎人中，没有谁猎到过獐子。

我曾在山路上与獐子打过一回照面的。当时，我走着走着，忽然，“哗啦”一声柴响，一个动物从我眼前的山路上横过，一晃就消失在那边的柴丛里去了。我只看了轮廓：黑褐的小脊背上有些斑点，小脑袋似幼鹿而稍尖。它给我的印象是极善于奔跑。

除了老鼠外，兔子则是环湖众山中数量较多的一种野兽了。

9.池州奇石

池州奇石有长江石、西华石、棠溪石、秋浦河石、尧渡河石等。以长江石为上。长江石自带光泽，胜于人工打蜡，其优者有长江红、玛瑙；西华石以石灰岩为主，质地颇硬，石色、纹理俱佳；棠溪产肉石，肥瘦肉之色泽俱逼真。

10.池州文庙

除清溪河流域盛行傩事而不设文庙外，古时池州各处大族皆有文庙，以祀昭明也。

11.四大名木

本地是丘陵地区，所产树种并不丰富。所谓名木，是指做家具比较好看、耐用的树木。在池州数得上的名木，也就是铁力木、石楠、银杏和枣木。这4种木料各有各的好。铁力木和石楠极其坚硬，常常是斧子砍缺了几个口，料还没砍出来。木匠看到它们就抓头，不愿意做。这两种木料做出来的东西确实好，坚硬光滑、结实耐久。石楠的木纹尤其细腻，木色红润，很耐看。人们选用银杏做家具，是图它耐久。枣木重实，木纹还很漂亮，也是做家具的好材料。相比较，这几种木料很稀少，故而名贵。常用做家具的木料还有檁(chǎo)栗[①]、杉木。檁栗光滑、坚硬，不变形，常做家具的腿与边框。因其直而硬，也会用来做锄柄。杉木虽然木质较疏松，易松垮，不耐久，但它材质轻，不变形，易加工，好运输，人们常用到它。另外，柏子、杨梅、楝树也是好料。柏子中有叫乌柏的，以其细腻常做砧板；杨梅木质细腻如粉，做桌子和椅子的面子，光洁细柔，缺点就是易变质。不过，其木料放在水里浸上一两年再用就好些。还是因为细腻，杨梅木很适合雕印章，同样适合雕印章的还有柏子、猫儿刺等。

12.连枷与斛柜

在池州，连枷是用来脱麦子的，枷发音为“gāi”。把麦子铺在地上，举起连枷来打脱麦粒，声音很响亮，宋人张舜民有诗“打麦打麦，嘭嘭魄魄，声在山南应山北”。

斛柜是用来脱稻谷的。用比较结实耐打的木板做成方形有底的器物，四角都带把手，以便在田里拖着走。底部的两根横木，两头都出点头，微微上翘，便于在田泥里滑动。

池州自古皆种稻，故斛柜可能在先秦就已出现。至梁朝，池州沿江一带，出现大批北方移民，他们将北方麦作带入此地，于是脱麦的连枷也一并出现在池州。通常，农历十月种麦子，春夏之交收麦。

由于麦子的收获恰在上春家庭稍微缺粮时节，能解决人们储粮不足的问题，又不占用水稻种植田，故在沿江的坡地有了广泛的小麦种植。

① 这种栗木也称“柯”。它燃烧时火势极为强劲、耐久，语云：“除了栗柴无好火，除了郎舅无好亲。”以此柴为炭，谓之栗炭，为火力最好之炭，且无异味，是烤火、烘茶最佳之炭。《诗经》有《伐柯》，有人将“柯”释为“斧柄”，实为无知也。

13.檵木、山茱萸与竹丝子

檵木又叫“檵条”，木质皮“jiǎng”（池州当地方言，表示组织柔软而坚硬，由于找不到对应的汉字，本书一律用汉语拼音代替——作者注），有耐性，适宜于捆柴。砍两根比筷子粗一点的一人高的檵条，把它们的梢接在一起，便可以捆柴了。这么粗的檵条捆五六十斤柴不成问题。山茱萸的木质也和它差不多，只是略脆一点，也常用来捆柴。砍柴时如实在找不到这两种东西，或是有，但粗细不适合，就砍一人高的细竹子，用同样的方法对接起来捆柴。我们也称细竹子为竹丝子。细竹子中间，筲竹、苦竹性脆，不适合捆柴；石竹稍好，但用作捆柴也不是很理想。桂竹长得很高大，有几人高，不适合，且一般山上没有。最理想的是水竹，它一般只能长到大半人或人把高，性韧，捆柴不易断。

这里要强调一句，檵木是可以长成五六米高的，一般长十几年就胳膊粗，长大腿粗要几十年，荒瘠一点的地方要上百年。

14.砧板木

本地能做刀砧板的树木一般是用柏子树和皂角树。柏子通常叫乌柏。到秋天叶子就红了，十分鲜艳耐看。南北朝的《西洲曲》歌道：“日暮伯劳飞，风吹乌桕树。树下即门前。”由此可见，自古以来此树就是长江流域常见树种。乌柏木质细腻且无毒，适合做砧板。将其锯成一节节的圆饼，就可以当砧板。刀切在上面，手感极好。不过现在难寻那么粗的柏子树做砧板了。乌柏的树干屈曲遒劲，秋叶红艳，耐水淹，是极好的水边风景树。缺点是叶子上喜生“杨辣子”这种虫。喜欢水边捞鱼的小孩，大腿、胳膊常被它辣得又红又肿。皂角树做砧板和柏子树一样细腻，不损刀口。这种树小的时候多刺，一根大刺上有五六个刺头，丁丁拐拐的，横竖斜，各种指向的都有。每个刺头都有寸把长，使你无法下手。据说，这种刺还是极好的中药。长大以后，刺渐渐褪去。

此外，枫香树也可以做砧板，不过其木质较粗糙，又易裂，不为人所喜。楝树木质较细、稍硬，虽适合做砧板，但有些伤刀口。楝树果是苦的，故也称苦楝。因其与“苦恋”谐音，所以不常用做砧板。

15.磨盘山

我从童年到青年都住在磨盘山下。明代嘉靖《池州府志》有“磨盘山”条云：“在城西南二十里，其二石相叠如磨盘然。”这是座青石山，山顶由两层巨石相叠而成，远看就像一个大磨子，又像个昂首向北的大乌龟。山脚有些浅层煤矿，东一块西一块的，是鸡窝矿。半山腰有个半间屋大的天然石窟，我们都称之为“老虎祠堂”，里面有蝙蝠栖息。成堆的蝙蝠粪，挖回来，晾干，卖去做中药，名曰“夜明砂”。山上棠梨、鹊梅比较多，还有其他几种灌木。棠梨，其实就是野梨子。它春天开花早，一树白花，雪白得亮眼。雀梅有刺，但叶小根多，适宜做盆景。朴树和黄连木也有一些，都被砍了做柴。黄连木木质结实熬火，是很受欢迎的烧锅柴。还有老虎刺，花黄色，很好看，但刺很难缠。它每根叶茎上有若干短钩刺，顺的反的都有。钩在身上，你顺着取，反钩子挂你；反着取，顺钩子挂你，不好对付。还有种叫不上名字的带刺灌木，山上到处都是，喜欢长在石缝里，一丛丛的，每丛五六根到十几根不等。一般粗度在一握，长到胳膊粗的不多。山上也会有一些冬青树，四季常绿，燃烧时无火焰，不适合当柴火。

因为矿山采石，“磨子”被炸掉半边，一度勉强保留磨子的形状。有人说，这地方炸石有隐患，不能炸。但贵池一家企业提出：留着这半边也是隐患。于是，这家企业干脆将所剩的半边山峰一并削去卖了。磨盘山从此不再有磨盘了。

山西南脚下有块洼地，那地方我们叫庵里。嘉靖《池州府志》记载这里有这座庙。现在庙没了，只能依稀看出遗址痕迹了。

16.兰花

本地的兰花有兰有蕙。兰，也就是春兰，我们叫幽兰，喜欢长在近山沟阴湿的杉木窠里。花期是二月早春，蝴蝶、蜜蜂都还没出来，所以不能结果。路过山脚，常常是闻到香气，却找不到花草。花瓣的颜色和草一致，似乎摆明了不喜欢显摆张扬，叫幽兰，名副其实。蕙，也叫树兰，我们叫木兰。每个花茎上八九朵花，多的有十几朵。花形与幽兰一样，不过花色深浅各不相同，甚至还有红色的，比幽兰招摇多了。香气较为浓烈，有点冲头。它们喜欢开在高高的山坡上，大摇大摆的。木兰开花的时节，正是采茶季节，故茶叶的兰香皆从此花香中来。

17. 白杜鹃

我在池州叶管村大叶村口见过它一次。当地人叫它鸡骨头。枝条、叶子、花形等和红杜鹃一模一样，唯花色不同，是白的。后来在梅村霄坑的峡谷里，也见到过。我还在贵池区梅街镇峡川村见过纯黄色的映山红，不知当地人叫它什么。

18. 檀树

《诗经》里有《伐檀》，云“坎坎伐檀兮”，继而又云“坎坎伐辐兮”“坎坎伐轮兮”，好像是砍檀树来做车辐和轮子外框。檀树的木质比较“jiǎng”，耐磨，适合做车轮子上的构件。但它较易走形、胀缩，故只适合做耐磨经踹的粗放性器件。它也可用来做农具的轴，诸如轧田草的列车轴。它易变形，弯弯曲曲的，不好看，也不好用。因其木板易产生缝隙，也易脱榫卯，故不被用来做家具，甚至不用它做木柄。因为火焰不大，它也不会被用作柴或烧炭。这么看来，檀树是最无用的树，怪不得，《伐檀》要用它做比兴，讽刺贵族的无能了。

19. 青桐皮（梧桐）

我们这里把跟纤维造纸有关的树木，一律叫纸皮树，如楮树、野桐、青檀等。青桐为何是纸皮树？有点怪！按理说，它的纤维又粗长，不适宜造纸，常常将它搓粗到一把握的绳子，何以当一“皮”字？它能跟造纸关联的是，其叶柄浸出来的汁，可作造纸的悬浮剂。

青桐是栽培树，常被栽在房前屋后，长得高大笔直，一根树干通天，和屋顶一样高。它的叶子分三叉，有三四个巴掌大，可以做粑托子蒸发粑（就是南方的馒头，一块有锅大，用刀切块），有一股清香。青桐就是我们古诗中的梧桐，据说凤凰非此树不栖。

20.峡川的梅花

贵池区梅街街道峡川村山上多野梅，几乎漫山遍野，不知道“梅街”得名是否与它有关。梅花主要分布于筲箕李自然村的山上，最大的一棵将近一抱，树龄近百年，野外极为罕见。

21.树莓

树莓，我们叫“mòng”子。据说，《酉阳杂俎》称作水“莔”，姑且这里写作“莔子”吧。它春天开小花，五月插秧时果子成熟，红红的、甜甜的，和草莓长得一模一样，但只有指甲盖大小。它最多人把高，从头到脚都是刺拉拉的。春生秋枯，但茎秆不死。有人说是灌木，但我怎么看都觉得像草。树莓多野生在山脚、溪边，看来也是个喜湿的主。

22.石里红

这是我们对山楂的叫法。但我一直不明白它到底是叫山里红，还是石里红？它一般只有两尺来高，常常长在荒草乱石间，姑且就当“石里红”吧。枝上有少许硬刺，秋天果熟。分两种，糯米的和籼米的。糯米的黄里透白，大些、软些，吃在嘴里糯糯的，口感很好；籼米的红亮亮的，小些、硬些，还有点酸。发育完全的果实有大拇指头大；长在干旱地方的，只有小指头大。冰糖葫芦就是用它做的。要是栽培种的果实，就大多了。有的石里红树果数很吓人，我在太朴山上看见一棵树，就结了80多粒。

23.江豚与白鳍豚

长江里叫豚的，除河豚外，还有江豚与白鳍豚。

长江中下游管江豚叫江猪，黑黑的，跟小猪差不多大，常成群结队地追逐游戏。以前人们坐船江行，可以看到一幅不错的景——江豚吹浪。这样的风景曾经绝迹近20年。不过，最近几年长江禁渔，它们又"重现江湖"。江豚形象进入文学作品好像从许浑"江豚吹浪夜还风"始。

白鳍豚比江豚娇贵，现在长江里芳踪难觅了。在我的阅读印象里，南宋陆游《入蜀记》中所云江豚"或黄或黑"，黄者我疑为白鳍豚。它体形比江豚大，如小牛一般，色白（远看似黄）。可以想象其食量很大，居食物链顶端，故易消失而难恢复。但愿它没有消亡。

24.野桐

我们叫它"小叶纸皮"。杆子光溜溜的，近顶部才分出小枝。树高两米左右。结吊穗，似粟状。可播种，到第三年即可收割。今山脚田埂荒地均有之。《诗经》之"谷桑"疑指此树，而非楮树。

25.兔年辨兔

我们这里野兔分山兔与湖兔两种。山兔在山区讨生活，吃山草喝溪水，体形瘦块头小，一般两三斤重。湖兔则生活在水边缓坡低岗之上，吃滩涂之肥草，体形肥块头大，多在五六斤，七八斤的也有。但它们的肉不怎么好吃，腥、松，没嚼劲，比不了山兔肉的紧实而香。

26.河豚

河豚生活于长江及其水汊中。怒而腹鼓如球。其身负剧毒,然其味美,故民间素有“拼死吃河豚”之说。因其未成熟时则无毒,故渔人常取两三寸长的河豚晒成鱼干蒸食,而了然无害。20世纪80年代尚能偶见之,今日野生者已近绝迹。不知长江十年禁渔之后,池州江面尚能见否?

27.南山樵采随记

(1)夏天,到湖边来听鸟

湖边第一好听的,当然是燕子。“唧”的一声,像个舞蹈家一样,从水面上拉出一道弧线,飞走了。声音优美而轻柔。偶尔有几只白鹭从芦苇边掠过,叫声沙哑粗糙,听之骇人。第二好听的是水雉。她是水中的皇后。水雉白多黑少,颜色分明,拖一条长尾巴。整天在湖面上纠集着水草,好像是做她的窝。一边做窝一边“不啊不啊”地叫着,听了叫人心软。她的旁边,时不时地冒一只秧鸡出来。我们叫她苦哇。一天到晚“苦哇苦哇”地叫。声音虽有些悦耳,可想想却叫人扎心。勉强排第三吧。还有田鸡,喜欢在秧棵里,“邓、邓”地叫,湖面少见,就不排在湖鸟里了。沙鸥的叫声很尖,但很悦耳,可列第四。鹬鸟在沙岸上觅食,鸣叫起来也很轻柔悦耳的,可惜声音太小,像怕人的小姑娘,只能排在第五。还有就是小的鸥类水鸟,她们喜欢一边飞一边叫。由于声音太尖细,只能屈居第六。

(2)砍柴的不能和放羊的混在一起

从前,一个放羊的赶羊上山吃草,正碰上一位砍柴的朋友。两人相见有说不完的话,坐在那里说说笑笑就是一下午。天黑了,各自要回家,才想起各自事。放羊的找到羊,羊已经吃饱了;砍柴的拿起刀,柴还一根没砍。这件事的教训就是:砍柴的和放羊的混在一起,总是要吃亏的。

(3)菟丝子

这是一种小草藤,一年生的。藤蔓红红的。今篱边多有之。它是一种光开花、结子而不长叶子的寄生植物,靠绞杀别的植物茎秆来吸收别人的营养生活。被它所纠缠的植物,常被缠致死。故古人常取喻为男女爱情。《诗经》中称为“唐”,有“爰采唐矣? 沬之乡矣”之句。菟丝子是一味极好的助阳药。陆游《老学庵笔记》曾记一人,服菟丝子过量,背发痈疮,再服金银花,始平复之。

(4)鸡子与漕

我们称鸡蛋叫鸡子或鸡gǎ(音嘎)。一直不知道gǎ具体是哪一个汉字。把鸡蛋敲到锅里煎,通常叫煎鸡蛋,我们叫漕鸡子或漕鸡gǎ。煮饭时米汤溢满,也叫漕饭汤。后来延伸为一个人说话夸张、不靠谱,叫“漕”。闭着眼睛乱讲的叫“瞎漕”。

(5)竹松藤

竹,出身草莽,为禾本科植物。为改变出身带来的低微,一出生就拼命生长,一日数尺地追赶。它空心,以节省生长所需的材料;劲节,以维持足够高度所需的韧性。终于,长到它能与树平起平坐的高度,实不易耳。回看身下的同类,仍然伏在那里,猥琐地活着,被人们蔑称为“杂草”,它不由得舒口气。对它而言,所有的牺牲都是值得的,因为它换来了人的仰视。“宁可食无肉,不可居无竹”便是人对它最好的肯定与赞美。

松为乔木,经冬不凋,孔老夫子抬举其云“岁寒,知松柏之后凋也”。乔木无数,得此殊荣,算是爬到树的最高境界了。回想当初与草为伍的时代,3年长不到1米。草们嘲笑道:“我们1年就长成了,还长得高。你年年长,年年长不大,猴年马月才长我们这么高?”草们常常侵占它的领地,遮蔽它的阳光。它受尽屈辱,熬到第四年,终于在草中出头了。草,不再能遮到它的阳光。摇风时节,它开启了增速模式。渐渐地,草,远远被遗落在它的身下。它们依旧拥挤在那里,依旧只有3尺高,一年年一代代。松慢慢地夺回它的地盘,在它地盘里的草们,一代比一代矮,一代比一代稀。草们的阳光被松遮蔽了,土壤的肥力也被松抢回去了。草们怨恨并诅咒着这棵曾经被它们祖先嘲笑戏弄过的该死的松树。然而,它们的一切叫骂,松树全然听不到。因为它们已经从属各自不同的世界。草们的怨恨已无碍于松树的生长。松树可以倒下,回到它原先的世界,但草却永远长不到与松树的高度,永远也不会有与它对话的资格。

藤是一种怪胎,非草非竹又非树。它生着草的命,又不肯像竹一样亮节挺立,却有着树的理想。她的生存状态说得好听点,叫随遇而安,说得不好听的叫痛苦中挣扎。因为有成功的例子促使它产生这样的心态。那些攀上高枝的藤们,志气昂扬,环视脚下众生,发现昔日的姊妹连与它对话的机会都没有,便有些嘚瑟,在树顶上随风招摇,踌躇满志。藤们但有时会攀上靠不住的"东家","东家"轰然倒下,它们无枝可依,重新沦落草莽,只好将那些可怜的野草蹂躏一通。有的藤看周边实在无树可攀,便将稍高的野蒿胡乱缠绕一气,几匝下来便无处可缠,唯仰天叹息,独恨命薄如斯,遭此不良。总之,草莽出身的藤,无论怎样挣扎,最终还是要落草为寇的。

(6)炭灰与炭头子

将一堆木柴堆在一起烧,等基本上都烧透了,用水一浇,便有了木炭。那些已经烧成灰的,叫炭灰,自然也就没有用了。没有烧透的叫炭头子,也被剔除出来,丢在一边。倘使不丢,混在木炭一起,用起来会冒烟,很呛人。尽管炭,是那些烧成炭灰的木柴和与炭共生死的炭头子所共同成就,但炭灰和炭头子必须被遗弃。回望历史,每一次的改朝换代,也与木炭的生成一模一样,有被烧成炭的,有被烧成炭灰或炭头子的。如果炭头子还混在木炭一起,它会借助木炭的火力,把木炭烧成炭灰而自己则烧成了木炭。

(7)养盆景

我养盆景是从1995年开始的,至今已近30年,跟许多专门弄盆景的人一样资深。盆景这东西让人遥思无限,小时我便莫名地喜欢上它。上小学的时候,我就开始把小树栽在盆里当大树养。比如,适宜栽盆的树要小叶,一般都是小灌木等。那时,我常弄些栽在院子边上,总被老娘拔起来丢了,说"碍事,影响晒稻"。还骂道:"好的不栽,净栽些刺,有什么用?"工作以后,有了自己独立的空间,正式地养树桩,才知道这样的树桩有一个专门的称呼,叫盆景。一开始,我遇到许多好桩,因为不懂养护,基本都被我弄死了。看到它们都直戗戗地立在那里，仿佛在控诉我的无知，我心里有说不出的难过。十几年之后，我养盆景终于慢慢地上了路，但却难遇好桩了。最后的教训就是，当你懵懵懂懂的时候，遇到的都是好桩；当你懂得珍惜的时候，遇到的却是烂货。回过头来看看人生，又何尝不是如此呢？这样说来，“珍惜当下”当是世间最不朽的真理。即使你现在不懂的，也一定要把这话当话！

(8)棠梨与野樱桃

除了梅花，棠梨与樱桃是春天最早的花，也是极为显眼好看的花。棠梨的花就是一树白雪，在春风中招摇，就像几树火把，能照亮整个山谷。樱桃花也是白色的，微微泛点红，也常常是孤独地开在山野里，让人觉得温情软意。

(9)春荞与秋荞

荞麦是有春秋两季的。宋王禹偁“棠梨叶落胭脂色，荞麦花开白雪香”写的是指秋荞。春荞，未知谁有诗？

(10)山芋的粉与甜

长在山间瘦地的山芋易粉，低地肥田的山芋易甜；遇旱易粉，遇水易甜。

粉山芋指甲都难刮，甜山芋只要轻轻一掐就出水。但粉山芋洗粉多。

(11)闹

今日去超市，路过药店，不知怎么和店老板聊起了黄杜鹃，这是极毒的植物，学名叫羊踯躅，我们土语叫老虎花。店主说那叫“闹羊花”。我突然想起，我们土话里也管毒叫闹(是音，是否这样写，不知道)。毒鱼叫闹鱼，毒人叫闹人。是不是“毒”在古音中就读“闹”呢？还是起源于某地的方言呢？

(12)蛤蟆草

蛤蟆草对环境十分挑剔。它长于水滨，生长在坡的阴面，那里下午三四点就开始没有阳光了。它至夏而老，其性极阳。

第二章　南山闲居

1.读书有三境

下境曰“读字读句”;中境曰“读篇”;上境曰“读白”。读字句者,逐字而识之,逐句而解之。其文意皆断,是曰断章取义。太白所云“死章句”者是也。读篇者,不泥于句读,知文章之义耳。殆渊明之所谓“不求甚解”者也。读白者于字外读书,能识字外之意、句外之意、篇外之意。此即所谓于无字处读书。此境,人迹罕至耳。下境易断章取义;中境能揽其大义;上境能舍文得意。故愚者得下境;智者得中境;慧者得上境。

(壬寅八月世民识)

2.白云仙乡垄上陶

(1)山居

一座海拔500米的高山上,终年是缭绕的云雾,山顶桃花比山下要迟些开。四月正是桃花盛开的时候,站在村庄的高处一望,村子都被这一片云霞笼罩。农夫出入烟霞之中,朝出暮归,农耕樵猎。山居秋雨时节,左邻右舍相呼,喝几盅老酒,打几场小牌,话几句稼穑。晴天里“相见无杂言,但道桑麻长”,阴雨天也离不了这个话题。淡淡的雨雾、盈盈的笑语,依旧承袭着祖先的风范。他们是陶氏的后代,其先祖之风何时曾断绝。

这个村居叫垄上陶。按他们的家谱所记,他的祖先至仕三公,陶渊明是他们的第十七世族祖。家谱记载,渊明生有五子,除了第四子,其余四个在当时都有禄位,老大还做到了著作郎。其第二子迁居丹阳,后裔尤其发达,到渊明五世孙时,出了“山中宰相”陶弘景。梁武帝不仅委托他炼丹,且每有国家大事,必密函请他决断。

贵池陶家的祖先来于元季,刀耕火种于大山之中,人烟渐旺,在这里分出了五大支:一曰垄上陶,二曰井边陶,三曰半山陶,四曰郭西陶(城内西街),五曰楮山陶(童铺)。

(2)仙境(见图2-1)

初冬的山道上,阳光煦暖,两只蜻蜓在飞,一只小白蝴蝶在路边的青草丛里翩翩来去。篱边斜出几枝野菊,黄花嫩蕊,十分精神。

图2-1　仙境

高低错落的屋脊,曲曲折折的巷弄,屋连着屋,门对着门。坡上就是他们的两亩地,春种稻,秋种油菜。园子里有豆菽、桑麻。山泉四季汩汩地流着,水是从不缺的。满山的毛竹连绵着。冬有冬笋,春有春笋,鲜吃的,笋汁肥厚,晒片成干,冬天里煨肉吃,真是难得的美味。还有那野蕨菜、野山楂、野毛栗,时令一到漫坡都是。七八月份的猕猴桃,随便折下一枝就有一二十个果子。

景是奇绝无比。村对面横着一排山,峰峦跌宕,如曼舞的曲谱。唐代诗人康骈就长眠在这里。

翻过一道山梁，那山沟里还有只大石船，十几米长，船头有两丈高，尖尖翘起的样子像是影视剧中的“加勒比海盗船”。船头挂着一道道藤蔓，就如萍藻一般。这就是那闻名远近的太婆船。

(3)仙乡

阳光照着这百十来户人家的庄子，炊烟袅袅，寻常巷陌，斜阳芳草。倘是雨后新晴，牛羊下来，各家都在唤各家的鸡、猪和孩子。孩子们的吵闹声和鸡犬的鸣叫声，使这个山中村落有一阵小小的热闹。

暮色退去，山间的烟雾起来了。新月上来，村子又归于平静，仿佛与世隔绝。月下房栊显出一番幽静。

夜的村庄，悄然无声，只有山风在静静流淌着，携着山泉的流淌声。远山有几声隐隐的兽吼，空气里弥漫着淡淡的花香与草气。你若身临其境，也许会脱口吟出“月明松下房栊静”的诗。对着这样山间的寂静，一切尘世的烦恼都无足轻重了。

春晓，天还是青灰色的时候，山间的布谷鸟已开始飞鸣了。一声声的“布谷”似乎在催垄上陶人早起耕田。这里田地不多，但垄上陶人从祖先那里承继的勤劳并没有变。露珠挂满青草，农民已在田间忙碌了。劳作的身影映着稻田里的水光，衬着碧绿的稻秧，仿佛一幅山乡春早图。

三月底四月初的时候，紫藤、杜鹃和着桃花一起开放，姹紫嫣红，映着村外的青秧和淡淡的远山。蜜蜂抱树嗡嗡地飞舞着。在花海里耕作的垄上陶人，过着恬淡而悠然的生活，“山气日夕佳，飞鸟相与还”。然而，隐逸者的子孙们总带着对知识的渴求。穿过茫茫竹海，不少垄上陶人走出大山求学。毕竟，他们的血管流淌着的是浓浓的陶家文化血液。

2013年的春天，一位从这大山中走到美国的陶家子弟，带着他的学术，回到他的祖国——中国，回到他的家乡——安徽。他是中国科学技术大学引进的最年轻的教授，当年才29岁。“归去来兮，田园将芜！”陶氏家族强烈的根的意识，绵延至今。询问他的父亲：“你儿子为什么要回来？”这位朴实的父亲淡淡地说了句：“你终究是个中国人，美国又不是你的家。”

从山上下来，衣服上还飘着淡淡的雾气，兴许是我在仙乡里惹了白云吧。

3.望华楼

望华楼在平天湖东碧山之巅，占地面积2000余平方米。台基高8余米，主楼高37米，斗拱、十字歇山顶。楼为五层仿唐风格建筑。

望华楼四季观景皆宜。登楼而望，可下瞰池城，东眺九华，一览湖光山色、城市人家。云消雾歇，赤日晶晶；冬去春来，冈峦苍苍。尤以冬雪初晴为佳，冰湖银山，九华峰尽在一望之中。“望华霁雪”为平天湖二十四景之一。余有《望华霁雪》诗并序，云：

望华雪霁，日光荧荧然，望之如琼楼玉宇，犹仙人之宫也，实平天一胜境。

朔风扬积雪，飞絮穿楼宇。

绿岭望南天，九华浮青玉。

二水分一峰，重山聚银兽。

冻风如篦梳，松拱似门户。

登楼一长啸，挥觞更劝酒。

4.关于建立昭明文化遗址公园的建议

昭明文选阁作为池州历史文化的重要地标，几乎与池州城同根同龄，相伴成长，影响池州历史文化千余年。池州是历史文化名城，而现存的历史遗存却很少。以昭明文选阁为核心建立昭明文化遗址公园，与毗邻的正在建设的杏花村相辉映，对于唱响历史文化名城池州，具有无可替代的作用。

(1)池州城西昭明文选阁的历史沿革和文化价值

①文选阁的历史沿革：

池州城西的昭明文选阁（现已废弃），距秀山门四里，其存在已有1250余年的历史。最初，它作为梁昭明太子祭祀系统的一部分，与太子祠一起设在贵池区乌沙镇莲花村长江边的太子矶。后随隋秋浦县一起迁往贵池区殷汇镇沧埠村秀山。唐永泰元年(765),池州二次立州,文选阁随秋浦县城一起迁至今城西杏花村街道孔井村的杜坞山。此后,历经1200余年至今,一直未曾移动。宋代《太平寰宇记》,明代嘉靖《池州府志》、《大明一统志》,清代康熙《池州府志》、乾隆《池州府志》、《大清一统志》和《杏花村志》等皆记载昭明文选阁在城西杜坞山。

池州昭明文选阁,一直以收藏《昭明文选》雕版、承担向民间传播昭明文化使命而著称。自唐至清,人们的赞美声不绝于耳。乾符五年(878),唐代诗人罗隐因避黄巢之乱,来池州秋浦杜坞,游览文选阁,写下《文选阁》诗,云:"间生元子出萧梁,作选为书化万邦。三代已来成冠绝,六朝余外更无双……"昭明文选阁屡坏屡修,至清顺治年间仍完好。清代顺治四年(1647),贵池茅坦人杜宗鹤,曾邀余杭严曾榘、江都吴绮和秦中王宾,一道在昭明文选阁雅集。他们皆有诗述及此事(郎遂《杏花村志》卷三,刘世珩民国九年刻本)。郎遂在康熙年间修《杏花村志》时,文选阁被毁弃,但后世复修。20世纪50—60年代,改为陶瓷企业职工宿舍。20世纪80年代被毁弃。2009年其附属文物"解厄井"井圈被盗。昭明祭祀台也于20世纪被毁弃。

②昭明文选阁的文化价值:

第一,构筑了池州人的基本精神面貌。由文选阁而产生的昭明文化,与池州历史同存在,在唐宋科举文化中又具有不可替代的崇高历史地位,因而对池州历史文化的形成有着深入骨髓的影响,表现在池州人精神的方方面面。在其影响下的池州士风"崇恬退,敦诗书,行忠信,尚气节";其熏陶出的民风"耻浮竞,勤职业,知怀刑,持节俭,虽有讼而不嚣,租赋浩穰而闻令必集"(张士范《乾隆池州府志》)。这些是构筑池州人基本精神风貌的牢固根基。

第二,现已成为池州历史文化的重要景观。据《全唐诗》《池州府志》《贵池县志》《杏花村村志》等资料统计,自唐至清写池州昭明文选阁的诗文尚存近40篇。唐代刺史萧复还特地于府衙内修一楼(后世称萧相楼)用于藏阅《昭明文选》。南宋诗人尤袤与池州知州袁说友共同筹办文选阁的《昭明文选》雕版。民国时,池人在文选阁旧址设昭明国专,该校有名师李诚等和名徒鲁彦周(安徽省著名作家)等。故昭明文选阁本身已成为附着厚重人文的池州文化景观。

(2)建立以文选阁为核心的昭明文化遗址公园的现实意义

昭明太子，名萧统，南朝梁兰陵（今江苏常州）人，生于501年，卒于531年。萧统是南朝梁武帝萧衍的长子，为太子，未继位而卒，谥“昭明”，世称“昭明太子”。昭明太子之所以不朽，是因为他主编了中国历史上第一部诗文总集《文选》。《文选》世称《昭明文选》，是唐宋士子的必读书，是不朽的文学教材。围绕《昭明文选》形成独特的“昭明文化”。而昭明文化的形成、发展和传播，对中华文化的形成、发展与传播产生了广泛而深刻的影响，由此也奠定了昭明太子在中华文化史上的崇高地位。昭明文化的核心或者说实质，就是《昭明文选》文化。为了纪念昭明太子、传承昭明文化，全国许多地方都建有“文选楼”，如扬州、襄阳、乌镇等。

池州的文选阁，又称“文选楼”，俗称“昭明书院”，本是西庙（昭明太子庙，杏花村十二景之一）的一部分。今天，在其遗址上，建立以文选阁为核心的昭明遗址公园，是完全必要的，且特别有意义。

遗址公园建成后，可成为池州城重要的文化地标，成为天下文人的雅集之地、莘莘学子的敬仰之地、芸芸众生的精神圣地。

(3)建立昭明文化遗址公园的设想

昭明文选阁遗址面积约10亩。本着“尊重历史、兼顾现实”的原则，设想如下：

第一，在原址上复建昭明文选阁（原址现为荒地，拆迁范围很小）。

该建筑参照江南三大名楼之一的滕王阁建筑样式构建，保留原样。

第二，尽力恢复昭明文选阁的附属设施以及民国时期修建的昭明国专教学楼。

重点恢复昭明祭祀台（塑昭明太子像）及解厄井。该建筑围绕解厄井复建。祭祀台建筑样式参照儒学府，但不宜太高。昭明雕像安置在西正殿。可于祭祀台附近选取合适地点，恢复民国时期修建的昭明国专教学楼主体部分。

第三，就地设立池州历史文化展示馆。

该展示馆拟展：展示《昭明文选》雕版及其历代印刷本；展示唐宋科举制度史资料；陈列所有能收集到的池州唐宋进士资料，包括画像、生平介绍、对后世的影响、著作、遗物等。

第四，就地成立中国昭明文选研究会，整合研究力量，研究和传播昭明文化。

该研究会常务机构设于昭明祭祀台南大殿。下设秘书处、会长、常务副会长工作室、学刊室等。面向全国招聘会长、副会长及研究员（池州人不得担任学会领导职务）。学会设立学术杂志《〈昭明文选〉学刊》。

第五，可设昭明国专史展览馆及群众文化活动中心。

内设国专史资料展馆，设立李诚、鲁彦周专项展柜。设四个群众文化活动中心，展示诗歌、书法、绘画、音乐等内容，促进创作、展览、交流、鉴赏。

5.贵池是黄宾虹两次革命的起点

黄宾虹，祖籍安徽歙县西乡潭渡村，1865年1月27日生于浙江金华铁岭头街，1955年3月25日病逝于浙江杭州。他是一代卓越的山水画大师和一位坚定的革命者。在其90年的风雨人生中，黄宾虹有两次“革命”经历，而这两次“革命”的起点都在贵池。历史的偶然，令人深思。

(1)黄宾虹从事反清革命的起点

黄氏早年遵父命习举业。然而乡土文化的底蕴，民族大义的激发，和他本人的社会交往，决定了他不会是个安分的人。终于，30岁时，他毅然抛弃举业。

1895年是32岁的黄宾虹人生发生重大转折的一年。这年，康有为、梁启超为首发起“公车上书”，黄宾虹致书康、梁，称“政事不图革新，国家将有灭亡之祸”。夏，他闻说谭嗣同途经贵池，昼夜兼程赶到，与谭畅谈维新变法之事。从此，他由一个思想激进的革新派一跃而成脚踏实地的革命者。为父居丧一完毕，他就与乡人洪佩泉（武举人）、江佐臣（武秀才）设立教场，收徒练武，以备反清之用。其后，他在新安中学堂，吸收同盟会员，创立“黄社”，借研究诗文为名，宣传革命，并在自家屋后，设炉铸币，筹备革命经费。尽管后来由于种种原因，他未能成为有影响力的革命家，但其所作所为表现出中华民族永不泯灭的血性。

(2)黄宾虹从事艺术革命的起点

关于黄宾虹画风的变革,艺术界一直有“白宾虹”变“黑宾虹”之说。然而这一转折的契机,竟也缘起贵池。

早年的黄宾虹因受新安画派以及黄山一带山水的影响,绘画一向以疏淡清逸为主。虽然此时他已对墨井道人的人品、画品表示追慕,并取号“予向”,但终因机缘未到,不能深究个中滋味。60岁时,因在贵池置有田产和别墅而来贵池小住。其后,黄宾虹画风突变,墨法革命从此而起,其作品《乌渡湖上》(南京博物馆藏)中可见端倪。

传统称“白、干、淡”为正墨,“黑、湿、浓”为副墨。黄氏的墨法革命却将“黑、湿、浓”提为正墨。分析其画风巨变之由,主要有:其一,他对墨井道人人品的向往和对其画品的认同,一直蕴藏内心。其二,贵池山水,尤其乌渡湖风光可能对他影响甚深。乌渡湖波光粼粼,春日山花烂漫,深坞吐霞;夏日荷香四溢,菱萍碍艇;秋日松山夕照,蓼水晴晖;冬日山影如墨,老树嵯峨。四季山水,线条多变,层次丰富,滋润华茂。其三,受其交游的影响。贵池老友汪鞠友,原系“黄社”成员,又为黄的早年画友,后为避袁世凯追杀,以渔为名,筑庐乌渡湖畔隐居,偶往返于沪池之间。他以绘画自娱,擅山水、篆刻。汪氏作品对于黄氏可能有所启示。其四,同年又游黄山。贵池与黄山风光在画理上的巨大差异,是黄氏顿悟的机缘突破口。其五,受李白描写贵池山水诗歌的影响。黄氏曾在《乌渡湖上》题“池阳山水之美,李供奉(李白,笔者注)诗尽道之”,说明李白诗对他领悟贵池山水神韵是有启发的。

贵池作为黄宾虹一生中两次“革命”的机缘触发地,在地理位置、人文风俗、旅游资源上有其独特魅力,在提倡文旅融合发展的今天,我们得好好琢磨该如何开发利用。

6.旧溪方氏

旧溪方村,在贵池区殷汇镇“仰天堂”下,西北距昭明钓台八余里,处在秋浦河冲积而成的河滩上,背倚高大的旗山,村前一片平畈,豆禾菽麻弥望,“规模远大,气象万千"(《方氏宗谱序》)。平畈被密密的枫杨树林镶了一道绿边,杂花野树,浓荫繁茂。村外便是澄碧如玉的秋浦河。一条路穿过田畈与树林,令村庄与渡口相连。

旧溪方村以方姓为主,历史悠久。据历史记载,方氏一世祖为唐池州刺史方子璞。方子璞是浙江严州淳安县正溪人,唐文宗开成元年(836)进士,因宰相李德裕举荐为翰林待讲,晚年任池州刺史,葬于里山街道黄观祠遗址附近(云子坂)。方公长子方旦与次子方智回浙江料理祖业,第三子方绍祖不忍舍弃先人之墓,遂安家于池州清溪。后黄巢乱起,携母迁居宏溪(今贵池区石门村白沙岭下)。方氏遵祖训,缘溪而居,故由宏溪衍出之族,几乎冠以溪名。方氏共衍出20余支,旧称"方氏二十四溪"。举贵池方氏家族之显宦者有国子祭酒兼礼部尚书方闳(北宋神宗熙宁八年)、吏部尚书方逢辰(南宋理宗景定二年)。

旧溪(见图2-2)方氏于元末避乱,渔猎于旧溪,渐成望族。因居秋浦河下游,饱受洪水之苦,加之人祸,旧迹所存唯余祠堂一进及祠前数百年的黄栗古木一株。

残祠只剩供方氏祖宗牌位的最后一进——享堂。它的特别之处是在一世祖的行列里,赫然供着昭明太子的神位。将昭明与祖宗并列,实为少见。在贵池的傩戏中,昭明被视为菩萨,而旧溪方氏将昭明当作祖宗看待,恐怕不止于祈福,更多的或许是感恩。在水旱无常的古石城,这种感恩是人们发自内心的。隔河而望的秀山昭明太子衣冠冢和昭明钓台的存在,便是又一个例证。

图2-2 旧溪

方氏祠堂前二进虽已毁弃,但仍有一些文物保存下来,最有价值的莫过于

“禁碑”,其碑文楷书,字迹清晰,上有方氏家族的风俗禁令。这些禁令禁界分明,简单易行。

方氏族人一直有种强烈的家族意识,最能体现这一点的是《方氏宗谱》能历经战乱而完好保存至今。当代两位保存者的故事曾广为流传。他们俩冒着生命危险将家谱藏于高山洞中,并定期翻晒。如今,其中一位已追先人而去了。健在的叫方正明,身强体健,精神矍铄。后来,仍是这位木匠出身的老人,步丈脚量,翻山越岭,以非凡的毅力带领族人续修了《方氏宗谱》。

屡遭洪水之困的旧溪方氏在村边立了座北斗庙,祈望北斗星君镇凶蛟恶龙。这种不屈与倔强或许也正是这个家族能繁衍壮大的缘由吧。

旧溪村渡口便是村口,村民的出入靠条小渡船,生产生活颇为不便。他们渴望有座桥。然而旧溪方氏的历史恰是在没有桥的岁月里创造的,也许,没有桥,也是他们的历史与奇迹得以创造和保全的原因之一吧。

7.拜师求学(一)

之所以将周勋初与郁贤皓两位先生放在一起写,是因为他们是我差不多同时认识的两位前辈。认识周先生是改变我人生的。记得那一年,他应该是79岁。那是我第一次去南京。我在广西师范大学报考魏晋南北朝文学方向的博士。面试时,一群导师都参加,各方向的考生也都在一起。我很气愤,当场唐突了老师。我作自我介绍的时候,说是安徽贵池人,“也就是唐代的秋浦人”。她是研究李白的,这使她一下来了精神,问:“你知道李白《秋浦歌》吗?他的‘白发三千丈’怎么解读?”我说“求教于先生”。这本是谦虚话,她却认真了,向我大谈李白如何如何浪漫:“李白在秋浦炼丹炼得穷困潦倒,连饭都吃不上。你没有资格来谈论这个问题。”面试就这样很不愉快地结束,我当场决定离开,不再纠缠。加上我报的那个导师,魏晋南北朝的研究著作是有一些,码起来有尺把高,但读来读去,也想不出一些新意。当年4月,我报考南京大学,顺便去寻访周勋初与郁贤皓师。我并不知道周先生的联系方式,委托南京工业大学的李凤鸣老师找寻。他找了一圈,告诉我说,找不到。其时我在去南京的火车上。于是我就在车上电话寻求张国安先生的帮助,他给了我江苏文史馆丁骏先生的号码,说:“周先生是江苏文史馆的馆长。”到南京已是五点钟,我打电话给丁骏先生,他很热情,给了我号码,并告知了周先生住址,还问我吃饭了没有。说他在江北吃饭,可以过来一起吃饭。我谢了他。第二天就约李凤鸣兄一起去见周先生。我们寻到周先生的住址,在他楼梯口打了他电话。他在电话里说:“你有什么事?”我说:“我带了毛水清先生的书要送给你。”他就说:“就放在南京大学的传达室吧,省得跑。”我说:“我已经到了先生楼下。”他说,“你上来吧。”来之前,有人告诉我,先生年事已高,谈话不要超过15分钟。到他那里,几个中年学者看见我们进来,就弯着腰,很恭敬地跟他道别,告退出去。看得出来,周先生与我交流是十分愉快的。我始终惦记着“15分钟”的限度,几次想起身告辞,无奈他谈兴正浓,只得作罢。他谈他的学术经历,谈李白,讲了许多。最后他听说我要报考南京大学的博士,他很不屑一顾地对我说:“现在的博士培养像在做豆芽。专门知识越做越窄,对材料的理解极其狭隘,不读也罢。”后来我考莫砺锋老师的博士时,外语差了5分,也就放弃不再考了。周先生和我兴奋地谈了1个多小时,我实在“忍无可忍”,强行和他告别。我对他说:“我还想去郁老师那里。就是不知道他家的地址。”这时候,周师母拿出张纸,写了郁老师的详细地址。至于她写的是南阴阳营几号,我已经不记得了。师母的字娟秀而带阳刚气。我后来才知道师母姓祁,最初在教育部工作,因为要将就周先生,就调来南京。周先生所有的文章手稿,都是祁师母誊写的。这种无我,真的很不易。

按照周师母给的地址,我们找到郁先生的家。郁先生是一个很豪爽的人,身上有几分江湖气,有感召力和亲和力,是个领导型的人物。他比周先生年龄小,精力充沛。知道是周先生给我们的地址,他说起他们都是上海人,开玩笑地跟我说:“阿拉是城里人,他是乡下的。”我们是上午9点到他家的,聊到11点多,话题基本没有离开李白研究。他是第三届李白研究会会长。谈李白,总有说不完的话。我们起身告辞的时候,被他和师母拦下,一定要留下吃中饭。郁先生拿出瓶红酒,一边开一边说:“我平时不喝酒,你们来我高兴,一起喝几杯!”吃过午饭,我怕耽误他午休,准备告辞,他说:“不午休,继续。”于是又聊到下午三点半，我也是生硬地告辞了。他跟我说，想到秋浦河走走，我口头答应了，但迟迟没有请他，因为我那几年一直没入编，收入少，手头很拮据。等到后来，条件好了，他年龄也大了，便不敢请了。这恐怕是一生的憾事了。

8.拜师求学(二)

我认识毛水清先生是在广西大学读书的时候。其时我正在研究李白秋浦炼丹。然而，谈李白秋浦炼丹的文章少之又少，有参考价值的就更少。有一篇《李白炼丹地点考》引起了我的注意，一看作者是广西师范学院(今南宁师范大学)的，我就想去找他，直接求教。我并不认识他，怎样才能与他结识呢？我直接找到广西师范学院中文系，希望能遇见他。正在溜达，看见墙上课表里有他的课。后来按表连续听了他几节课，他讲的是佛教史初唐一节。这使我理解了什么是“盂兰盆”大会。上研究生课的人本来就不多，多一个人就很容易被发现。几节课下来，我感觉他总是用怪异的眼神看着我，可能他心里在想：班上怎么来了个陌生人。上午放学时，我就跟他打招呼。自我介绍之后，就说明了来寻他的用意。他很高兴，与我一路走一路聊。在一个小亭子边，他停了下来，和我说话。看见这样子，我就留了他的号码，找个借口告辞了。之后，和他通过几次话。再去找他，他直接告知了他家的楼号，就是上次小亭子边上的博士楼。我算是“登堂入室”了。

有一次，他忽然指着窗外的柳树对我说：“柳树在南宁这地方长得不好。”我不知道说这话的用意，一时没说出话来。我们都沉默了很久。他本是浙江江山人氏。南京大学毕业，到广西吃不少苦，才跌跌撞撞地进了广西师范学院工作，青春被耽误不少。他与周勋初、郁贤皓好像是同学。周、郁两人的学术突飞猛进，而他却在天涯海角艰难地守望着他的学术殿堂，心中之苦没人知道。他跟我说：“以前我写过几本书，也没指望出版，没想到，现在学校都给出版了。”虽然他对我说这些事时很高兴，但我感觉就是几多辛酸！

我毕业的时候，他帮我四处联系单位，希望我留在广西。他在广西时间久，有许多学生现在都是“领导”。我去了，人家都很客气，但我终究没有留下。

对此，我有无限的愧疚！我无法面对毛师！

听说我要考博，毛师就递给我两本他刚出版的散文集，对我说，“你去南京，送给周先生和郁先生。你考博的事，他们能帮上忙。”这就是我要报考南大的一层原因。

我在南宁的时候，毛师召集过一次李商隐国际学术研讨会，还举荐我参加了，我因此认识了王蒙和刘学锴。王蒙那时候好像年逾七十，精神蛮好，有点虎老雄风在的味道。他谈他怎样将会议与时间利用结合，尽管开了许多会，并没有耽误他的写作。刘学锴，我知道是安徽师范大学的，一直在做李商隐研究。

9.拜师求学(三)

当年我报考了三个地方的博士招生考试，即广西师范大学胡大雷的魏晋南北朝文学研究、华中师范大学戴建业的唐代文学研究，还有就是南京大学莫砺锋的，专业好像也是唐代文学研究。考博士要两位推荐人，我找了张国安先生。他又帮我找了他们文学院的一位韦先生，一起为我写了推荐书。第一站是广西师范大学，算是练练手吧；第二站是华中师范大学。它的考试日期与南京大学都在4月份，南京大学落后两天。我先与戴老师联系，也把相关论文发给他看。他愿意我去报考。我提前两天到了武汉，不巧，他出差还没回来。他让我等他。但我还要去考南京大学，没有时间等，就匆匆去了南京。一边等南京大学的考试，一边抽空去寻周先生和郁先生。说一句心底话，我那时也有点看不上华中师范大学，所以就毫不犹豫地走了。

来到南京，先见了两位先生，接着就考试。我记得是考四门：外语、中国古代文学史、古代汉语、国学。应该说我准备还是充分的，但他们考国学还是出乎我的意料。我不仅不知道国学是一门课，更是连书也没有见过。卷子发下来，我有点蒙。不过一看题目，我又不以为意起来，这些东西都在我知识范围之内，很流畅地考完了。最让我感到高兴的是外语。我一向外语不好，这次的几个大题目居然都是《新概念英语》第四册上的原文。我估了一下分，应不低于60分，而录取线是55分。一切都没有问题，我踌躇满志地去复试。

报考莫老师的共有19个人，外面排了一串，挨名字一个个地叫。莫师是我见过的一个特立独行的人，他在办公室门上挂了块牌子，上书“活水轩”。门两边还有对联，所写内容已经记不得了。轮到我的时候，莫师很诧异，问：“你一个学哲学的跑来考什么文学？”我当时也是牛脾气上来，答道：“莫老师，你出题吧，我要是答不上来，立马走人，绝不回头。”他见我这架势，反而哈哈一笑，“那好，别的不考，看看你底子。你背下《滕王阁序》。”你说这东西算啥？我就像小溪流一样流畅地往下背。刚到一半，他叫住了，点点头说：“好，我知道了。”他拿出一本书来送我，我很感谢地收下。面试的人多，不便多言，匆匆告辞。再给他寄了一封短信，大意是很想读他的博士，我记得很清楚的一句话是“愿为阶下一草”。愿望之强烈，可以想象。

过了一段时间，估计分数出来了，我就打电话问莫师我是多少分。他将我的分数一口气报出来：“外语50、文学史87、古汉语86、国学76。”这使我很感动。报他的学生有这么多，有的多少与他还有点瓜葛；我跟他没有任何关系，居然把我还记在心上！我是第一次遇到他这样的人。他们的卷子是百分制的。听到这样的结果，我基本满意，唯对外语分提出异议，要求查卷。莫师说：“学校不给查分。”并对我说：“我们外语卷子是学校统一出的，我们边都沾不上。我推荐你去考南师大，他们的外语是文学院自己出的。”我表示，南京大学念不了，就不想再考了。

10.拜师求学(四)

我并不认识潘吉星先生。他是中国科学院科技史研究所研究员，以研究中国造纸史而闻名。我花了10年的时间来研究池州造纸史，得出结论：澄心堂纸为当时的贵池县马牙所造，而非歙县所造。阅读先生的《中国造纸史》，见其对澄心堂纸也语焉不详，只好直接求教于先生。2014年中国科学技术大学博士汪锦林进京公干，我借机委托他寻先生电话号码。因先生已高龄八十余，又不喜人打扰，故人皆不知其处。颇费了一番周折，才寻到号码。我打他家电话的时候，他身体正不好。简单地聊几句之后，他有点诧异，于是就把他家的地址给了我，要我将论文寄给他看。过了一个多星期，他回了我一封信，还解释说，因生病住院，故回信延迟。信里，他充分肯定了我的观点，并夸我的研究“是对地方文化史的一个贡献”。

11.杉山记

杉山的好，不在庙。天蓝晶晶，云白绵绵，风轻柔柔，日亮鲜鲜，空气凉生生。曼妙的芦苇，刚出青穗，还有些羞涩。起伏的白茅，一片片的，像一阵阵的白浪花，还有那舒展的核桃，懒散的板栗和香辣辣的蜂蜜。这一切，都是你闻所未闻、见所未见、尝所未尝的色彩、味道。别以为这里的板栗和核桃，还要上树去打，只要你愿意捡，满地都是。山坡上、草丛里、小路旁，扒一扒草，自己炸开的板栗，红玛瑙似的，就掉落在这里，只要你的口袋足够大。

杉山古庙群，就疏疏落落地散在这山洼里，有三里来长。山路上，不经意，你就会碰上几块残砖、断瓦、旧石。像杉山天顶的云一样，它们虽然残破不全，却一尘不染。我不明白它们为什么能坦然地躺在路边，就这么理直气壮地存在着。据说，这里以前有李白读书堂。李白是否来过？我不知道，但依据我今天的感受，他是来过的。不管你信不信，反正我是信了，因为这里到处都是诗意。最后，我想告诉你，你要来，就一个人来，不要一大群——杉山受不起尘世的庸碌、吵闹与嚣张。

（写于壬寅重阳前一天）

12.徐与齐，韩与何

在池州的方言中，徐与齐发音相同，都读“qí”。这恐怕是古音的遗存。就是说，山东的齐地原来是古徐国的领地。周初立国时，这块土地被封给了姜子牙，仍旧称为“qí”国。只不过写成字的时候，换了一个写法，不再是“徐”而是“齐”。语音仍然一样，方便百姓的口语习惯。

民间一直都说“韩何一家”。据说，韩信的后代，为逃避追杀，化装成巢湖边上的船夫。一日，追兵乘船，问他姓什么，他就朝河面努努嘴。追兵问：“你姓河吧？”从此之后，他就姓了“何”。方言里，韩发音为“hue”，入声；何发音为“he”，也是入声。这个传说不太靠谱——据考证，真正的韩信后人是南越王赵佗抚养长大的，取“韩”之右边为“韦”姓。这个所谓“何”至多是韩信家族中的旁支，抑或是其家奴之后也未可知。

13. 匠

我们把能做东西的技术人，都叫匠。用木料做东西的，叫木匠；用竹子做东西的，叫篾匠；用泥土烧砖瓦的，叫窑匠；用颜料染衣布的，叫染匠；用砖砌墙的，就是砖匠。没有什么技术含量的，叫法就随便一些，多数是在名称后面加一个“的”。像挑货郎担子、摇拨浪鼓的卖货郎，就叫卖货的；替人家修补锅或其他器具的，叫补锅的；替人家磨剪刀和菜刀的，叫磨剪子戗菜刀的；有赊卖剪刀的，叫放剪刀的。其中，卖货的是我们小孩最喜欢的，因为他总是摇着鼓喊：“鸡毛、鸭毛、鹅毛换糖。”放剪刀的是大人喜欢的。因为他会留下一个预言，并声称：等它实现了，就来收刀钱。他们的预言常常跟年成与祸乱有关，而且预言都是有下(hà)数的，大人们很关注。

14. 小老

本地的人习惯在姓前面加上“小老”，作为小名。如果你姓王，那就叫“小老王”。要是弟兄多了，就按顺序，依次叫“大老王”“二老王”“三老王”，一直下去，叫完为止。

15. 关门雨

农谚曰：早上下雨为开门雨，必下至天黑方止；天黑下雨为关门雨，必下至天亮方止。又云:立夏不下,无雨洗耙。又云:晚霞青霞,无雨烧茶。又云:五月南风发大水,六月南风干坏人。又云:猫吃草,天要下。

16.摸秋

中秋前后,我们有“摸秋”的习俗。就是这几天,“偷”人家的一点东西,尤其是蔬菜瓜果一类的。被“偷”的人家,往往只是报以一笑。不过那时节也没什么好“偷”的,桃李等水果早就过了季节。对我们来说,顶多去地里“偷”点山芋来吃,或者去“偷”柿子。柿子多栽在门前园子里,“偷”起来风险较大,一有响动,就会被发现。况且,还要爬树。爬树不弄出响动,几乎不可能,故除非无物可“偷”,才去动这个念头。

17.清明、冬至与七月半

清明和冬至都是我们祭祖的日子。所不同的是,清明是较为隆重的。所谓“清明大似年”,意思是它的重要性超过年祭。清明上祖坟,要带好祭品:酒食、纸钱、标、鞭炮。先在碑前摆好饭菜。菜摆成一条线,与它平行地摆两碗饭,再在饭碗边上各放一双筷子,再于筷子边上各放一酒杯,斟上酒。其次是插标。以前的标是用楮纸剪成的,所以叫楮标。现在多用塑料纸剪成,虽材料不同,样式还是差不多。砍一根小竹子,削去枝丫,做标杆。标杆一头套上标,插在坟头。标是祖宗灵魂进入祠堂里享受祭祀的通行标记。据说,他们进祠堂,每人都要扛着标才给进。第三道程序是烧纸钱。这是有讲究的。以前烧的大裱纸(即竹制的草纸),用铜钱戳子,打上一个个铜钱印子。烧的时候不能用棍子拨,否则钱碎了,祖宗不能用。现在已有类似流通纸币的冥币,上面印阎王的头像。面额大小都有,大的有百亿。最后是放鞭炮、叩头。鞭炮放完了才能叩头。叩头一般是叩三个。最后一叩,起身还要拜两拜,再收拾饭菜,赶下一个。收碗的时候,要于每个碗里夹点饭菜扔在坟边,将酒浇在碑上。清明不动土,顶多刬去坟草而已。冬至也祭祖,但可以动土:修缮坟茔、培土和立碑。改葬的,也是这个日子。

七月半是“鬼节”,家家只在住处的附近烧纸放鞭炮,不拿酒食。据说这一天的祭祀是为了布施给那些无人祭祀的孤魂野鬼,不是祭祖,故很简单。

18.做米酒与打豆腐

做米酒的过程很简单,仅三道工序:蒸饭、拌酒曲、盛钵子。但要做好米酒,关键是细节要拿捏得恰到好处。蒸好的饭要摊开,凉得差不多了,才能拌酒曲。酒曲也叫酒母子,要去市场上买。以前,乡民们是在走村串户的卖货郎那里买。我们这里,石台县高路亭村以前做酒曲最有名。酒曲是小球形的,一只手能拿五六个。先把小球研成粉末,撒在饭上,再拌匀。曲放少了,酒不甜;放多了,酒力冲人,还容易变红。一个酒曲拌多少饭大致有个参照数值。具体是多少?这要问买酒曲的人。因为,各地卖的酒曲质量不一,曲和饭的配比也会有差异。拌好之后盛入一个钵子,盖上盖子。钵子用稻草或破棉衣裹好,保暖,使里面的酒曲能很好地发酵。为了增加它的温度,有时还将它放在锅灶旁边,让它能吸收一点灶温。做酒一般在冬季:一则农闲和过年,二则气温要适合。其他季节,温度不好把握。温度一高,酒曲里的酵母菌容易死掉,酒就会变红变酸。

打豆腐是个力气活。先把黄豆淘洗干净,放入桶里用水浸。水要高于豆面。浸10个小时左右,以豆子充分膨大为止。第二步是把豆子磨成浆。以前没有机械磨,都是手推磨。用双手来回推,真是要一把力气的。浆磨好之后,就是第三步:榨豆浆。用细麻袋将磨好的豆浆盛入,绞紧袋口,用重物压在袋上,用盆子接在底下,盛榨出的细豆浆。榨好之后,袋子里就剩粗糙的豆渣,也叫豆腐渣。豆渣一般拿去喂猪;也可用霉豆渣做菜。霉豆渣和白菜一起煮,是一道好菜。也有人将它直接和辣椒糊一起炒,味道也不错。第四步是煮豆浆。豆浆放在锅里煮,火力不宜太大,太大容易焦锅底。锅里的豆浆在煮的过程中,面上会结一层豆油皮,捞掉还有,要捞好几次。这个晾干后为“腐竹”,也是好菜。第五步是冲浆或点浆。冲浆,是用一个黄桶,将预留的一点冷豆浆放入。预先烧好石膏，研成石膏粉，和匀了，热浆倒进去，凝固了，就是豆腐脑，可以直接喝；要嫌它无味，可加点糖。有人不用石膏，而是用卤水代替。点卤水和点石膏，我都没有尝试过。锅底被烧硬黄的东西不是豆浆，可铲起当菜。第六步，将豆腐脑倒入细纱布袋中，压去其中的水分，便是豆腐。要吃硬一点的豆腐，就压重一点。至于怎样做毛豆腐、豆腐乳、豆干，回头有空再说。

19.七夕节

七月七日是我国传统的七夕节。

早在周代以前，由于游牧定位和农耕节气需要，人们对星象已有所认识，并划分出星座和命名。成书于周的《诗经》即有包含许多星座名称的诗歌，有的甚至直接提到了"牵牛"与"织女"的名字，如《小雅·大东》中的："跂彼织女，终日七襄。虽则七襄，不成报章。睆彼牵牛，不以服箱。"虽然从那时起人们就知道牵牛星与织女星，但并未将两者联系起来。将两星关联的时代约在西汉前。《淮南子》云："七月七夕，织女会牛郎。"《齐谐记》谓："天河东有织女，天帝之女，因机杼劳苦，天帝怜其独居，使嫁与河西牵牛之夫。嫁后废女工，天帝怒，责令归河东，一年只会一度。"大意是说，河西织女，是天帝的女儿。天帝心疼织布劳累的女儿，让她嫁了河西的牛郎。结果织女因此荒废机织，天帝大怒，就只许他们一年一会面。至东汉，人们更加确信此事，成书于东汉的《古诗十九首》里写道："迢迢牵牛星，皎皎河汉女。纤纤擢素手，札札弄机杼。终日不成章，泣涕零如雨。河汉清且浅，相去复几许。盈盈一水间，脉脉不得语。"在这里，牛郎织女已被描述成涕泗涟涟、相思无限的情侣。

还有一种说法是牛郎想娶织女没钱，就向天帝借了两万，结果赖账不还。天帝大怒，于是就有了一年会面一次的惩罚。(《荆楚岁时记》)说法种种，虽版本不同，但结果皆一。织女的主要工作是织天上的云霞。

在古代，七夕是除春节、清明之外的最重要、最热闹的节日，其主要活动是乞巧与求子。这些活动，从宫中到民间，无论士庶、雅俗、男女，都尽情参与，一时举国欢腾，其狂热无可比拟。女子忙于自己的节日，男子则欢聚一起，举杯豪饮，大嚼其肉。

乞巧。这是女子在七夕的首要活动。各个朝代不同地方程序大体相同。具体做法略有差异。

做法一：“至夕，宫女登台，以五彩丝穿九孔针，先完者为得巧。迟完者，谓之输巧，各出资以赠得巧者。”（《日下旧闻》卷一百四十八引《元掖庭记》）。这是穿九孔针，以先穿好为赢。

做法二：“以碗水暴日下，各自投小针，浮之水面，徐视水底日影。或散如花，动如云，细如线，粗如椎，因以卜女之巧。”（《日下旧闻》卷一百四十八引《宛署杂记》）。这是以碗水里的日影形状来卜巧。

做法三：“市中卖摩诃罗（也写作摩睺罗）巧神，泥塑人物，大小不等。宫廷、宰辅、士庶之家，咸作大棚张挂七夕牵牛织女图，盛陈瓜果酒饼、蔬菜肉脯，邀请女流作巧。”（《日下旧闻》卷一百四十八引《析津志》）。这是以巧神乞巧。

做法四：投蜘蛛于小盒子，观其结网与否以赛巧。诸如此类。

求子。七夕这天也是求子的日子。宫中、士族和富豪之家尤其重视。道具是由乞巧用的巧神摩诃罗演变而来，摩诃罗在这里变成了求子神。所谓摩诃罗就是用泥、木、金玉等雕塑而成的孩童，换上人衣服，置桌上以求子。皇家尤其气派，不独摩诃罗以七宝为之，一桌还要放几十个。

益智游戏。因为是乞巧，于是连带的就是益智游戏。方式很多。其中最著名的就是拼七巧板。因为七巧板由七块构成，能变化成多种图案，又与乞巧同音，故相当盛行。这是一项老少咸宜的活动。

禳灾。中国古人逢双阳的日子必过避灾节，如三月三，五月五，九月九，七月七自然也不例外。唐以及唐以前都是七月七，大约五代时期改为七月六。后来，宋太宗要求七月七名副其实，又将七月六改回七月七。从此，七夕就约定在七月七日。尽管当天是双阳，但乞巧、求子等活动冲淡了这一主题，只有极少数地方仍延续着禳灾的风俗。

曝晒衣物与书画。这一天寻常百姓人家都要将衣物拿出来晒一晒，以去霉气。士大夫与读书人除衣物之外，还要将书画都拿出来晒一晒，除去霉气，防止腐烂。因此前一两天翻捡的时候，招朋友一起欣赏书画，很多书画的题跋和鉴定都是这时候写上去的。历史上关于这方面的记载特别多，算是文坛一大雅事。历朝历代一般在七夕都要给假一天。现在想来，因此第二天就放假了，士大夫们应该是带着愉快的心情去欣赏书画的。

此外，有的地方还有求福寿等活动，这里就不述了。

誓情。这就是今天作为情人节的来历。誓情作为古代七夕的一大活动，总是偷偷摸摸进行，不大被渲染，也不大被记载。据说，七夕这一天，男女于瓜棚下能听到牛郎织女的绵绵情话。这一天，民间少不了幽会誓情这类事。把这件事做得轰轰烈烈、做强做大的，要算是唐玄宗皇帝了。七夕这天晚上夜深人静的时候，他在长生殿里与杨贵妃秘密对牛女发誓，愿世世代代为夫妻。这件事被白居易这个多事佬写进了他的《长恨歌》里，成为千古流传的佳话。他写道："七月七日长生殿，夜半无人私语时，在天愿作比翼鸟，在地愿为连理枝。"从此，七夕作为情人节的意义堂而皇之地进入人们的生活。这也是玄宗先生所始料不及的。后来，人间有无数的痴男怨女都盼望一年的这一天早点到来。

当代意义上的七夕情人节，大概出现在20世纪80年代末90年代初，定型于21世纪，是为了和西方情人节对应而出现的中国概念的情人节。不过现代情人的概念已有所泛化。既指男女恋爱关系者，又指红颜知己、蓝颜知己等。

情人节礼物，由于市场经济的作用而出现多样化趋势，五花八门，名目繁多，不胜枚举，结果都是各取所需。

总之，中国式的情人节，是由中国的七夕节发展而来，也是因西方文化入侵而产生应激反应的产物。虽然如此，但它有着深厚的中国文化土壤，应该能在这个土壤中茁壮成长，直立参天。

20.应然性

在农耕时代，人与自然，付出与成就，因与果，是直接对应的。那么随着人口流动的加剧，农耕社会的破坏崩溃，这种对应变得捉摸不定。尽管，这三者之间的应然关系没变，但它们实现的路径已变得曲折而漫长，以致超出个体感知的范围，使人产生应然关系失效的错觉，导致人们无所畏惧，肆无忌惮，进而为所欲为，丧失道德底线。故唯有在农耕社会，在个体可感知的范围内的见因见果，付出能与收获成正比，应然性才能对人有道德约束力。

21.焦着尾子

疑为本地山越人旧俗。土人云，老古朝人到了焦了尾子（土人称尾椎处变黑了为焦着尾子）时候，就送到椁（以砖砌成半个穹顶的墓室，刚好能容一人坐在里面），以砖封好，只留一个小孔，方便送饭入椁，直到该人死去。20世纪70年代，由于人口增加，大量地将荒山荒地改田，靠山边挖出不少这种椁，里面一般只有一个小陶罐，有时也会有几个小铜钱（土人称“缗钱”）和一两根枯骨。故本地俗语有骂人的话：“你要死啊，焦着尾子的东西。”此外，如果说事情没希望了，也叫“焦着尾子”。

22.夹（gá）

土语里读“gá”。土语骂人进门不关门：“你长了尾子，怕夹了吗？”称碾米为“夹米”；称讲话功能不全、没有办法把一句话快速讲完整的人为“夹不子”。

23.“勾”“姑”与“gè个”

一些人认为，勾为发语词，无意义，我并不这样认为。这个词相当于代词“那个”，即吴语中的“gè个”。如“勾吴”就是“那个吴”，“勾践”即是“那个践”。所谓“姑苏”“姑篾国”“铜姑山”之“姑”，乃是与“勾”为同一音义的不同汉字标音而已，叫多了，被记录下来，就成了正式的名称。前面所说的“徐”和“齐”，都是属于同一种发音和意思写成了不同的汉字的情况。

24.杨本洛

认识杨本洛先生源于张国安先生的介绍,他与张先生是旧交。有一次杨先生因事来南宁,碰巧就住在广西大学的招待所。张先生问我:“想不想见杨本洛?他就住在广西大学。”于是我就和张先生去了。他本来坐在那里与人说话,见有客人,连忙站起来,很恭敬地与我们握手。他那时已快七十,可以倚老卖老,坐着不动,来了人就点头示意一下,再继续他的话题。我见过许多小学者,名气不大,脾气不小,有的连头都懒得点一下。《南方周末》提到的“一个人的战争”就与杨本洛有关。他以一己之力,挑战整个西方所谓科学的逻辑体系(包括相对论)。大家都骂他是疯子怪物。他去北大科大清华讲演,均不受待见。我与他握手的一瞬,心里五味杂陈。我诧异于传言与现实之间差异何以如此巨大。坐下之后,他开始与我们谈哲学。我知道从事自然科学研究的顶级科学家最后都要走向哲学。他思维的穿透力大到令人吃惊的地步。再复杂的问题,他用三言两语就收拾得干干净净,决不拖泥带水。我见过自然和人文领域一些学科的顶级学者,但一般都停留在令人尊敬的层次上。像这种既令人尊敬又令人佩服的人,我遇见的至多也就二三个吧,而先生正是其中一个。

(壬寅十月世民谨记于秋浦草堂之阅江楼)

25.南山闲居随记

(1)阅读

阅读会产生思索、赞美、愤怒、鄙夷、同情,是一种思维与情感的体操。

(2)坚守

夫贫者能守贵气,富者能持贱节,达者常忧蹙者未解困,蹙者常乐天生我材之心。是举天下皆各得其所,欣欣然日进而不知止。

(辛丑十月世民谨记)

(3)辩子曰

小时候被罚的时候，常要辩解几句，母亲拿着棍子，呵斥道："老子不跟你辩子曰。"当时懵懵懂懂的，只知道这"辩子曰"大概就是"狡辩"的意思，并不知道它究竟是什么意思，更不知道这几个字怎样写。后来，读书多了，就猜这肯定是《论语》的"子曰"。因为辩论要引经据典，故称"辩子曰"。母亲并不识字，这应是周围的人文环境影响她的。这是一个素养极高的人文环境，连骂人都这么有典故。

(4)秋天的脚

今天是大雪了，冬天还剩三个节气，可菊花还开得正欢。秋天把它的脚伸进了冬天，而且还伸得很长。冬天的脚放哪儿呢？

(5)人类如蚁

看了数页书稿，想起阳台盆景许久没修理，就去弄了半个时辰，汗流浃背。蹲下稍息，看见一只蚂蚁，顺手拈起一根草茎撩它。不料它顺草茎爬上来，抖又抖不下，索性放下草茎。心想，你爬完了总要下来了吧！下来后，又逗它玩一会，再小心放回盆里。又回画室，临西窗而望，天高地迥，秋风徐徐。远眺江浦，想千百年来，西江贾客，多少人积财千金，多少人破船亡家，又有多少诗人往来江上？屈原陶渊明李白等一干人，其中得意者趾高气扬，失意者泪湿青衫，郁郁者客久思家。然而，那贫的富的有名的无名的，大浪淘沙，都被一阵风吹去，了无踪迹，不觉潸然。人类，不就是被命运捉弄的小蚂蚁吗？玩够了，再抛弃你。

(6)净土

冬日暴暖，阳台小坐。左蕙右兰，水杨梅、枸杞、白及、麦冬、山楂、女贞、椏枫、榔榆、雀梅、迎春、杜鹃、石榴诸辈杂之。野竹亦初成篱，忍冬也复长蔓，而野菊间以垂放。沏茶一壶，小坐一刻。世间之乐，欠抚琴一曲而已。

(辛丑十月记)

(7)江草类道

夫江草，长于江滩。秋冬潮退则生，而春夏潮涨则死。今植盆中，纵无潮起潮落，依然冬生夏死。苦难里立下的规矩，至死都不会改变，你能做到吗？

(8)人生三千

读千奇百怪之书，以广其识；阅千奇百怪之人，以广其度；历千奇百怪之事，以广其见。子曰，吾与点也。

(9)六月雪

五一，在田埂上顺手拔了一棵六月雪，当天栽下。这兄弟倒也争气，居然活了，活得再好不过的。还很仗义，在根土里装着不经意地让一棵车前菜与一茎红蓼草长了出来。瞧，这车前菜长得肥头大耳的，红蓼草曼妙有姿，六月雪也长得端庄有节疏密有态。大约再过一年可基本长成。

(10)壬寅重九气温断崖下跌

在人们欢呼进入高速时代的时候，气候也悄悄地溜上了这趟车。前天是九月初七，38摄氏度；昨天是重阳，18摄氏度；今天是九月初十，13摄氏度。夏秋冬三季，只用3天就表达完毕。这种高效率的变脸，人类恐怕还要好好学学。谁玩得过谁呢？

（壬寅九月初十记）

(11)文明的细胞

家族是中华文明的细胞。精英文化往往借仕进而进入家族文化，家族文化亦借仕进以进入精英文化。中国史上的所谓门阀便是这两种文化交互频繁的产物。

(12)哮天犬、猪八戒、牛魔王的前半生

猪对狗说，羡慕你的自由自在，还能经常出差。狗看了一眼猪，说，你见过我衣食无着的时候吗，还是羡慕你衣食无忧？猪说，你看着是我衣食无忧，但天天关在栏里，从来没见过世面，下半年还要杀身成仁。说着说着，猪流下了眼泪。狗想着自己饿不过的时候连屎也吃的身世，也哭了。过后，他们又把目光看向牛，说，你一天到晚田头地间奔走，观风赏景。放你的时候，你又去山间水边，在山泉里泡澡，在古树下吃草，边吃边赏景，生态无限。牛说，你们已经很幸福了。你看我在田间干活，汗如雨下，腿上是蚂蟥，颈上是苍蝇，身上是蚊子，背上是鞭子，肩上是牛轭，没有哪个不是来吃你的。干不动了，还要剔骨还肉。是不是比你们辛苦百倍？听了这些对话，你应该知道，每一个被羡慕的背后都有一个血淋淋的故事。如果你还不懂，真是猪狗不如了。

后来，猪狗牛都在思考自己命运造成的原因，忽地开悟。狗说，我没有主人，四处流浪，虽然自在，但饱一餐饿一顿的。不是办法，得找一个既管饭又能给自由的主人。于是它找到了一个最厉害的神——“二郎神”做主人。果然过得自由自在，衣食无忧，还有了一个响亮的名字“哮天犬”。此后，狗一年最多是出征两次，讨伐一些连还手都不敢的山鬼水怪。猪也在想，我之所以被杀了卖肉，就是这个主子穷困潦倒又懦弱，靠不住。于是它投奔了天上最高主子玉皇大帝，不仅做上神仙，免去生死之忧，还得个“天蓬元帅”封号，自在快活，偶尔还能欺男霸女。牛想了想，造成我悲惨命运的根本原因就是我有个主人。我既不需要他食物，又不需要他保护，他能给的就是无尽的劳作，还要他做什么？于是逃到深山里做起了自由自在的山大王，民间叫作“牛魔王”。

(13)当今的烦恼

现代人的烦恼来自对未来的不可预期以及对信息社会初期混乱的手足无措。这些东西使你忧心忡忡，你又无法把控。所以你看人人都在瞎抓似的忙碌，人人都在无端地焦虑。我想问一声，你在忙什么？你在急什么？不要忙你不该忙的！不要得你不该得的！你还焦躁不安吗？如果有人说，你不试试，怎么知道你是贪心不足呢？那你继续，打扰您了。

(14)幼稚只能对接肤浅，博大才能应对深沉

我十七八岁的时候，曾狂热地喜欢过外国小说，什么法国的英国的俄国的美国的，甚至还有其他国家的。二十几岁的时候曾疯狂地喜欢外国哲学。可是现在你花钱请我看，我也不会看。不为别的，只是因为它幼稚。回想起来，大约是阅历的简单、知识的浅陋和思考的浅薄，只适合接受肤浅的内容吧。

(15)封城、疯城与丰城

今天忽然悟得这“封”与“疯”“丰”三字，同音不同义，原是因人而异。对奔走的人来说，封城就是“疯城”。他们狂躁不安，不停地打电话，关注外界的一举一动，时刻竖起耳朵，一有风吹草动就兴奋异常，像关在笼里的野猪，上蹿下

跳。对不喜奔走的人来说，静下来，清理清理垃圾，整理整理大脑，想想问题，写写文字，读读书画，盘盘根雕与奇石，剪剪盆桩，晒晒阳光，摘摘阳台上的花果，足以当得起一个“丰”字，“封城”就是“丰城”。你说呢？

(16)三毛三

我在广西第一次买甘蔗的时候，老乡问：“三毛三？”“三毛三？这甘蔗怎么这样便宜？”我说：“我身上没小钱。”他再次跟我说：“三毛三？！”并做了一个削甘蔗的手势。我这才明白他问我削不削皮。我连忙点头。心下纳闷，他们把“削”读成“三”？忽然醒悟是“删”，他们是在讲古语，用的正是“删”的本义“削皮”，准确！

(17)《池州领风骚·人物看千秋》拟目录

①烛光长不灭，铜铁铸千秋——从三国梅根冶到唐宋铸钱监(附贵池民歌)

②江东纸白如春云，唐宋只用帝王家——从开元白麻贡纸到明清谱纸

③江湾湖滩地，饭稻羹鱼人——从大历山到春谷县

④前月浮梁买茶去，茶烟总因战火移——从金地茗到祁红茶(鸡公调)

⑤诗是吾家事，不觉传千年——从战国屈原到晚清周馥

⑥丹传代不绝，世世有真人——从陵阳子明到李白陈抟

⑦经商岂肥私，谋利济苍生——从战国之范蠡到民国周学熙(附青阳腔)

⑧乍疑村落古，忽闻书卷香——从九华老田吴到贵池杏花村(附傩事、目连戏)

⑨回望“长三角”，江头第一州——从南陵郡到池州城

⑩莫道小州不烦神，鞠躬尽瘁仕宦人——从周瑜到张士范

⑪数我池贤最不争，大器无象也无形——从吴器高到姚依林

⑫山川自灵异，林鸟不辨名——从石楠到白猿

(18)猫与虎

两者同科而大小不同，力量悬殊，故在动物界，两者威望，相差无数个数量级。一只幼虎刚出生时，死了母亲，被猫收养。猫天天带它玩耍，还经常戏弄它。两三个月之后，幼虎又走失了。过了一年，猫听猪说，附近森林有只猛虎，大家小心。猫到树上一看，是有大老虎，但细一看，原来是它收养的那只缺耳

尖的小虎，现在长大了。它很高兴地招呼猪道："是我原来收养的小侄子，我们一起去看看。"于是它们一起走过去。猫刚要打招呼，虎便扑过来，一口咬住猪的喉咙，猪连叫一声的机会都没有，便死了。猫谴责虎，虎没有咬猫，而是吼了一声，就叼着猪走了。这个故事告诉我们，不要以为你们从前如此就一直如此。当别人长大而你却依然没长的时候，力量和经历的巨大差异，决定了你已经丧失与他对话的资格。对你吼一声，却没有下手，就已经是很给面子了。

(19)一次性消费

中国人的传统是："新三年，旧三年，缝缝补补又三年。"一件衣服，老大穿了老二穿，穿烂了还去纳鞋底，"节约至上"。最近，一次性消费品又开始在市场流行。继而，人们按照市场流行去消费，不断更新消费品，而不管它有多少堆在家里不用，更不管它是否物尽其用。浪费和奢靡渐成常态。我们也渐渐地明白，市场靠消费，而消费是有限的。现在已发展至预支消费。中国人节约的观念、物尽其用的观念被瓦解、抛弃。地球的资源是有限的，这种无尽的铺张浪费，人类还能走多远？

(20)自由度与欲望

在你的能力没有获得改变的前提下，你的自由度是与你的欲望成反比的：欲望越大，自由度越小。因此，要获得一定的自由度，就必须相应地限制你的欲望。所谓要"实其腹"必须"弱其志"；反之，要"强其志"就只得"饿其腹"了。

(21)厚生重死

中国人的厚生重死，至今仍表现得非常浓烈。其敬畏生命意识、悲悯意识、同情弱小意识，都可看作群体性的重生意识的不同表现。其重后天颐养，追求长生久视之道，可以视作其个体的重生。其对死的隆重仪式追求、厚葬、重祀都体现其"视死如生"的重死观念。

(22)经归经，唱归唱

这是我小时听得最耳熟的一句话。它是大人们在利益和情感产生纠葛时的口头禅，就是"一码归一码"的意思，不过很长时间不知道它的来头。后来读书才知道，以前和尚向信众讲经，都是讲一段然后再唱一段。这大概就是这话的出处了。这种做法大约是从唐朝开始的，谓之“俗讲”。

(23)还我自然

由于人类的愚蠢，自然不断地被侵蚀。现在，到了人类该还债的时候了。将一切的楼外之地，放还山林；将一切的楼顶填土，以种谷蔬；将一切的楼底挖空，蓄水以饲鱼鳖。“退还”你们所占的一切土地，人类方有未来！

(24)原动力

对一切历史文化之研究，研究者都必须努力地去寻找它的原动力，否则，他便是一个茫然而肤浅的研究者。“为友求忠信，为爱求奉献，为事求效果，为学求真理，为人求和善，为工艺求审美，为公益求正义”，此人生之“七为”也，宜守之以为宝。

(25)吴氏格言

识得静处，闹市即是庵堂；心常躁时，山中也为海上。

(26)认祖

中国人有可能错认祖宗，一般不会乱认祖宗。家族越大，宗谱越规范。

(27)结果、胜利与成功

结果、胜利与成功是三个度量不同的词。结果表示事物一阶段的终结，或有成果或无成果。胜利则指某阶段的终结令人满意。成功则表示事物全过程的终结符合期望，达到目的。故中国人之“三不朽”曰“立德、立功、立言”，而不曰“立德、立果、立言”。

(28)应世之“三后”

夫应世当有“三后”：看一件事，要看到事的背后；听话，要听话的背后；读书，要读字的背后。对这背后的含义能识别多少，是你的悟性和阅历决定的。但无论你愿意不愿意，你都要学会去识别这“背后”的意思，因为“背后”才是“真相”。识别真相的多寡，决定了你处世能力的强弱。

(29)烦恼

不管什么烦恼，只当是雾，一起风就被刮得干干净净。如果你执意记住它，说明你仅仅是个动物。人是万物之灵，岂可拘泥于世俗？虽然生活在世俗中间，但作为一个灵长类，要知道游离、超脱世俗。否则，你就是一个动物而已。

(30)唐诗之路

唐诗之路在于行走、书写与记忆，要之在溯源与实证，不可泥于一途也。

(31)说事

奇异的事要说得平淡，平淡的事要说得很传奇。

(32)二伏

三伏天宜伏在那里避暑，乖乖的。但我是伏不住的人，或改改文字，或作书画，或放飞想象。有点像农夫，一日不耕便不自在。故人过三伏，吾独过二伏：一伏书案，二伏画案。亦可怜哉。

(33)题《蕉扇图》

今夏原以为会酷热，然幸多海风，夏炎未起。立秋将至而气温类滨海。黄河以北则多洪水，类旧时之江南也。

(34)常情

入芝兰之室，久而不闻其香，物之常情也。九方皋能相千里马，时人未夸其能，反嗤其认母为公。盖九方皋能相马而无有人能相九方皋，亦世间常情也。吾何言哉？

(35)如何谈话

跟无知的人，只能讲无知的话，绝不讨论超越他们认识的问题。沉默是对他们最好的回答。跟认识能力一般的人谈论，也不宜超越其认识上限。企图帮助他们提高认知能力，往往是徒劳的，即是说，不要随便争论。争论只适宜认知层次相同的人。

(36)软陷阱

鼠一发现一只大笼子里有一碟肉，很高兴地邀鼠二鼠三鼠四来聚餐。鼠四又邀松鼠一去。松鼠二说，不能去。松鼠一说，我的朋友都在那里，很安全。众鼠食毕，发现门是活动的，但只能进不能出，这才知道它们掉进了做成笼子形状的陷阱。

第三章　南山悟道

1.吴越恩怨(一)

初，吴越俱在太湖，吴称勾吴，越称勾越。据《越绝书》等文献记载，越为吴所逐，南迁槜李，旋为夫差灭国。再遁至徐人之苗山，残兵五千。徐人本为淮夷。夫差六年，徐亡，其散遁于江南之浙江。其祖益，佐禹治水有功，受封于夏，故与夏氏亲。勾践为夏禹之后，故其国灭，徐人怜之，栖于苗山。后夫差复以苗山地方百里封勾践，复其国号。勾践乃于此山凿禹之祭祀冢，曰禹穴。更苗山为会稽山，以附会禹故事，用祀禹焉。徐人又南迁，自立国号姑蔑。及勾践灭吴，徐人助之。

2.吴越恩怨(二)

吴子曰，周敬王三十年(夫差六年)，徐为夫差所灭，掳徐匠人以修阖闾之墓也。徐先人伯益佐禹治水，以凿石之功显。今观虎丘之石，硕大无朋，非徐人善治石而莫能为。故夫差灭徐所治之虎丘，虽数千年大盗接踵而至，不能移其片石，岂偶然哉？徐灭而南遁浙江，往依其宗主国之后勾越，遂南居绍兴之苗山。徐人以斯山为祀祖神之地。及勾践国灭，徐人献苗山而居勾践，继以耕献勾践食。徐大夫范蠡，欲报灭徐之恨，乃西之楚，欲托强楚之力以灭吴。然楚为贵族之邦，蠡游之而不得入。于是结交楚吏文种。然终仕进无门。乃嗾种与之东遁,诈种曰:吾二人投吴当显于世。当是时,吴谋有伍子胥,行有伯嚭,蠡等焉能得意哉?蠡谓种曰:吾二人之才,足以兴邦,何愁无得仕?乃嗾种,与之俱越。越王大用之。蠡率徐人阴凿龙游之山窟(龙游石窟),以潜练勾践之兵。而佯修越城(即后所言勾践小城与范蠡大城),实欲阴销所凿之石也。又凿黟之花山之窟(花山谜窟),以潜练徐兵也。而夫差弗之察也。徐人号为姑篾。及勾践攻姑苏,蠡乃率花山窟之姑篾兵,出黟,入青弋江,以断铜陵吴兵器之道。此一战而败吴太子友。沿江而下,以合围夫差。吴灭。

先是武丁灭古彭国,其之散也,一支徙于陵阳。善治铜。阖闾灭之,掳其良匠,以作兵。故吴之锐兵自阖闾时出焉。其余散,亡于江西九江者,姓彭;南遁于浙江徐人之南者,姓钱。钱氏续作兵器,故越之锐兵自勾践时始。初,勾践无铜作兵,用计然之谋,贸鄣山(九江庐山)彭氏所采之铜,而诈夫差曰:涸若耶之溪而取铜作兵。吴王笑之,不以为意。越军不足,徐人助之;越食不足,徐人亦助之;兵不足,彭钱氏冶之。吴灭,乃越、徐、彭合力之功也,而世俗至今不解,以为勾践卧薪尝胆即能为之。可笑之极也!

3.“四书”与三教归一

(1)三教归一的社会原因

自从佛教在东汉传入中国以后,佛教与中国本土的儒道二教出现了并存的现象。魏晋南北朝时佛教由于得到贵族、皇室的支持而达到了空前的规模,“南朝四百八十寺,多少楼台烟雨中”并非虚言。隋唐以后,更日臻兴盛。一方面,僧尼占据大量寺庙、田产,不事生产,严重影响国力;另一方面,佛教向善,普度众生,又有利于社会安定。这使得统治者对佛教既想限制又想利用。这种矛盾心理表现在灭佛与兴佛的矛盾行为中。道教是中国的本土宗教,具有广泛的接受基础,至唐宋而宏。道教主张隐逸,很难与官方合作。很多农民起义最初都以道教传播为幌子进行秘密组织。因此,在统治者看来,这是对他威胁最大的宗教。但由于道教发展了一系列养生术,又为统治者所迷恋,故他们总力图将道教民间组织改造为公开的官方组织。从曹操邺下的方士集团、梁武帝问国事于陶弘景、唐将道士归属宗正寺、宋代赐封陈抟,到明成祖遥封张三丰,无不包含有限制、利用的目的。

把儒家说成儒教,最多只能算是一种比附的说法。三教之中,独有儒学一心一意与统治者积极合作,最为其所能接受。故自汉武帝以来,在中国绵延两千年而不衰。儒家虽然主张"仁爱",却很难规范统治阶级的暴行,故不能被老百姓所普遍接受。因此,统治阶级一直在寻找一种能为人们普遍接受的东西。在这种情况下,朱熹站出来,以他的《四书章句集注》完成了这一历史使命。

(2)三教归一的学术溯源

东汉以后,佛道日昌,儒学的地位不断下降,儒学不仅面临着自董仲舒以来最大的政治地位挑战,而且学术上与生存上也面临危机。故儒家的上层开始思考出路。儒学常借助政治力量来打击佛道,然而这种手段只能奏效一时,不能从根本上解决问题。第一个从根本上思考如何解决佛老问题的是王通。他提出三教合一,并指出它的思想基础是"中道"。但他主要精力在继承儒家学说,并未对此进行过多的探索。唐中期韩愈以昌盛儒学为己任,攘斥佛道,主张发扬儒家道统。但这种不顾事实的提法是极为迂腐而没有实质效果的。晚唐与宋初,王通的提法受到高度重视,一些著名学者如皮日休、欧阳修、"二程"等都研究过《中说》。

"二程"为建立理学及道统思想体系作出过重要贡献。他们推崇《论语》《孟子》《大学》《中庸》,认为它们集中体现了圣人之道。由此,"四书"的统治地位逐渐确立。朱熹正是继承了前人的这些思想成果,以《四书章句集注》来推动三教合一,复兴儒学,其历史功绩受到后代统治阶级的高度评价。《四书章句集注》成为明清两代占统治地位的意识形态指导著作,并因此奠定了它在经学史上的地位。

(3)"四书"学的内涵与三教合一

第一,"四书"学形成与次第。

"四书"学虽发源于"二程",但"四书"之名为朱熹提出,并经其提倡确立。"四书"说是朱熹经学最重要的组成部分,朱熹一生对此用力最勤。集四十年之功力,朱熹不仅提出"四书"应重于"六经",而且认为要以"四书"取代"六经"

作为整个经学的主体基础。在他看来,《诗》《书》《礼》《乐》《易经》《春秋》等“六经”与圣人本意之间已隔有两重,乃至三四重。所以,与其求之于“六经”,不如直接从“四书”中领会圣人之本意。《朱子语类》云:“今欲直得圣人本意不差,未须理会经,先须于《论语》《孟子》中专意看他。”这也就是将“四书”置于“六经”之上了。

“四书”次第:“先读《大学》,以定其规模;次读《论语》,以立其根本;次读《孟子》,以观其发越;次读《中庸》,以求古人之微妙处。”

第二,以“中庸”为依据规范三教合一。

董仲舒以《春秋繁露》杂糅百家,消解黄老,定于一尊,流芳百世。对此,“二程”及朱熹是心领神会的,于是一开始就注意“选经为我”。朱熹模仿董仲舒《春秋繁露》发明天道以吞并黄老的做法。朱熹用诱入法,认为人们入经宜先读《大学》。《大学》强调“格物、致知、修身、齐家、治国、平天下”,而道教正是主张“格物、致知、修身、齐家”。道生于本土,其教义百姓耳熟能详。人们对于这种从日常生活中来的道理,无须教诲,即能知之。故朱熹把《大学》定在最先,以招安道教。《大学》糅合儒道,内圣外王,穷究天理;三纲八条,次第井然,易学易知,故其为“根脚”,为“定其规模”。

朱熹是以义理来贯穿于《论语》《孟子》的阅读之中的。朱熹认为,读《论语》要极天理之灵,从圣人的言行即从《论语》所载中深求之。要如同禅宗研究公案一样,不能轻轻放过,要透过纸面、字面、语言去深究,这样才能把握儒家的核心义理。

为了抗衡佛教对儒家的冲击,朱熹注重心性论,借以改变儒家思辨性不足的弱点。在阐述《孟子》时,他把心性论与天理论结合起来,赋予其时代意义。在阐述孟子“尽其心者,知其性也。知其性则知天矣”时,朱熹指出:“心者,人之神明,所以具众理而应万事者也。性则心之所具之理,而天又理之所从以出者也。人有是心,莫非全体,然不穷理,则有所蔽而无以尽乎。此心之量,故能极其心之全体而无不尽者,必其能穷夫理而无不知者也。”他强调心具众理,心即性,性即理,心性与理紧密联系,因而心性具有儒家伦理的意义,而不是佛家所谓的空虚之心性。从心性与天理论的结合上,阐述并发展了孟子的心性论,从而划清了儒与佛两家在心性论上的界限。朱熹强调和突出《论语》《孟子》中心内容,从而巩固儒家领地。同时,还从方法论上来糅合佛道,归一于儒家。

朱熹以《中庸》是“首明道之本原出于天而不可易,其实体备于己而不可离,次言存养省察之要,终言圣神功化之极”。因而道既是天之事,又存在于人心。他还强调“尊德性而道问学”。“尊德性,所以存心而极乎道体之大也。道问学,所以致知而尽乎道体之细也。二者修德凝道之大端也。”朱熹在以孟子之心性克服佛之空后,儒家的基础已牢固了,继而便是补足儒家之形而上的不足。上述对于《中庸》的阐发便是这种努力的见证。其《中庸章句》云:“而异端之说日新月盛,以至于老、佛之徒出,则弥近理。而大乱真矣。然而尚幸此书之不泯……得有所据,以斥夫二家似是之非。”

《中庸章句》表述是对所谓“道心惟微,人心惟危,惟精惟一,允执厥中”的16字心经的发挥。实际上朱熹还是依据《论语》中的“天之历数在尔躬”来阐述“道统”的。《中庸章句》云:孟子“尝论之,心之虚灵知觉,一而已矣。而以为有人心、道心之异者,则以其或生于形气之私,或原于性命之正,而所以为知觉者不同”。其曰“天命率性”,则道心之谓也;其曰“择善固执”则精一之谓也;其曰“君子时中”,执中之谓也。意谓只有“率性方可体道心,道心微而发明之”;“择善固执”以济人心,则人心危方可救;所谓“时中”则以见机而行;允执厥中,道心人心方合二为一,以济事救世。“天之历数在尔躬”,历数既然现在尔身,当然反求诸内,无须外求。

这种不执中有执、执中有不执的方法,正是禅宗心法的最得意处。有人说禅宗无执,殊不知无执,无法无我,破一切执,不是不执中有执,又是什么?即便是“不落言筌”“拈花微笑”以及出家的本身,都不可能逃离以“执”破“执”的悖论。正是从此出发,《中庸》承认了要“允执厥中”,要“叩其两端”,强调此“执”,撩开了禅宗的面纱,显出儒家的高人一筹。对于执中的把握,从何处着手呢?朱熹看中了道教的太极图中的太极。太极无疑就是极好的可把握的事物的“中”。它推演变化,非止一物之有两端,而是两端之中分别有太极。太极处处都在,时时都在,故“中”也是时时都在,处处都在。为了说明这一道理,朱熹借用了佛教的“月印万川”说。他说:“然虽各自有一个理,又却同出于一个理尔……释氏云：‘一月普现一切水，一切水月一月摄。’”

总之，朱熹写作《四书章句集注》，用意在从思想上推动三教合一，使“只是废三纲五常的佛老之学”得以改进，从而增强了儒学的地位和学术感召力。从此，儒家由衰微而崛起，《四书章句集注》也成为明清两代统治阶级的意识形态读本；佛老二家在自叹不如中主动接受，吸收儒家思想，所谓“相资以为用”，从而使三教真正地出现混一的趋势。

4.“圣人”和“真人”

(1)以“圣人”为核心的“圣人”学说

《老子》一书由于其语言极富张力，不同的人竟可以从不同角度作不同阐释；然而能完全给出自足性的解释的，似乎又很少。颇可寻味的是沈善增的所谓“《老子》是一部专对侯王讲的政治哲学书”一说。该说虽经沈氏反复论证，仍值得怀疑：《老子》一书中虽提及侯王，并告诉他们该怎样做，但只有寥寥数语。况且即使是这几句，我以为这还是为圣人之道服务的。《老子》对当时侯王是谴责而非劝诫。如“天之道，损有余而补不足；人之道，损不足而奉有余”便是对侯王互相攻伐以肥己的逆天之行的愤怒指责；再如在第十八章中，老子对周以来所行的“礼”也进行了指责。所以《老子》中的圣人正是作为侯王的对立面提出的。又，《老子》每章均以是之非之的态度来对比，以强调“圣人”之“是”。因此，如果老子真的有所提示，那也非刻意要敦促侯王(尤其是当时社会的侯王)一定要去这样做。也没有事实去证明老子曾为此而四处奔走过、游说过。老子知道“圣人”之道只有上古才有，今世是不可能实现的。在这一点上，老子比孔子看得深。同是追慕自己的理想世界，老子知不可为、无须为而隐，甚至不想著书(不能实现的理想自然无须告诉别人)。孔子则知其不可为而四处奔波，寄侥幸于万一，结果哀叹：“凤鸟不至，河不出图，吾已矣夫！”故《老子》只是具有强烈的对往昔的追忆性，虽表达了自己的政治理想，但并非强于用世。至于后世能用以治国，恐怕是老子所乐意的，但并不是老子的意内之事。

老子对理想世界的建构，是以“圣人”为核心的。细审《老子》各章，大抵先述天道物理，后以“圣人”作结，“圣人”一词总计出现达30余次。有些章节虽未出现“圣人”之词，但意中所会，不言而彰。可以说，无“圣人”则老子的理想世界会失去依托而不复存在。

在《老子》中，“圣人”是一个缺乏个性的体道工具。其本身是为了达到理想之国而生的极完美的政治形象，其身存则理想之国存，其身亡则理想之国亡。为描述阐释“圣人”之行的依据，老子不得已提出了一系列的形而上的类型：道、无、有、一、二、三、无为、天道、大象、希夷，等等，以及对立面转化。以此为根底，老子对“圣人”作了全方位的阐释和描述：

第一，“圣人”参天地之道而修养自身，动静以合于天道。

“万物作焉而不辞，生而不有，为而不恃，功成而弗居。”“不尚贤。”“不贵难得之货。”“不见可欲。”“虚其心，实其腹，弱其志，强筋骨。”“功成、名遂、身退。”“生而不有，有而不恃。”“为腹不为目。”“知常容，容乃公，公乃王，王乃天，天乃道。”“知其雄，守其雌，为天下溪。”“曲则全。”“见素抱朴，少私寡欲。”“一曰慈，二曰俭，三曰不敢为天下先。”诸如此类，俯拾皆是。可见，圣人的举动合乎天道是至关重要的。

第二，“圣人”以“无为”为至高境界。

这是老子反复多次强调的。《老子》第一章刚叙完道之后，就将“无为”在第二章中提了出来。因为在老子看来，美丑、善恶、有无、高下、难易、长短，等等，在自然和社会中乃是混而为一，本无区别，只因为人刻意拿来比较才生出对立面。社会、自然本是一个自组织系统，通过自我调节保持动态平衡。只有不施加人为干预（即“无为”），系统才能正常运行，才能保证其新陈代谢，并自动演化升级，化生万物，从而达到“无不为”。然而“圣人”的“无为”也是最难把握的，故老子对它进行了一系列阐释，将其细化到可操作层面，像“万物作焉而不辞”“功成而弗居”“不尚贤”“不贵难得之货”“处众人之所恶”“夫唯不盈，故能敝而新成”“致虚极，守静笃。万物并作，吾以观其复”“犹兮其贵言，功成事遂，百姓皆谓我自然”“若婴儿之未孩……我独若遗……我独昏昏……我独闷闷……我独顽似鄙。我独异于人，而贵食母”“曲则全”“虽有荣观，燕处超然”，繁难尽举。当然,这“无为”也包括前述圣人自身修养。

第三,“圣人”的“无为”是以侯王、君子、士、大丈夫等的行为为支撑的。

作为“圣人”王治的第二极,《老子》中明言侯王等重要,现摘录一二:“道大、天大、地大、王亦大。域中有四大,而王居其一。”“重为轻根,静为躁君。是以君子终日行不离辎重。虽有荣观,燕处超然。奈何万乘之主而以身轻天下?轻则失根,躁则失君。”要求侯王不要轻躁,而要庄重。“以道作人主者,不以兵强天下。”“夫兵者,不祥之器。”告诫侯王不要轻易用兵。“军而已不以逞强。”“道常无名。”侯王亦可守道,天下万物将归附它。“道常无为而无不为。”这里便是人们常说的“圣人”可“无为”而侯王当“无不为”。老子强调,万物化生时,贪欲兴作,侯王必须用“无名”的“朴”来镇定它们。“昔之得‘一’者……侯王得‘一’以为天下贞。”“侯王无以贵高,将恐蹶……是以侯王自谓孤、寡、不毂”,老子告诫侯王:保持事物萌生之“一”,不能忘本。“道生一,一生二,二生三,三生万物……人之所恶唯孤、寡、不毂,而王公以为称。故物或损之而益,或益之而损”,王公当谦卑自处,以达到“损之而益”。大丈夫应立身厚重。正是以上的侯王、君子、士、大丈夫等构成了“圣人”的治国体系。有了他们,“圣人”方能“无为”。

第四,以小国寡民为圣人立国的组织单元。

这是老子的理想。任何一个组织,如果大了,社会关系复杂,耗费也必大,有时内部还会矛盾激化。处在变动不居的时代,老子愈感到小国寡民的优势。如果天下是一个个寡民小国,风俗淳厚,又老死不相往来,那么永远也不会出乱子,社会组织不会被破坏,故老子将其置于第八十章,算是对他这本书作一个完美的收结。理想政治国的追忆至此曲终人散,余音不绝。这里需要解释一下,所谓“小国寡民”,不是指国土面积小,也不是指人数少,也不是指贫弱,而是指无论国土大小、人数多寡、财富多少,人民无欲无求,不争不抢,秩序井然。虽大如小,虽多如少,此为“小国寡民”。

第五,理想政治国“圣人”用兵之术。

“圣人”治国自然离不开用兵,但其用兵动机、方法、目的都有他的特点。用兵的态度“不以兵强天下”,其目的是“果而已”。用兵方法:“善战者不怒,善胜敌者不与。”“吾不敢为主而为客,不敢进寸而退尺……祸莫大于轻敌……故抗兵相加哀者胜矣。”

总之,《老子》是以“圣人”概念提出和展开,以“无为”为中心,从多角度描述“圣人”的修身以及治国方法,从而完美地完成了老子对“圣人”“无为一理想”的政治之国的追述,即“圣人”学说的建构,同时不经意地完成了以“道”为中心的哲学体系的表述。

(2)庄子的“真人”及“真人”学说

与上述老子的表述方法相类,庄子以“真人”概念的提出和展开,表达了他对理想人格及精神完美的境界追求,从而建构了一个我们名之为“真人”的学说体系,意在树立标准,便于实施。

庄子也未给“真人”下一定义,而以对“真人”的种种表现让人体悟“真人”的含义。列之如下:

第一,“真人”为人处世。

“古之真人,不逆寡,不雄成,不谟士。”“凄然似秋,暖然似春,喜怒通四时,与物有宜,而莫知其极。”(《大宗师》)“真人”是顺应“道”的。

第二,“真人”的性情。

“其状义而不朋,若不足而不承;与乎其觚而不坚也,张乎其虚而不华也,邴乎其似喜也!崔乎其不得已也!滀乎进我色也,与乎止我德也;厉乎其似世也!謷乎其未可制也;连乎其似好闭也,悗乎忘其言也。”(《大宗师》)

第三,“真人”的人生态度。

“不知说生,不知恶死。其出不欣,其入不距。翛然而往,翛然而来而已矣。不忘其所始,不求其所终。受而喜之,忘而复之。是之谓不以心捐道,不以人助天。”(《大宗师》)

第四,“真人”的生理特征。

“其寝不梦,其觉无忧,其食不甘,其息深深。真人之息以踵。”(《大宗师》)“真人”与常人大异。

第五,“真人”的修炼方法。

有两招。其一,“外天下”到“外物”,再到“外生”“朝彻”“见独”“无古今”,最终进入“不死不生”以至“撄宁”之境,循序渐进,环环相扣。还有一招叫“坐忘”,“堕肢体,黜聪明,离形去知,同于大通”。

此外庄子还将“真人”学说的两个重要关系进行逐一阐述。“真人”与“真知”关系。庄子认为,无所待而后当的“知”是“真知”,须待有“真人”而后方可认识“真知”,无“真人”也就没有“真知”。因为“道”是恒定不变的“真知”,无所待而当,方能悟道。而世俗的人们总是局限于“有所待而后当,其所待者特未定也”的认识环境中,从而无法达到“真知”。“真人”的出现则能打破这些局限:“真人”能克服常人的缺点,有摆脱常人局限的生理基础和心理素质。认识“真知”的结果是:“其一与天为徒,其不一与人为徒。天与人不相胜也”,即是所谓“其一也一,其不一也一。”这样,“真人”在认识“真知”的同时便完成了自己的建构。“真人”与天的关系,即是“天人不相干”。有人将此译为“天然与人为应当并不悖”,但从《大宗师》后文的故事看,庄子更强调的是:人应当顺应自然。人应该改变人生态度,以此来看破生死、苦乐等带来的烦恼。因为“道”的运行是不以人的好恶标准来推动的,它的独立运行规则只有“真人”才能遵行。

庄子还有关于“神人”“至人”的概念,试略述之。《逍遥游》:“藐姑射之山,有神人居焉。肌肤若冰雪,绰约若处子,不食五谷,吸风饮露,乘云气,御飞龙,而游乎四海之外。其神凝,使物不疵疠而年谷熟。”“之人也,物莫之伤。大浸稽天而不溺。大旱金石流,土山焦而不热。”可见“神人”主要是从肉体上超脱世俗,但这不是庄子所着力追求的。

“至人”,据《齐物论》,“至人神矣,大泽焚而不能热。河汉沍而不能寒。疾雷破山飘风振海而不能惊。若然者,乘云气,骑日月,而游乎四海之外。死生无变于己,而况利害之端乎。”又《达生》:“子列子问关尹曰:‘至人潜行不窒,蹈火不热,行乎万物之上而不栗。请问,何以至此?’关尹曰:‘是纯气之守也,非知巧果敢之列。”“彼将处乎不淫之度,而藏乎无端之纪……故莫之能伤也。’”由此可知,“至人”仍侧重于精神修炼的。这是庄子所强调的。

故“真人”之与“神人”“至人”,是一人之两面、一物之两端也。虽有关系,但又不能混为一谈。“神人”与“至人”是庄子建构真人的两个支点和映衬。三者共同构成“真人”学说体系。

(3)“真人”学说与“圣人”学说关联

综前所述,《老子》阐述的是以“圣人”为核心谈论理想政治的学说体系,命之曰“圣人”学说。而《庄子》阐述的则是以“真人”概念为核心建立追求完美人格的个人内在精神修养的学说体系,命之曰“真人”学说。钱穆在《庄老通辩》中论及庄、老歧异时称:“《老子》书不再提及真人与神人……盖《庄子》书中之所谓真人与神人者均不以天下为事,而《老子》书中之圣人则仍是有事于天下民物者。”这里撇开他的“老子比庄子晚出”论,就“真人”与“圣人”概念而言,存在着极片面的理解。“圣人”学说与“真人”学说看似不同,其实二者乃一脉相承,相互补充,只是表达形式不同而已。庄子之“真人”不专指社会之一种角色,圣人也可以修炼成“真人”。“圣人”成为“真人”之后,他便将“真人”的内在精神修养与“圣人”外在的德行修养完美结合在一起,从而达到庄子的“内圣外王”的境界。故庄子言及“真人”时往往也言及“圣人”。此庄、老相通处一也。相通处二,“真人”学说直接取“圣人”学说的枝节而生成的:“真人”学说建立在“道”之上。《老子》也直接地描述过类似“真人”境界的片段。其云:“盖闻善摄生者,陆行不遇兕虎,入军不被甲兵。兕无所极其角,虎无所措其爪,兵无所容其刃。”“我泊兮其未兆,若婴儿之未孩。”“知常容,容乃公,公乃全,全乃天,天乃道,道乃久,没身不殆。”“虚其心,实其腹,弱其志,强其骨。”“圣人为腹不为目。”这些也可以看作“真人”修炼的粗略描述。至于“吾所以有大患者,为吾有身。及吾无身,吾有何患?”这简直可看作《庄子》一书的开场白。如前文所述,正是庄子看到了老子“圣人”缺乏私德,故将道引入他的精神世界,从而完善“圣人”的个人修养。庄子还将“内圣”的对象向全社会作了开放,目的是改善老子“圣人”的那种可望而不可即的形象,以增添其理论感召力。其最后两点补充了“圣人”学说的不足,构成“内圣外王”之学。

总之,“真人”学说是对“圣人”学说的补充、深化和发展,形成了一个既自足又开放的学说体系。它直接导致了三个结果:一是神话学说的形成。通过将“神人”“真人”进行哲学化升华,形成了以“道体人格化”为特征的神话学说,为道家宇宙观提供了具象承载;二是因“真人”的特征准确清晰被描写,可用作修炼的准则和目标,从而有利于道教徒来克服世俗的物质与肉体的局限以到达“仙境”，进入一种永恒的不受时间、空间变化而影响的“真人”状态；三是由此引发了一系列的服食、炼丹、辟谷等技术层面的活动，为进入“真人”状态强化肉体条件，从客观上刺激了这一方面的科技进步。相比之下，“圣人”学说除曾受官方的某些阶段重视外，隋唐以后渐趋冷落，是与它的先天不足有关系的。

5.钦州看海

其实我是去钦州买贝壳，看海是顺带的事。

长这么大还没有看过海，头一天晚上好生激动了一番：想那海滩上银浪翻滚，撞在礁石上溅起一团团雾似的浪花；想可以赤足去走松软海滩，极目远眺，望尽天海相连处；想可以在沙滩上惬意地睡一觉，想天黑之前就可以赶晚班车回南宁了。带着这样的梦，一大早就上了车。

车子一出南宁，便能闻到秋天的山野之气了。渐往南去，常看到连天没云的甘蔗地，偶尔也间有荔枝、龙眼树，树枝上一团团、绒球球的。山间是整齐拼配着的绿田，很少见到这里有什么大面积蓄水的水库之类。可能因为离海近降水量大，庄稼大多不用灌溉，完全能够“靠天”吃饭吧。这里毗邻十万大山，山又高又陡，车子多半在山腰行走。有时透过树缝可以看到山下的深沟巨壑，还有人家、溪流。车子从南宁出站时因为要带人，耽搁半小时。现在开得飞快，有些风驰电掣的感觉。一个小时之后，地势渐趋平坦，山势也低矮了许多，见到一片片的香蕉林。我想这怕是要到了。在我的想象中，近海就应该是这样子。原先是盼着早点到，现在车子终于到了钦州车站，可我还不想下去。因为我不知道去哪买贝壳，去哪看海，真希望车子直接将我送到海边才好。

不得已的情况下，我下了车。来之前在网上查了下，这个城市公交车下午6点就停班。心想，这么小的城，应一抬眼就能看到海。可四望尽是房子，于是就一个心思去问“摩的”师傅，让他带我先去买贝壳。

那司机“呵呵”笑了两声，说这地方没有卖贝壳的。我不信，一个海边城市怎能没有卖贝壳的呢？又问了几个人，都摇头。我决定走最后一条路：到海边去。那个司机凑过头来:“到海边去,龙门几个海滩还有。”我也这么想,海滩上定有人卖贝壳,没有也可以拾几个。于是问:“几块钱?”“40!”我心中纳闷,怎么海还有那么远。便不再理他,去车站买一张钦州地图,问那售货员,答道:“对面有车去港口。”我匆匆地走到对面,正有一辆车开出来,是去港口的,4元车票。不久车到了港口,停在港湾一个桥头。我便问司机卖贝壳的地方,他很客气地指路:“往回走一点,那个大市场有。”我便在那个大市场昏头昏脑地找了个遍,除了看见不少卖海鲜的外,一个贝壳没有见到,问人也说没有。这使我很气恼:钦州城里没有,大概是由于离海有一段路;这个市场离海只有几十米,也没有!我又回到那停车的地方,看看海岸都用大石头驳(方言,砌的意思)了很高,哪里有什么海滩?正好附近有一个骑“摩的”的人,就让他送我到海滩边。他七弯八拐,行了几百米,到了海边便说,“这里有一段海滩,你自己看去。”收了钱,一溜烟走了。这哪里是什么海滩?填得又高又平,也是预做港口用的。大概填了有一段时间,长了一些荒草。幸喜没有驳岸,海浪舔出一点斜坡,这大约便是“滩”了。踏着乱石,小心地下去,海浪也不时地轻轻地溢上来。忽见小石上有一些小东西在乱跳,像小虾似的。因为要寻贝壳,也没有用心看它。再走几步,又见一些在跳,瞥一眼,是一些麻麻的颜色,心里想,可能是这草边的蚱蜢吧。便又去找我的贝壳。不久,我发现前面有一个白色东西——那一定是贝壳!我狂喜,走过去躬腰一看,唉,原来是一块小的白塑料。推上来的潮水刚退下,乱石里那些小东西又在跳,便伸手去捉,心想拾不到贝壳,先捉一只蚱蜢玩玩。定睛一看,才知道它们既不是虾,也不是蚱蜢!它们蹦完了,全趴在没有水的石上,鼓着青蛙似的眼睛,腹腰间长两只短壮的腿,感觉和鱼没什么两样,我一下子想到《故乡》里写的跳鱼。一定是它,就是它!蹲下来看着这些一寸来长的小东西,心里多少有些宽慰。忽然听见潮水呼啦啦地响,虽然没有什么浪头,但那声音仿佛是一个人很有些气要发作似的,凶凶的,有些吓人。看看表已到12点,我想这大约是涨潮了。滩边的水竟有些浑浊不清了。本想捉一些“跳鱼”,无奈小东西太机灵,不等你蹲下,就蹦走了。只好站起来,又走了一段路,贝壳还是没看见。不久,连海潮也退去了。

看看表已近下午一点了,还是不知道哪里有贝壳,心里有点着急。忽想起还有一个地方——三娘湾，那里一定有。如果那里要是还没有，就去北海。今晚就是在海滩上过夜，也一定要把贝壳带回去。来之前，是有人向我建议去三娘湾，但我认为那里是旅游景点，人多，乱哄哄的，没啥意思。现在看来，已别无选择了。在两点之前必须赶到三娘湾，看一个钟头的海，这样今天回南宁才有希望。回到公路，走了半天也没有遇到“摩的”。忽见那边一伙人打牌正散场，一位骑摩托车的过来了，我拦了他。上了车，他问我到哪？我说：“想去三娘湾，到哪坐车？”他又问：“从哪里来？”“南宁。”“专程来旅游的吗？”“是。还想买贝壳。”他说：“这里没海滩，找不到贝壳。”很快，我又回到刚才的出发点，看见路边有一辆公交车。他骑过去，停下，问道：“到三娘湾吗？”那司机说：“没有直达车。我们到大坑，那里不远了，打摩的，十几里就到了。”我给他“摩的”费2元，他客气地同我打招呼。我很无奈地坐上这班车。到了大坑，坐一辆马自达，和司机说好15元。走到半路，司机停下打电话。之后，他对我说：“我有一个熟人，在那里卖门票，可以交15元，不用买票，正规买，要30元。”我半信半疑，又怕惹麻烦，横竖要掏钱，不如落个爽快，15元就15元。车继续向前开。这是一条新建的路，沿着海边穿行于山丘、海湾之间，不时也能望见一点海。偶尔也见一两个小海岛，长满了树，像个大胖青虫似的伏在清波上。过一个小海湾时，望见湾里水上浮着几大片青色的植物，我问那是什么，司机说是红树林。这使我有点兴奋。但很快，这些便过去了。不久，到了景点大门，车一直开进去。拐两个弯便是停车场，他停下来，向我要了30元钱。我问他这里的车，他说：“下午五点之前都有车到钦州。”我便放心。恰巧有一个农民样子的人，从路边树林走过来，我问他：“哪里有卖贝壳的？”他指着那儿，对面树下真有几个摊。这人也一边跟过来。我便在那挑了一个最大的、最好看的，问了名字，叫唐冠螺，其余各样拣了一个，付了账，身上还剩32元3角。跟来的人问：“老板出海吗？”“出什么海？”此时我的心情轻松了许多，便不经意回了一句。那人说道：“海中间去吗？”“多少钱？”“100元1小时。你几个人？”“我一个人。”我倒不是怕他把我丢到海里喂鱼，只是确实无钱付账。心里有点别扭，又怪他这样地缠我。便不理他，独自向海滩走。这时我才发现，四下里除了几个生意人外，稀稀拉拉只有几个中学生模样的人在玩。

这时看海，却是极自在的。走过一座小木桥，登上一块有一间房子大的礁石。坐在石上静静地看着落日丹霞中的海，什么都可以抛在脑后。没有风也没有浪，沙明水净。极目望去，辨不出天与海的界限。我即兴诌了两句："望远天如水，风平海似湖。""海里无风三尺浪。"此时，我惊诧于眼前这海的平静，也许它历经的风暴太多了，这便是它的本色吧。远近的一切都浸没在夕阳斜晖中。晚风漾起的时候，石罅间也响起一阵一阵鼓浪的声音。掬一捧海水，闻一闻，跟湖水气味差不多。尝一尝，有点咸。礁石吃水的地方吸附着一些小螺壳，密密麻麻的。几只小螃蟹也在这里寻生活，水里稍有异动，便快速移动身躯，显得十分机警。我看看时间快到了，便下了礁石，在沙滩上走了一趟，匆匆踏上归程。

车在夜色朦胧的山道上行驶，我细细回味白日的奔波，忽然想到了跳鱼与海，不由得自问，那真的是跳鱼吗？那真的是海吗？我无法确切地回答自己，不免一阵惶惑。很久很久，我摸了摸包里的贝壳，心里才有了一点镇定。然而，不知怎的，还是想起了那些汽车和"摩的"司机、卖地图的售货员、出海的船手、打牌散场的人，还有一个夹在其中的我自己，心中竟生出一阵怅惘。

6.南山悟道随记

(1)君子之行

君子之行难乎哉！有勇而不恃，有智而不使，有巧而不滑，有礼而不谀，弯而不曲，谋而不诈——终身守之。如是，则世道可清也。

（壬寅五月谨记）

(2)道者

道者无我，唯道是从也已。道伏则屯之，道显则随之。无来无往，无动无止。知其归，守其初。故万物生焉而无有。

（壬寅五月谨记）

(3)楚亡于文化入侵

楚有国800年，其亡也，不在武而在文。其始，楚王于荆地，因地因人而制其宜。与周既分道久，自有其礼乐。秩序井然，权不外泄。不轻信不盲从，百事皆师自然而顺之。文武俱盛而国强，故老庄生焉；其兵锋所指，亦靡不克焉。铜兵、铁器、朱漆、文辞，天下莫能右。故其曰：我蛮夷也。气何豪哉！及他国文化之输入，君臣上下，莫不师之，一时成风。习中原之礼乐而刻舟求剑，外轻信而内多疑（即类今之崇洋媚外也）。故信苏秦之合纵而其国弱，信张仪之连横而其君死，疏疑忠臣而断绝于齐，凡此种种。于是，贤人不留，文武皆去也：伯嚭、伍胥之吴，文种之越，老子之周，庄子之宋，如此等等。其兵未少而气先衰也。故贤人去而其国气倾，楚之灭从斯始，而非亡于秦也。所谓神亡于前而兵灭其后也。可不慎哉！

(4)止于善

以小视大者，不足以谋全局；以大视小者，不足以谋成功。吾遵道而行，一以贯之，则无小无大也。随物赋形，行于其当行，止于其当止，是善者也。

(5)有我无我

仁者无我，艺者无他。有我者，不可谓贤；有他者，不可谓家。是仁、艺者皆反中庸也，岂得言哉？故老子绝仁弃义，道者以众艺为小道。

(6)心为形役，形为物役

碌碌众生，或形为物役，或心为形役，或形为心役。闲闲者盖寡，而身心俱疲者多，何哉？形为物役者，终日昏昏，为物财之占有而奔劳。据之则喜，失之则悲，忧心忡忡于存亡之间。故司马迁曰：天下熙熙皆为利来，天下攘攘皆为利往，即此之类也。心为形役者，为其身欲、地位、名誉而处心积虑，颤颤如履薄冰。得之则喜，失之则悲。故陶渊明曰："既自以心为形役，奚惆怅而独悲？"夫形为心役者则不然，处万事万物万人中，以利弊而剖析之，然后知利弊相乘，总归于道。故其为人者，利也行，弊也行，不计较于存亡得失，心定神闲，是谓吉人。

(7)儒

儒成于周前,规模于周公,成文于孔子,传播于子贡之徒。其为治国之方略也。儒者世守,中国不绝,赖斯之助也。儒者借君主以践儒,君主借儒者以治民,相辅相成,然实同床异梦也。

(8)得道未德

夫三教可一者,始见于文中子。非其上窥周公孔子之道,焉得言此?其未集“四书”而释之,余惑而不解也。抑或其未识可一之途欤?惜哉!

(9)道与术

学技艺者,也在于悟道。所谓武有武道,茶有茶道,厨有厨道……世间百业,莫不有小道。悟武道者,不拘于门派;悟医道者,不拘于偏方;悟书道者,不拘于笔法……唯道是举而已。盖术可变而道不变也。

(10)文化价值认同

人的一切活动,都是文化认同和价值认定活动。旅游是有距离的文化与价值认同,读书是有时差的文化与价值认同,居住则是整体的文化与价值的认同……

(11)人品与概率

一个部位连续痛两次以上,大概率有病变;一个人连续撒两次以上的谎,大概率是坏人。糊涂要与精明搭配,才是最好的生活良方。

(12)因对象而变

与浅者不言深,与深者不言浅。与君子要计对错,与小人要较高低。此论之箴也。

(辛丑七月世民谨识)

(13)吾人

吾书以养诗,吾画以养心,吾文以养意,吾思以养气,吾读以养智,诸如此类。唯不喜以财累身,因物费神。其何如人哉?

(辛丑四月记)

(14)应对语言解构的困境

以解构语言的方式,来言说不可言说之世界;用比方、列举等方式,来言说不可言说的万事万物。这就是中国古人“道不可道而道之”的智慧。

(15)度

世之爱者皆有方。糙石之爱刀,砥砺之;农夫之爱稼,粪溉之;世人之爱子,宠溺之。唯难自持者,度耳。砺甚则刃伤,溉勤则苗死,溺甚则子恶。不亦悲哉!

(16)赶路

无论你做什么,你都是在赶路。走着走着,你会发现,前面路没有了,回头看看,后面的人也没有了。屈原说:“路漫漫其修远兮,吾将上下而求索。”继续走下去!错,也是一条路——不能总是行到水穷处,就坐看云起时,因为这只是一种念想,并非赶路的真实。

(17)得意忘形

得象忘形和得意忘象是悟道的两个阶段。得象忘形者,万人中一二而已。苏轼云清风明月,盖其知两者同象;宋玉悲秋,盖其识秋与命同象。故得象而忘形,方有赤壁、九辨之赋。夫得意忘象者,盖千万人中不一遇也。知白而守黑,为得而舍,于无病处医病者,皆此类也,而俗又焉知之?

(18)道,不可道

吾言道,人莫知之。盖道不可言。欲言,则言在此而意在彼也,人皆以疯语视之。庄子千言皆言道,人堕其中,莫知所以,愚者以为汪洋恣肆。是道难言也。实如老子所云,道,可道,非常道。可道者乃术耳。自然谓之大道,万事谓之小道,故有文道有武道。百工之事,亦俱各有道。其与术者合,功乃成也。日人之所谓茶道、武士道者,欲以道术合称为道,误也。

(19)王通

王通作《元经》与《续诗》,欲成孔子之学,惜其未成。观其一生,实一帝王之师也。所授房玄龄、杜如晦、魏徵、李密、薛收、陈叔达诸人,皆当世豪杰也。其三教可一,只一口号耳。然后世受益良多,自出其意外也。

(己亥冬记)

(20)以圣人为观道之眼

水近道,万物无水不生,无道亦不生。所不同者,水运于物,人所见之;道行于物,人皆视而不见。圣人能见之而不能言之,故云恍兮惚兮,绵绵其若存。而圣人不世出,故道隐。非道能隐而世莫识也,奈何!

(辛丑八月谨记)

(21)随道

吾言术,人皆笑之。吾无术也,但随道耳。非不学而无术,实遵道而恶术。智者不言,愚者笑之。每欲作,必求之于意内而得之于意外。其庶几近道乎?

(22)视未必见

蚁之父子晨相失于道。子行草畔,遇一蚱蜢,叹曰:庞然大物也。父遇一卧象,叹曰:此山何其高也。遂登之,行象毛发间,久乃下之。二蚁暮归,各叹其所见。子曰:吾今遇一巨兽也,巨腿广翅,不可仰视。父曰:吾今无所见,只越一高山也。怪其林茂,且每树修围如一,也为一奇耳。相为叹息久之。呜乎!人之与道不亦如是乎?道之在人前,犹象之在蚁前。非视而不见,是视而不能见也。不亦悲哉!

(23)人的世界,难懂

蜣螂兄弟途遇一牛,大喜曰:“吾有食也。”继而一人与牛同高,随牛后。兄惊曰:“与我争食者也。”俄顷,牛忽一粪,兄戒弟曰:“尔其守之,勿为该人抢。吾再随牛后,争下一粪。”然睹其人视牛粪如不见,又谓其弟曰:“吾观其人志不在小,欲得牛之大堆粪也。吾其追之勿失!”继前行,牛忽大粪。兄奋力而登其上。恐人与争也。人又视之而不顾,复与牛前行。兄诧曰:“斯牛岂有更大粪哉?”遂舍粪而与人共随牛后,以期得更大者。然至日暮,牛唯撒尿一次而未粪。人仍随之。蜣螂兄弟暮归。弟问:“得大粪欤?”兄曰:“未得见更大者。”兄弟相与感喟:“其人欲与吾争粪,始随其牛,然其见牛粪而无睹,非假清高者何?抑或欲得大粪而置小粪而不顾。如是,则斯人之志大也哉!”牛者,耕牛;人者,牧童也。收归,牧童叹曰:“吾牛之未饱欤?抑先二粪而后竟无?”继而又食之干草始归去。今之忧离子曰:虫之世界小也欤,焉知人?虽同视粪,人虫不同。

人焉知其一瞥粪而能惊恐虫，虫又焉知其争粪而为人无视哉？

(24)医者，一也

医者，意也；又云，医者，易也。吾以为，医者，一也，即五脏与五行、五味、五色相适应，盖物我同构也。人之生也，当依四时，和五味，调五色，顺五行。如是，则五脏相安如一脏也，方能尽其天数。故医者，一也。

(25)具足光明

具足智慧方能具足光明，照亮一切阴暗，洞悉一切奸诈，方有忍他、让他、由他、避他、耐他、敬他。因为你知道他的最终结局，只是一场笑话，所以不必破坏其笑话的进程。

(26)莳花

梅花少色而傲寒，诗人喜俗人恶；兰花亦寡色而处幽谷，君子赏小人疏；牡丹色艳而朵硕，不屑与众芳争艳，独殿春而放，故市井爱之，以应富贵之相，而高士鄙之。莳者分类而艺之，不知择地而卖之。夫街市之聚，多趋利之徒，宜售牡丹；山程水驿野店茅斋，多诗人吟哦处，宜鬻梅；夫山深村疏处，高人逸士之所居也，宜贾兰。此圃者岂识之哉？但知日日于闹市贾之，以致牡丹被售罄而梅兰尽枯。则梅兰之不遇，抑亦圃者之罪欤？按之以实际，其无罪也，盖其有售罄之心而智不逮也。夫世之用士，如卖花然，择其卖者与买者，得其处方可尽其才。可不慎欤？

（记于庚子十一月中）

(27)苦乐

乐者苦之源，苦者乐之根。夫农夫劳作，汗流浃背，四体俱疲，而憩于田头石上，清风乍来，快乐无疆。当是时，虽神仙不易也。而闲人憩树荫处，犹自苦热不已，愿以南极苦力以丐其身。又譬如世间，贫者以为富者乐而不苦，富者以为贫者苦而不乐，皆子非鱼者也。亦可叹也夫。

(28)物役与心役

人之生于世，或为物役，或为心役。谋生者多为物役。常循物而使智，因事而动谋，多非本心，故言不由衷，动不由心，趋利者也。每心累而体疲。彼心役者则不然——凡临百事百人，气定而神闲。合心则行，不合则舍。谋艺与义者，常如此也。君子坦然，莫若是乎？

（辛丑正月记）

（29）吴氏法天箴

天者，高高在上也，无关人之喜乐哀怒。天有四时早晚、阴晴风雨、星辰日月，以时运行，不因桀亡，不以尧存。未尝时时得一人意，又未尝一事得众人意。人人欲得而欺之。然天高远，欺不可得。夫天可法也，去口即成。吾何言哉？

（30）文化总体倾向性

一种文化不是一个人创造的，所以没有系统性和逻辑性。但它的群体有共性，存在基本一致的接受与扬弃，故其形成后有总体倾向性。

（31）诗之形、象、数

诗以形、象、数三境分高下。达于形者，众人也；达于象者，屈李是也；达于数者，非得道而巧于舌者不能办。高僧之偈，道者之经皆诗也。艺皆如此，非独诗然。

（庚子四月世民谨记）

（32）烧山芋

山芋只有烧得快焦了，味道才会出来。人也一样。如果你一辈子平平安安，你至多就是一个废物，不论你天资如何。

（33）正义

正义者，示于人者则为骨气，示于事者则为骨力，示于时尚者则为风骨。所谓众皆苟苟，吾独岿然，谓之大丈夫也。

（辛丑十月记）

（34）见识的差异

一棵合抱粗的树被风吹倒在路上。一个瘦子正好路过，自语道，回头请个力气大的把它搬走。说完就跨了过去。一只胖蚁也走过来，自语道，回头请个力气大的把它搬走。说完就爬了过去。第二天，瘦子领头象过来。象用鼻子把树卷走了。胖蚁领青蛙过来。目睹这一切，蚁对蛙说，遗憾了，今天没让你施展本领。看你那大腿，肌肉多发达！你是我见到的世界上最雄壮的大力士，拖这树不在话下。胖蚁回去，百思不得其解。四根移动的树居然能拖走一棵躺着的树！他始终觉得没让青蛙这个大力士出场，是一件最不能原谅自己的事。唉，人与人之间的见识差异，又何尝不是如此呢！

(35)蚁智

蚁获一虫，路遇一行人，急隐叶下，曰："勿使人知吾有虫也。"人行远，蚁方衔虫出。归夸于他蚁曰："吾何智，幸不见抢也。"

(36)空山意象

在隐士的眼中，空山就是他们的乐土：没有纷争、算计、凶险，处处闲适、自然、放松；无往而不乐，无可无不可。不论寒暑，不论远近，自然也不知秦汉——空山是唐诗的说法，南朝人叫它桃花源。

(37)华夷主客

东方则物我为一体，夷人乃主客二分。殊不知，人亦物也。若分主客，人亦客也，主何在焉。

古人云，天地人为三才，无物我之分，谓之混一。统之于道。道无人物之分，故无主客也。

(38)是非

千万之是非，归于道，则一也。故无是无非。言大象为扇者，是也；言其为柱者，是也；言其为墙者，亦是也。皆为象之一体也。世人识万物者，莫不类此；世人知万事者，也莫不类此。谁能窥其全豹哉！而又何相辩乎？然世人皆执着一念，头破血流，不亦悲乎！

（壬寅记）

(39)天地四德

夫天地有四德，曰土曰光曰水曰气。万物因之以生。人有四维，曰德曰才曰能曰绩。有之，人类方可向前。无德者犹如无土，无以生根；无才者犹如无光，无以长大；无能者犹如无水，无以成就；无绩者犹如无气，虽生如死。故缺一者为次人，缺二者为残人，缺三者为废人，缺四者为死人。呜呼，可不慎欤？

(40)古深与近浅

昔人赶路乘船,于是赶路成了旅行,路也成了他们的诗路。今人旅行乘车,于是旅行成了赶路,旅途也就催生了我们的浮躁与肤浅。感谢生活,是他让我们有了扔掉诗而捡到浅薄的机会。阿弥陀佛,善哉!

(41)天道、人道

天道与人道的关系,大家争论了两三千年,只是因为没看透的缘故,乃至于各执一端。至六朝玄学才有了貌合神离的一致。其实一开始在尧舜二人那里就已说得透彻了。及至老子,反倒变得拎不清了。他将天道与人道对立分析,误导后人不浅。好不容易到郭象那里才勉强求得了表面的一致,但仍未彻底厘清。

(42)信息壁垒

信息传播领域,视而不见、充耳不闻者谓何?谓“自筑信息壁垒也”。信息乃客观之物,其本身不能主动生发扩散。若个体缺乏主动吸收意识和能力,则会使信息处于屏蔽状态而置“壁垒”之中。如何破之?从个体角度,唯扩张知识储备,拓展认知深度,或增加阅历提升个体信息敏感度。如此,或可解之也。

(43)智勇

智与勇,人之双足耳,折一则仆。然古今智勇双全之人盖寡,余皆碌碌。或勇而少智,谓之莽夫;或智而少勇,谓之懦夫;或少智少勇,谓之暗夫。以智谋私者,谓之奸猾;以勇肥私者,谓之鄙蛮。故智勇双全者,谓之英豪。

(44)人生三境

人生三重境界:任其自然、听其自然、顺其自然。任其自然者,既不知之,也不为之,来则受之,去不追之;听其自然者,虽知之而不为之,来则观之,去则察之;顺其自然者,知而后为,为而不逆,遵天道而不计事功者也。如是,则其族必兴焉。

(45)人生三段

年轻,当于万象中识形,见一叶而知天下秋;中年当于万形中归数,知一可生二,二而生三;老年当由数而绎象,见一而知天下治,闻十而知天下乱。故年轻不知形，则气盛；中年不识数，则谓万事休；老年不知绎，则谓昏聩。孔子云，五十而学易，盖其欲识数耳。

（壬寅十月世民识）

(46)读《文中子》

余不读《文中子》已二十余年矣，今复读之，倍觉亲切也。文中子有弟子房玄龄、杜如晦、李密、陈叔达、魏徵、薛收、杜淹诸人。始悟王通何以不得入《隋书》也。太宗以小人之心，令陈叔达（陈后主之弟）编《隋书》，尽毁杨广；而魏徵为《隋书》总监，也以小人之心，不许其师入《隋书》，盖惧太宗知其与房、杜、陈师兄弟甚密也。故史称太宗大度，魏徵为直臣，实可笑也。彼二人，实二小人也。

(47)兰

不邀色于人，不显身于世，芳香幽谷而不自知。如君子立身于世，但求德行而已。世虽德之，岂其所求哉？

(48)侯史国史

诸侯著史殆周始见；为国著史，至汉方闻。夫《竹书纪年》者，侯史乎？国史乎？

(49)恩与恨

一只白鹭正猎鱼，一只狐狸在偷袭白鹭，而鸟全然不知。渔夫为救白鹭，大吼一声，狐狸吓跑了，而那条鱼也吓跑了。鸟见鱼被吓跑了，恨透了渔夫；狐狸未吃到白鹭，也恨透了渔夫；只有那条鱼很感激渔夫，然而它并不知道渔夫不是为了救它。于是，鱼充满感激地游走了；狐狸躲在草丛伺机向渔夫复仇；白鹭则径直飞去，啄渔夫脑袋。渔夫反复避让，鸟还不依不饶，渔夫忍无可忍，给了它一渔叉，顺手就扔进草丛。狐狸大喜：渔夫为我猎食，遂感念之。此事的教训是：人们常感激的是无意之恩；常痛恨的是有意之恩；易感激的也是有意之恨。老子云，道者，反之动。岂斯之谓欤？

(50)题自己画作《壕上观鱼》

夫庄周与惠施观鱼于壕上，心系知鱼之乐否，岂独与猫之观鱼同哉？庄子观鱼，以物观物也；猫之观鱼，以我观物也。虽同为“看见”，相差岂止千里也。

而众生观物之别，又何异于斯哉？

(51)依仗

世上的东西，有的是依仗，有的不是依仗。并不是所有的人都能拎得清。有的要转化才算依仗；有的则要维护才是；无须维护、转化的，才算真正的依仗。如青春与美貌，不可再生，越用越少，尽情挥霍，结局便是落花流水；要及时转化为其他资源，即使青春与美貌不在，这种资源还在。这是需要转化的依仗。又如财富与生命，维护好了就是富足与安康，挥霍完了，就是潦倒与沦落。这是需要维护的依仗。又如知识与才华，它总在不断地增值。维护也好，挥霍也罢，它都在那里。这是真正的依仗。人要在生活中找到自己真正的依仗；万一没机会，那就要懂得转化与维护。

(52)仁与礼

礼者，仁之表；仁者，礼之里。虽礼者未必有仁，而仁者未尝无礼也。孔子云，克己复礼，天下归仁焉，盖由表及里耳。虽未必治，而天下犹得溉其功也。

(壬寅十月世民识)

(53)小国寡民

老子之小国寡民者，非谓国小民少也，盖其意谓“使其国小”，即简其政、不烦民，垂拱而治，故国虽大而犹小；寡民则谓“使其民寡”，即民虽多而寡欲，同声一气如一人，使大国犹如使一人，故谓之“寡民”。

(54)天才与天窗

我们将人的天分出现时间称为天窗期，而开启天窗之钥，或是时间，或是地点，或是事件，或是场景。罗素说，其著作皆夜梦所见，白天再逐页写出。我相信他的话很诚实。他的天窗开启物就是场景——做梦。但大多数人没这么幸运。因多数人天窗期短，故称之为灵感。天窗期长的，我们称为天才。灵感常有而天才不常有。盖天才者非得其长期之其时、其地、其事件、其场景而不显，终身不得，终身不显；非独天幸，抑亦人谋，罪在师长矣。

第四章　南山寻古

1.九嶷山及永州

昔日，予过湖南一山，莫名心动，问曰："此何山也？"答曰："九嶷。"大哉此山！惜吾不识，舜所终之地也。数千载以来，过者皆莫名心动，此乃人杰而地灵也！

令予莫名心动者，更有永州风物。一入此地，除山之外，时感风物迥异，觉其有凄清之美，形制十分荒怪。询之他人，方知为永州。此亦一异遇也！

2.东至县梅山寺

壬寅(2022)四月初，予访东至梅山寺，发现溪边有石刻字，曰："淳熙辛丑(1181)仲冬，龙舒戴时中君庸过梅山访志南禅师。"再细看，石上还刻诗一首："问讯梅山老，梅开第几枝。传衣来此地，船锡去何时。佛念原无着，宗风自有诗。我来倚高阁，重起白云思。"清宣统《建德县志》记载："戴时中，字君庸，晦翁门人，访志南至梅山寺，有诗，见古迹。""晦翁"即南宋理学家朱熹。

3.汪家矶与"南江"之"牛渚"

池州市贵池区牛头山镇前江工业园码头所在地，古称"汪家矶"。一日，予至，见矶头巨石昂然，江水湍急。再低望，皆洼地，连于江滩。以今之地势揆之，古时乃江中一渚耳。“牛渚首受江在石城县北。”初不解此句，今临矶对江水而顿悟，惑尽解也。故疑此矶或为古之“牛”也。今试断其句：“牛渚首受江，在石城县北。”据考，此石城县为晋元康三年（293）设，在原贵池县木闸乡古城村七房朱，即秋浦河滨；隋开皇九年（589）就地改为秋浦县；开皇十九年（599）再移至殷汇镇仓埠村，即原三国诸葛恪所设之石城。

4.寻春谷故城所感

汉春谷县，指今安徽省芜湖市南陵县青弋江西南部分、繁昌区和铜陵市义安区，直至池州市贵池区清溪河流域濒江部分（含池州市主城区）、青阳县东北部这一大片狭长的沿江区域。

春谷故城何处？据唐人李吉甫《元和郡县图志》，春谷故城在今池州市的范围内；而明清之交的学者顾祖禹的《读史方舆纪要》，称在今繁昌区的赭圻城址。予为寻春谷旧城，十余次奔走各地，感想颇多，随记之于此：“予山行，行于其当行，止于其当止。随行而乐，随遇而安。林尽看村，山尽看水，峰尽看云。往往至绝处而无不赏之；山花湖草、奇峰怪云、幽壑绝壁，无不探之；残砖断瓦、荒村野冢，无不究之。山鹰田鹭、孤鹜双燕，皆欲与之语。予何人哉？植物之友欤？动物之友欤？悼荒村者欤？皆是皆不是，皆赏皆不赏。故常欲有所往而不知其所往，常有所求而不知其所求。吾岂在是与不是之间哉？”

5.晏塘社区莲花村

庚子（2020）十一月，予寻访贵池区乌沙镇晏塘社区莲花村。至江边遇一农夫，七十余岁也，曰：“我年轻时，与叔父同耕一田，一日语我：‘你们将来好，电灯电话，楼上楼下，捧个牌子，随地说话。’今日思之，人人捧一牌子，不就是手机吗？还不止一个号码，一刻不能离手。”慨昔人之先见也。

6.齐山风水

齐山乃池州城城南一文山，其通天洞西南，五代画家陶守立、宋代书法家沈辽与武举华岳、明状元黄观，皆隐居在此读书。四人具体住址，相距在数百步之内。此何地也，而出人如此？今来游，因记。

7.池州先贤仕风

辛丑(2021)九月，读本地方志有感。

吾乡人前贤皆以事功务实为先，故文人不显于词，武将不伐于功。唐有胡楚宾、高宗右史，虽文辞敏捷而无片诗之留，唯《扬州魏法师碑》传世。唐谚云"前有胡楚宾，后有李翰林"，盖其当世与李白相并，惜哉！又有桂仲，武者，平吴元济时为唐州刺史，有萧何不断粮草之功，然其功不见于韩碑。为安南都护数年，保南疆百年无事，其名不显于当时。唯与刘梦得善，梦得为之作祭文，不然，或恐后世无得闻也。池人者，皆此类也。

8.黄宾虹与池州齐山

黄宾虹(1865—1955)，初名元吉，谱名懋质，遂以质名，字朴存，其名号甚多。其生于浙江金华，祖籍安徽歙县西乡潭渡村。

黄宾虹与池州结缘颇深。1915年，歙县人汪律本来到贵池，在城西秋浦河畔的乌渡湖养鱼。黄与汪律本是同乡及友人，因之卜居乌渡湖畔，名其居为池阳湖舍(位于今涓桥镇桂畈村老屋王自然村)。兹后，黄老屡至贵池，或居池阳湖舍，欣赏乌渡湖风光；或下榻池州心街(今孝肃街)吴玉成先生家，携猎枪、相机游于杜坞、齐山间。也是在此时，齐山开始进入他的视野，最终成为他艺术生命中的驿站之一。

(1)爱赏山景欲卜居,遂筑齐山湖舍

黄老遍游齐山,被齐山奇异的山景所吸引,在《池阳齐山图》题跋中写道:“池阳齐山,岩洞、林峦、山村、野店,极盛于三唐。近二百年,游人罕至其处。余拟卜筑,栖宿湖山深邃(处),耕钓自给……”这是他在89岁时所表达的对齐山的怀念。他也确曾筑室于齐山。我们在他的《池阳圩田图》中可以看出:在白沙湖以东有一片圩田(位于今木田姜西南,碧山之南,大学城以西处),大约便是他在《圩田》诗中所提到的西冲姜家了。而齐山咀以东的临水山坡上画着一片房屋,也许就是他所提到的“齐山湖舍”吧(其他的几幅关于齐山湖舍的画作也印证了这一点)。

《齐山湖舍诗二首》(其一):“层叠冈峦万木稠,梅炎一雨爽迎秋。飞湍响急清如泼,平野阴多翠若浮。晚来三尺能添涨,漓水明朝待放舟。”据家伯父吴士衡先生(吴玉成次子)回忆,黄老真正开始有意识地游览齐山的时间是在1933年,故齐山湖舍的建成当在1933年游蜀归来之后。汪律本已于1931年去世,池阳湖舍已毫无乐趣,齐山湖舍建设自然势在必行了。

《齐山湖舍诗二首》(其二):“川津曲曲发兰桡,省识仙源路未遥。数片落花春水上,蓬莱清浅不通潮。”这首诗写的内容正与齐山东之水景相吻合。今存其《齐山湖舍图》一幅,上有题跋“齐山湖舍以李长蘅笔意写之”,也可算是对这首诗的图画注解了。他先后还作有《池州齐山青玉峡》《雨后游齐山》《同苏仰周游齐山》等诗,皆记录的是他在齐山一带的活动,同样也是表达他对齐山的无比热爱。

(2)黄宾虹的齐山文化之旅

黄老卜居齐山还有另一重目的,就是探寻齐山隐士陶守立和沈辽,收集他们的故事,寻找他们的遗迹。

陶守立是与董源等齐名的南唐五大画家之一,擅长人物、山水,一直隐居齐山。黄老为未能找到他的遗迹和遗物而深感遗憾、惋惜,他在《齐山胜景图》题跋中写道:“池阳以画名于时者惟陶守立,诗酒丹青自娱,余游齐山,访其故址不可得。”

沈辽为北宋著名书法家,位列苏、黄、米、蔡之后,熙宁十才子之一。元丰五年(1082)二月隐居齐山,直至元丰八年(1085)二月去世。以诗书自乐,与苏轼、王安石友善。为了表达对沈辽的纪念,黄老用沈辽的《齐山》诗意作《朝云图》并题沈辽《齐山》诗云:"朝云未散白笱陂,落日已过铜陵西。不向人间生皓发,直寻仙客上青溪。"

此外,他对始扬齐山之名的杜牧颇有兴趣,《江涵秋雁》和《齐山秋雁》两画作正是取杜牧《九日齐山登高》诗之意境。

他以齐山山水为师,留下了大量以齐山为题材的画作。他的《池阳齐山》、《齐山》、《齐山纪游》(三幅)、《齐山湖舍》(二幅)、《齐山翠微寺》、《齐山华盖洞》、《齐山泄水桥》、《江涵秋雁》、《齐山秋雁》等画作被收藏至今。在这些作品中,齐山的山水神韵被他诠释得淋漓尽致。

齐山乱石嶙峋,杂树丛生,可谓中国山水画理想的自然范本。石涛以黄山为师,成就了一代宗师的地位,这使一直景仰新安画派的黄宾虹深受启发。他从齐山的石色苔锈中领悟笔墨苍润。其画作中的锐石奇峰,笔线枯而能润,墨色润而不泛。他又从层层杂树中领悟深厚华滋——"石露潭澄树色滋"(《池州晓望》),那浓墨中的一点亮色,正是他从齐山山水中解读出的水墨画真谛。

千百年来,游历过齐山的名人雅士数以千计,但对齐山的自然与人文景观有着深刻理解的人屈指可数,而黄宾虹正是其中的一个。

9.山行日记之一

2008年8月,和几个朋友约好,要去山里走走。可临去的那天,其他人忙于事务,真正动身的只有我和刘君。

此行一个目的是去棠溪曹村寻白笱陂,因为我正在写一篇关于《秋浦歌》十七首的论文,十分想看一看实景,感受那里"千千石楠树,万万女贞林。山山白鹭满,涧涧白猿吟"的诗境。至于探寻我们古老文明如何保护、延续,又因何兴衰,寻找它的蛛丝马迹,进而得到它的解码线索,也是我此行的另一个目的。

(1)刘街行

原想,根据候车情况机动安排行程,如果车走得早,我们就先到黄山岭看一下，再去曹村。决定之后，我们就去站点等车，等了半天，终于等到一辆是去刘街的，司机说也过黄山岭，那就赶早，先去黄山岭。进山的公路是沿溪而修，自然我们的车也就沿溪而行，一路经过了不少贵池的名山，如万罗、江祖、六峰、大楼等山。车过梅街，见到的更是连绵不断的高山，几乎不见人烟，只稀稀拉拉几个人。如果回到李白那个唐代，想必这山里的人会更少。

上午九点钟不到，车子已到黄山岭路口。看看时间还早，就问司机到刘街要多久，他说："大约二三十分钟。"于是和刘君商议，决定先去刘街再说，因为那里我们也没有去过。山道不宽，但车行并不慢。路上依旧人烟稀少，也没有什么人下车，只在"荡里姚"下了两个，上了一个，便径直开到刘街。入街口处有棵老枫树，斜着身子，树荫遮了半边路。

这个地方原是刘街乡政府的所在地，后来撤乡并镇，刘街乡合并到邻近的梅街镇。

沿路的是一些商铺，如五金店、百货店，还有邮政局与电信营业厅，可以依稀看到一点昔日繁华的影子。街上没有什么行人，店铺也很冷清，偶尔见几辆装满矿石的大货车。四周是山，重重叠叠，这一切使你感觉仿佛到了一个边境小镇。刘君说："疏篱新菊一枝黄，乱山丛中过重阳。"是的，过去一个深山里的小县衙，也许就是这般情景。所谓的街区就是沿路的两排房子加上中间的公路构成，公路兼街，这是许多简陋小镇的通例，如同腔肠动物，一根肠子直通到底。路南边的房子靠山，满山青碧，全是树。山很陡，山里人家的后院直抵山根。穿过屋弄，走到后院去看，山脚有几处窄条状的小菜地，栽着辣椒、南瓜、冬瓜之类。一户人家的墙上还爬满了薜荔藤，青翠一片。树下红黄相杂地开了一片花，丛碧之中，十分醒目，像是石蒜。近处看，果真是的。石蒜多是野生的，花以红色的居多，如浅红、深红，盛开是在入秋的时候。这些黄色的石蒜花，我倒是第一次见到。

我们一边照相，一边说话，忽然从一家后院里走出一个人来，四十来岁，带着微笑。我们招呼了一下，递给他一支烟，聊了几句。他也很客气地招呼我们去屋里坐。见他院里有棵死树桩，便问："你也搞盆景吗？""不大搞。这是紫薇，死了。以前我在那里还挖了一棵这么粗的。"他用手指一指近处的树桩，又双手做拥抱状，看样子有火桶粗。接着他指着山腰说：“那里也有1棵，现在山封了，不给弄。”又指指庭角的1棵碗口粗的树说：“这是杜仲，栽的，有些年头了。”最后说：“屋里坐，屋里坐。”他家的客厅很大，摆了几张桌子，墙边堆了几层啤酒瓶，这才知道，他是个饭店老板。他很客气地为我们斟上茶，很困惑地问我们：“你们是来找矿的吧？”我们很老实地说：“来玩的。”他很迟疑地“哦”了一声。我很理解他的困惑——这时虽过立秋，但却仍在三伏，这样的热天，若非谋利，谁肯出来呢？我又递了支烟，他点上了，说了一些他家的情况，小儿子今年高考，考得不理想，只上个专科，但他很懂事，不愿再补习了，两个女儿都上班了。“大女儿在移动公司上班。”他朝屋外街上指了指，又很自豪地将这话重复了一遍。

很快，他又回到找矿的话题，“老早，队里叫我领头开矿，我带几个人去开，一钢钎打下去，拔不出来！”

我很冒失地问了一句：“钎子怎么打那么深？”

“不是深，是吸住了。那是磁铁矿，品位相当高。”他接着说：“去年我介绍一个浙江老板，买了这里的一个矿，现在他一年就要赚一百万。我给他推荐一个当地人帮他维持，他一年就给十几万的工资。没有人维持，当地人也不让他继续开。”

我一面点头称是，一面转移着话题：“这里现在可还有些珍稀动物？”

“豹子、麂子，什么都有。还有鹇鸟，那漂亮得不得了。一来一大帮，雪白的，铜嘴铜脚，我没有看过那么好看的鸟。”

我知道讲的是白鹇，就问他：“它们吃什么？”

“吃野果子。我这屋后头都看到过。”他答着，忽而问我，“还有那个天昂潽。那就是眼镜蛇？”

“是的，那是眼镜蛇。头扁扁的，喜欢对人脸上喷毒汁。”我答道。

他有些兴奋：“是是是。我父亲有一次在水边砍草，遇到过这种蛇。一下子喷到他的眼睛里去，辣得要死，赶紧把头浸到水里洗。要不是凑巧在水边，眼睛肯定瞎了。这后里还有一条大蛇，盘起来有团箕那么大(近两个平方——笔者注)，我也望见一回，现在那里已经不准人去砍柴了。”

我拿出地图，看了一下，这里离九华山很近，便问他从哪条路可去。他说："从长垄村，几十里路。我前两年跟人一道从后山去过一回九华山，那里好玩。还有一座古庙，现在还剩两根石柱顶着一根横梁，那根石梁有这边到路那边那么长（他指着街道的宽），又粗，不知怎么弄上山的。过去说堆土做宝塔，做一层宝塔堆一层土，一层层堆上去。做好了，再把土挖掉。那里还有一个大地下室。

不知怎么又扯到他屋后的山，他略有神秘地说："这些山都是封的，不给动的。你可晓得那都是什么树？青檀皮。"我知道青檀皮是造宣纸的原料，但我一直闻其名不识其树，就忙请他带我们去认一下。

"哦，这就是青檀皮。"原来我们那里也有这种树，就是不知它叫青檀皮！因为烧火无焰，人们也不砍它，连当柴的资格也没有。回来的路上，刘君告诉我干木筋（与合欢树相类，只是叶子大七八倍）的遭遇也是这样：砍柴的人都不要它，木匠也是看它耐腐烂的份上，才用它做猪食盆。即使烧炭，也属劣质炭，卖不上价；但它无烟，打金银首饰则用此炭。没想到这些人人唾弃的"无用之树"，却是这样不可替代。

最后，我们走走聊聊，时间过得很快，我心里始终牵挂着此行的主要目的，说要去曹村，看看有什么李白的遗迹没有。他说了一句："听民间传说，李白有个妹子嫁在曹村，不知可真的？"这着实吓我一跳，民间传言总是不着边际。

我们谢了主人，出街口，再下公路，走几十步，到溪边照了一张单人照。背后的溪光，一半为翠树水影，一半便是白云天照。群山倒映溪中，亦真亦幻。现在回想起来，我对刘街的印象也就如此。

(2)寻找"荡里姚"

出了刘街，走了一段路，忽见一条岔路通向溪边，隔岸有座房子，还有亭阁一样的东西，有些异样，便过了桥。走近一看，原是一座庙，写着"青山庙"。我们没有烧香，只好站在门外作了几揖，便转到庙旁小山坡上的一个亭子里去了。这是竹亭，从瓦到柱全由竹子做成，竹子已变色，看来有些年头了。周围长着翠绿的栗柴和淡青的野水竹，很有几分诗情画意。最奇的是亭子边上还有一棵两人多高的松树，因为是沙子岗，长得十分苍老。在这里我们休憩了几分钟，望着亭下的溪水，蓝汪汪的，有几分可爱。墨绿的溪树与近水相连，远山层层叠叠，愈远愈淡。拍了两张风景照，竹亭、苍松、清溪、白云、青山，远近高低，参差错落，十分和谐，既有深度的空间层次，又有丰富的色彩层次。此情此景此地，俱不可常遇到也。

继续去寻“荡里姚”，路上遇上一位大娘，问她“荡里姚”在哪里？她顺手一指，“那里，一直往前走。”我怕她耳背听错了，但已不好意思再问。我们前走几步，又问了一个人，那人道：“这条路到‘青山姚’，你们走错了。回公路，往前走几里就到了。”

回到公路，继续刚才的路，转了个弯，公路一直向山嘴延伸。就在弯里我们遇到一家小店，这是一个岔路口，四周没有看见人家。左手一条路通向山里，大约不远处有人家。右手是一道桥，正接着我们将要去的山嘴。桥下的溪是随着左手的路一起过来，注入青溪（浒溪）的。

看见屋外有一个自来水龙头，我们便问道：“这水是河里还是山上的？”那个买啤酒的男人说：“是河里的。”忽然又传出一个女店主的声音：“是山上的，干净的，能喝。”那男的说：“你就说是河里的，多卖两瓶矿泉水不好些？”那女的说：“矿泉水搁在这里又不是卖不掉，要骗人干什么？”听着这样的对话，我感到欣慰，古老文明的文脉还在这深山里续传着，孔子说“礼失求诸野”，大概也含有这种意思吧。喝饱了甘爽的山泉，我们又灌满了瓶子，向前出发了。

公路向前伸展着，可是未到山嘴，忽然从山腰中间就截过去了。这地方可好，路两边的峭壁长满了马尾松，遮天蔽日的，山风阵阵，凉爽得让人想瞌睡，坐在这里休息，真的不想走。脱下湿透的衣服，拧干了，挂在树枝上晾着。刘君带了几个馒头，分给我两个，我们边吃边喝，一边乘凉一边聊天。长长的山谷里除了偶尔有一辆车驰过外，只有几声鸟鸣和松荫下的蟋蟀声。

衣服还没有太干，便赤膊，两手举着衣，迎着风向山下走。

在山中行路，常常是“一山放出一山拦”。下了山脚，对面又是一座高山，满山树木，郁郁葱葱。山间一条涧水，在桥上看，沙水映日，水光透亮，有些小鱼在水里游。桥下有人洗东西，一问才知道这里还不是姚街，这条河也不是叫楼华河。不过这一带已有些人家，路在山脚下，也不用爬山了。

又走了一段路,发现路右边有一村庄,还很大。村外是大片的绿田。走进村,还有一条直直的街道,人家都整齐地立在路两旁。从街道地面不时能看到古老的建筑遗物,麻石条、青石板、旧青砖之类。路边还有不少很有些年份的老房子。我们很兴奋,这里定是姚街了。一户人家的凌霄花开得正旺,半边院墙都是。刘君说这是第一次见到凌霄,照了两个特写。

既然找到了就不急,先到村外去看看已失踪了一个多小时的涝溪再说。可刚一到村头,我们立即被一条水渠吸引了。两尺宽的水渠是用水泥做的,极为齐整,没有任何敷衍的地方。这条渠延伸隐没在绿秧之中,还不知道有多长!这是怎样心齐的村庄,是怎样精细的人们!中国人做事大多是"大不方,小不圆",能将就则将就,得过且过,这样精细是第一次见到,而且是在深山里!渠水澄澈似玉,掬几把洗洗脸,久别的童年记忆在这样的刺激中一下子活了!这是地道的山野气息!一个村民走过来,刘君递上一支烟,我说:"这水真好!"他点着烟,悠然地说:"是从冷水窝来的,我们从那里修渠接水。"我望着他指的方向,很想把这条渠走完。接下来,他说的让我有些兴奋又有些失望:"我们这里叫黄家村。"他的话印证了我们在村中所见的一切。只是我们还要继续赶路。我们决定沿这条渠走到上面的公路上去。渠果然是一丝不苟地修到公路边,最后在公路的路基下隐没了,我们没有找到水源——冷水窝。

我们倒是在前面隔了很远一段路的地方,发现一方小塘,不过就是分把田大,但出水量大得惊人,跟一台中型水泵出水量差不多。不知道水有多深,水蓝得如铜绿一般。也不知道这些水来源何处,它是不是就叫冷水窝?

翻过一道岭,真的看见姚街了。公路边一个小店,名曰"荡里第一家",我们来时已在车上见到过。站在这里向下一望,一个大畈,绿油油的,全是稻田,涝溪从中间蜿蜒而过。姚街地形呈船状,中间宽、两头窄。但它的中部突然横亘出一狭长的小山脉,姚街人称为"来龙山",如同一条船的舱中横着的隔板,将船断为两截,只有隔板的北端留有一个小缺口,涝溪便从这里挤了过去。如果出现洪水,缺口堵塞,那么上游这半截立即便成泽国水乡了。下半截的船尖处叫老虎嘴,一条山溪与涝溪在这里相会,地势也极为狭窄。每当洪水时,山溪截住出口,涝溪内涨,自然成湖。不过这大半截的河滩多是荒草乱石,淹了也不要紧。现在的问题是:是一截叫“荡里”,还是两截都叫“荡里”?姚街人家聚集下半截,背靠来龙小山,根据这些来看,似乎下半截叫“荡里”。

最有意思的是这“来龙山”,我印象极深。我看过很多人所说的“来龙”,说来说去都不像,独有这座山,真的有那么一点“来龙”的架势。它从南山发势,直扑大畈,横断涔溪,气势非凡。大概因为是姚家的风水宝地,满山的树木也茂密旺盛,可称之佳气葱葱。随后延伸的是一列平岗,没有峰头。岗头建着姚街小学,下临涔溪。站在这里,如立盆底,四围层峦叠嶂,山色苍翠逼人。再看畈中的涔溪,水明如镜。

我们在刘街时就听说这里有蛇,所以下“来龙山”时格外小心。我们走进村庄,首先便是找姚氏宗祠,在里面可以研究傩戏。因为傩戏与宗族祭祀有关,而宗族祭祀就是在宗祠举行的。姚街村的傩戏得以传承,缘于姚氏家族强大的财力、人力。傩戏随着家族的延续而延续,是宗族兴旺的一个标志。姚街村有完好齐全的道具,还有一班演出人马,这几年搞得很红火。

我俩到了祠堂前,发现门是关的,好在门缝还宽,看到里面陈列了许多傩戏的道具,于是把相机伸进去拍了两张照片,画面效果还不错。这时走过来一位村民,手里拎着一个矿泉水瓶,但那里装的好像是茶,他见我们四下张望,朝我们问:“可漂流?”

接着他又说:“我是划橡皮船的,跟我去看看。”于是跟他到了溪边,果然有几只艇子。这里是起点,终点是梅街。现在虽处盛夏,但一直没有下雨,水位不好,是淡季,一个游客只要五六十元。我有些心动,但我们要寻楼华河和黄山岭,还有曹村,没时间跟他们一起漂到梅街去。经过激烈的思想斗争,我们还是拒绝了漂流。

我看到有五六个游客已上到一个艇子上,那个拿矿泉水瓶装茶的人也立即上了另一只艇子。那些游客是妇女和小孩,大概没有划船的经验,艇子被划得直转。那人下了自己的艇子,把她们的艇子拖到水流处,好让她们顺流而去。

我们观察一下四周环境,这边景物倒也不错,一面是荒滩乱石,一面是石壁峥嵘,老树嵯峨,清流碧潭横贯其间,有几分耐看。楼华河据说就是源自“老虎嘴”的那条山溪,我们决定沿着河滩走下去,再涉水到老虎嘴那边。溪边有些杂树，没路，攀枝条而行，如猿猴一般，几次失足落水。后来索性也不攀枝条了，穿着皮鞋就在浅水里走起来，也十分快活。渐近老虎嘴，水面开阔，深沉，有些潭的模样，幸好那划艇子的跟着几个小孩子的艇子，磨磨蹭蹭，还在这里。我便试着喊了一声："师傅，麻烦带我们过去一下，行不行?"他也没有说什么，就划过艇子，我们上了船。这时，我才注意到这潭水不浅，深碧潭水，看不到底。如果说这一带曾是古代的虾湖，那么这个潭可能是唯一遗存的真迹了。

看着师傅在那里悠然划着船，我问道："这里有鱼吗?"

"有鱼，原来还有大鱼，后来由于人为破坏，现在只剩些小鱼了。"他答道。

我又问他："工资多少?"

他说："只有几百块。这个漂流是外地老板来搞的，钱都被他们赚去了。我们是卖苦力的，好在不要出远门。"

是的，在家门口用苦力得不到多少回报，不知是苦是甜，他恐怕也说不上来，不过看上去，他也有点知足。他将我们送到老虎嘴楼华河口，我们道谢，他说："不用谢。"就去赶那几只艇子去了。

他人走了，但那茶瓶的影子总在我眼前晃动，直到现在，我似乎还看见这只茶瓶在晃动。

(3)初访黄山岭

我们在老虎嘴楼华河口下了漂流的艇子，在那里我们还拍了两张照片。河口并不宽，行一只小船应该没有问题，但山区过去用船的少，放筏子的多。因山溪运物，多利用丰水期，而丰水期多山洪，水流湍急，难免碰碰撞撞。行船易破沉，而筏子均由粗毛竹或树木捆扎，既耐碰撞，也无破沉之忧。这样的山溪里，洪水时节，放几张筏子，应不在话下。我们溯溪而上，溪水流淌的山间甚为平阔，坡势舒缓，乡民们留了一条溪道，余下都作为农田，插满中稻，长势健旺。

从楼华河口上行，我们爬上公路，走了里把路，看见两个女孩站在路旁，样子好像在等车，又看那路边有一栋房子。我们问了女孩去黄山岭怎么走，她指了那房子旁边的树，说路在那里。又见一辆货车从那里拐过去，心中十分高兴。我对刘君说："先到小店买点水喝。"我们向那房子奔过去，到了边上一看，什么小店？原来是一座空房，连门窗都没有了。在公路口我想起了这就是早上司机叫我们下的地方，确证女孩所指方向是去黄山岭的。

我俩沿公路而行。公路是沿山脚修的，路旁还是新鲜的黄土，不知是哪位精明而勤劳的人在这上面撒了些芝麻种子。芝麻喜爱新翻之土，长得茂盛。这是条新修的公路，柏油铺得还蛮实在，黑亮亮的。楼华河在那边的山脚，中间隔有稻田，但溪水嚁嚁的响声，依旧不绝于耳。日斜影长，满山松翠。山间公路平展而蜿蜒，溪声也伴人而行。走了很长一段路，实在是走累了，想搭个便车，拦了几辆货车都不停。又感到渴了，于是找到一处高于稻田的泉流，每人捧了几捧，喝了，也洗了脸。我们索性在此地小憩一下，取下帽子，当扇子扇起来。这时忽见路上过来一辆客车，如遇救星，慌忙招呼，那车减速欲停。我们一路狂奔，生怕它开走了，也不问三七二十一就爬上去。车开之后，卖票的问“去哪里？”我答道：“去棠溪曹村，停吧？”她说：“停。”我又问：“你们车子终点在哪里？”“石门。”司机说。“下午三点半左右，有没有车回贵池？”我问司机。司机说：“可能没有了，不过到时我帮拦一辆运矿石的车。”我连说谢谢。

刘君没有去过石门，我就跟刘君说：“你是不是下午回去还有事？要是没有事，我们就去石门。”刘君说：“也没有什么事，去就去。”我又问那司机：“里面有歇的地方吗？”“有旅社，10块钱一晚上。”司机说。于是我们定下来，去石门住一夜，第二天早上再返回曹村。

正说着话，车子爬坡了，他们说这就是黄山岭。车窗外的山体，满目疮痍。这不就是那个有名的黄山岭吗？李白当年闻歌黄山岭，他唱道：“我宿黄山碧溪月，听之却罢松间琴。”他还写雨中的黄山：“白雨映寒山，森森似银竹”。可见，那时虽然也是开矿，但究竟还是绿树一片。

这里随处可见矿山机械、矿石。拉矿石的车，来来往往。岭，早已被削去一半。岭下有一些密集的房子，那大概是黄山岭铅锌矿的房子了。现在矿山已改制，矿主已易，不再姓公，但那些房子可能还住着些旧日老矿工。下山时又见几处开膛破肚的山。车已平稳行进了，路右边依然是山，左边却是一个不小的山间平畈，一条山溪，从畈中流过，溪那边山坡上点缀着几处村庄。据我们经验，这条溪要比楼华河宽而且水量又大，好行船。溪是流向龙舒河的，李白当年如果在水车岭或白笴陂炼丹，在此岭上采铅，沿此河而行，应极为便利。

李白初到水车岭时，可能还是个大佬，身上有几个钞，不用亲涉山川，而是买现成的矿石。及至后来潦倒，却又改址到大楼山去炼丹了，故不得不去楼华河。如果走龙舒河，则到了大楼山的西边，还要翻山越岭，且无水路可凭，只能肩挑手扛，比走楼华河还麻烦。楼华河还可放筏子，直抵大楼山。

正在想着，坐在隔壁的中年人问道："你们是去找矿的吧？""是的，我们是在找古代找矿人的行踪，也算作找矿的吧。"

田畈的尽头便是龙舒河，河面甚宽，刚才的那条溪就流入了这条河。车子在这里转了一个急弯，又溯龙舒河而行了，很快到了棠溪街。这里和刘街一样，也是将公路当街道，一边一排房子。街上行人倒不少，可能因为是乡政府所在地，财气人气都要旺一些。

在棠溪街，有几个人下车，刘君也下去买水去了，我坐在那里看包，坐在我身边的那人也下去了。忽然，卖票的喊那人："你掉钱没有？这100元是不是你的？"她一边从我的座位边捡起一张百元钞。那人说："没有掉钱。"我也下意识地摸了一下口袋，对她说："那是我的。"她也不盘问，当即还了我，我赶紧谢谢她。这是我刚才上车买车票时，摸漏了。身上只带这100元加上一点零头，要是弄丢了，到石门住旅社说不定还要出笑话。我以前没有丢过钱，这是第一次。她这样慷慨自若的神情，我也是第一次遇见。

黄山岭算是已经过了，所谓初访，充其量也只是乘车路过，并没有用脚丈量过来的。惭愧！

(4)夜宿石门

刘君买了两瓶水上车，递给我一瓶，拧开盖，我一下子喝了一半。这时又上来一个60岁光景的老人，个子矮小，倒十分精神。他一屁股坐在我身边，看看我，问道："到哪里去？"

"去石门。"我说。

他又问："做什么？"

我说："去看看。"他长长地"哦"了一声。但他很快又说："那里好玩。"

车子傍龙舒而行，一路上高山连绵不绝，我不停地问了他一些山名，大部分他都能叫得出名字，问他名字的缘由，他摇摇头说不知道。

车子好像进入曹村至百安的一段路，四年前春三月我去过石门高一趟，所以这条路还依稀有些记得。那次，我一边坐车一边看山，忽然我发现这一带漫山遍野都是石楠树，我惊得说不出话来。我对石楠非常熟悉。春天的石楠有个特殊的标记——红叶心，石楠刚发的嫩叶都是红的，所以很容易辨认。看着这大片的石楠，想着李白“千千石楠树”的句子，真是“千千”棵都不止！人们都认为李白喜欢夸张，不知李白却是如此写实。那些坐在书斋从不出门的人，怎么知道大自然有如此奇景呢？

这次是初秋，满山一片青翠，辨别不出。请教那老人，这里石楠树多不多，他说：“不算多。百安那里整座山尽是。现在已封了，要保护。”棠溪这一带过去一直就是以生产石楠筷子而闻名，石楠怎能不多呢？我又问他：“这树能不能烧炭？”他说：“这树长不大，一把粗，烧不成炭。”

车子到了石门的山口，有一条岔路通向另一个山口，老人在这里下了车。车又开动了，不一会儿停下来，售票员说“到了”。这使我很纳闷，怎么不知不觉地就到了山口又进了村呢？上次入山口时那轰然如雷的溪声哪里去了？我是长那么大第一次碰上那摄人心魄的溪声的。心里带着困惑，住进了一家姓王的老夫妻开的旅社。所谓旅社，其实是住家，加两张床铺，添几台风扇而已。儿女都进了城，房子闲着也是白闲着。院子齐整干净。台阶两边各栽了一棵石榴，已经挂了几个果。放了行李，带了相机，趁太阳没有落山，到村里转转。

村子里较大的建筑，一是高氏祠堂，另一是“实业厅”。祠堂是真七进假九进。“实业厅”乃是一座并未完工的大宅，是民国时期曾做过厅长的高炳麟出资修建，由其弟主持监造。因各抱私心，兄弟阋于墙，乃兄就不再给钱。虽然是半拉子工程，但外观已造好，仍旧气势不凡。楼层为木板相拼而成，楼上环依外墙，建造着一个个独立的小木屋，如同今日街头的报亭子，那大约是作卧室用。楼上光线不太好。我不知道旧时大家族的房子是不是都是这样。因这一室响动，他室皆知，这种环境，就极易产生那种后果。当然，我这种说法也失之片面，因为建筑之如此，可能还寓含着先民们的暗室生财的意愿。关于这两栋房子其他情况，前人之述备矣，不再多说。由于这栋房子以前都去过，也不再去了。

我们就在村里乱走，先去看看那棵老银杏。我四年前来的时候，已是只剩半截，据说是被雷打断，后又遭了一场火，只有大半边是活的，这次看这半边仿佛又少了一点。根据这银杏的树围估计，其年龄不下于六七百岁，而且是棵公银杏。它是笔直的干，有着雄赳赳的气象。倘若母银杏，总在很低的地方就发枝，个子矮，就不会这般，且也少有灭顶之灾。这棵树虽然上了年纪，又遭天灾人祸，但仍老兴勃发，没有烧焦的地方依旧青枝绿叶，茂盛不减当年。溪边地头我们还见过一棵粗大的白玉兰，如比作人，也差不多到了老翁的年龄了，在方圆数百里内，还是罕见的。

我再往溪边去寻那棵皂荚树，上次来时已有合抱粗了。溪边有一群人正在那里垒石头，溪中还停了一台挖掘机。这些几百斤重的大卵石，都是被洪水从山上冲下来的，互相碰撞，再加上流水洗刷，已是滚瓜溜圆。它们检阅这世界已成百上千年了，如今都被叠在一起，有人往那缝中灌水泥。问他们做什么，答曰修路。这条路已占去了半边溪。从这往山里面只有一些薄田，再往里也只有老山脚下几户人家。“不是已经有条拖拉机路通里面了吗？又修这么结实的路干什么？”我很好奇地发了一问。有个人语气冲冲地说：“修收割机路。什么年代了？不能叫我们总是抬斛柜去打稻吧？”是的，用斛柜打稻，现在已算是仿古表演了。

斛柜外观四方形，顶部敞口斗状，它是一种古老的打稻工具。打稻时四人各站一角，双手握稻把，狠狠往柜板上抽打。打完一片，四人各拉一角的把手向前拖。斛柜来回扛，没有两个蛮劳力，还不行。但20世纪70年代以来，它渐渐被脚踩的小打稻机代替。这种打稻机，卸下轮子，两个妇女就能扛得起。90年代又出现小柴油机、小电动机作动力的打稻机，也很方便。望着那旧路，我很难相信他们还用斛柜。

我们继续去寻那棵树。就在新路的土坎边，我们发现一个大树桩，锯口还是白的，锯末也在上面，看来这棵树被放倒最多也不会超过两三天。我们也没有见到锯倒的树干。这么粗的皂荚树是做上等砧板的好材料。这棵树干很快消失，不能不让人怀疑伐树的真实意图。这棵皂荚树在60岁以上。溪中被大自然布局得错落有致的白石不见了,土坎上的树也被砍光了。我很后悔来到溪边,因为我曾见过她的美丽,我怎忍心见她的毁灭!

我们掉头就走了,一直往里走,还好这上游依旧还是白石累累,满溪都是。溪水在石罅间流,有的地方溪水下注成微潭,夕阳还照在晴沙绿水之中,有一种说不出的快乐。赤足放入溪中,感觉一下石的光滑、沙的细腻,山风吹来,忽想起韩愈“当流赤足蹋涧石,水声激激风吹衣”的句子来。

①石门里的老山。

说起水声,却到处都是。虽然已久不下雨了,这里的田每一个缺口都泉流奔泄,潺潺有声。风声与溪声杂在一起,互壮声势。一路上可以不时地看见田头有巨大的石块,光秃秃的,往上一躺,舒服之极。这些绿色的稻田,一直延伸到山凹里边那高峻极天的老山脚下。远远地望去,那里竟也有十来户人家。白墙青瓦,依山坐落。这才五点的光景,那里已有些昏暗了。因为太阳已到了山那边去了。我们对着村庄拍了几张照。山风渐紧,已有些凉意。我们回到了旅店,将就吃了一顿饭。天还没有太黑,打算去山口,把来路再重温一下:入山便过溪,有座溪桥,再往前走约200米便是山嘴了,那是传世的桃花坞石刻的所在。路旁立了一块石碑是对桃花坞进行介绍的文字。那个年头,能立一块碑表明对石刻的保护,已是很不容易了,这里还不知凝聚几许文化人无名的贡献,要写成一篇碑记,兴许情节还有些曲折生动呢,你信不信?特殊年代,还有16支开采队在齐山开山炸石。他们可是为了革命才来炸齐山的哟。岳飞说:“还我河山。”但那时河山凭武力还可以争回来,然而今日,我们说“还我河山”时,河山在哪里?曾日月之几何,而江山不可复识也。你能说什么呢?你又能做什么呢?

沿着山边再往前就是石门村头了,再走百把步,右手边是我们投宿处,左手边是小店,这就是我们的来路。现在我们带上旅社主人给我看的一本书,出了旅社的门,径直去小店,买点东西。这里人口多,离城远,而这个店里的货品比别处丰富,店主人又是个精明而健谈的人,看来生意比较兴旺。这时店主人打开话匣子:“我们石门是个好地方,人口盛的时候有一万多人,号称‘小南京’。我们这里原来有好几座庙,香火盛得不得了。对面那山上有座大庙,那老和尚说:‘早上要去池州府买豆腐来才吃早饭。’你开玩笑,这里离池州多少路？坐车子要好几个小时,那时没有车子,就两个脚,少不了来往要一两天。早上去怎么就得回来？这是富得发癫的话。现在这些庙都没有了!”正说着,忽然下起雨来,还很急。村前面去不了,索性坐在这里夜谈算了。我问道:“这里有多少人?”“1000多人。”他叹一口气说,“复杂得很,有人想搞旅游,做了一些事,其他的人都嫉妒,合伙把他弄下去了。他是真心想做事的。现在有些人,什么都不懂,胡搞。”

我又问起下午河边修路的事,他说:“那些都是原生态的东西,动不得呀!动了就还不了原。听说还把石床挪了位子。”一位顾客说:“从河这边移到河那边去了。”店主说:“那是原生态的东西,不能动的,动了,就不是那么回事了。”我知道每个大姓村庄或多或少有点复杂,他们每做一件事,在别人看来只会对自己不利。现在大家都能作主,为什么不反其道而行之呢？你赞成的我偏要反对,为什么？不为什么。就因为这个赞成是出自你口。管你好坏,我都反对。现在对溪边的一群人你能说什么？砍倒一棵树,毁坏一段溪,也许它的渊源要上溯几代前就已累积的恩怨。比较起来,这个代价已不是太大了。

店主人继续阐发他的“原生态”理论。他说:“原生态的就是美的。旧年,有个上海人到这里来,他说他就喜欢在这后面山塘里钓鱼。那个红枫林,那个山间草地,那上百条黄牛在吃草,城市里看不到,别的地方也难看到,那就是美。我们那山上的田,现在都不种了,抛荒养草,牛一放,都自动去那里了,晚上也不回来。80多头牛,都在一起,也好看啊。你现在到三十六岗看看,说不定它们还在吃草呢。”过一会儿,他继续说:“我们那老山上有许多古树呀。”他从抽屉里拿出一本书。正巧来了一个人,他忙招呼生意去了。我知道他讲的老山就是我们下午望见的那个村庄背后的那座大山,山上是原始森林。听说好几年前,有人在山里捉山鸡(一种青蛙,生活在山溪,大的有半斤重),夜里和一条蟒蛇打了一架,第二天,两个都倒在水边死了。这大约也算是人与自然较量的一种结局吧。店主人刚拿出的书,我腋下也夹了一本,是丁育民先生写的。像丁老这种一辈子为池州文化奔走不息的人,在当今浮躁的世风中,不是绝无仅有,至少也是稀奇罕见了。

店主人卖了东西又坐回来,指着书说:"这上面就有。有一种树,据说全世界这么大的树只有两棵,一棵在我们这里,一棵在中国台湾。这个要做好宣传。滴水岩那边还有条大蛇,经常出洞晒太阳。那个洞前有块空场,它就盘在那里。附近的人都被通知了,一个人不许随便上山。这也是个宝。再比喻有些好故事也要让人知道。白沙岭有个故事说:从前一个穷人在岭头卖酒,金地藏正好路过,看见他生意冷清,便大发慈悲,有心要照顾他,就对他说:'你这后头不是有口井吗?那井里就是酒,不用酿酒,浪费粮食,直接从井里打酒不更好?'以后那人卖酒就直接从井里打酒卖了。过了一段时间,菩萨路过酒店,又关切地问他生意,他还是愁眉苦脸地说:'酒是好,可惜没有酒糟喂猪了。'菩萨听后叹一口气,说:'天高不为高,人心比天高。井水当酒卖,还嫌猪无糟。'后来,那井水又复了原。不过,现在你过白沙岭,再尝那口井水,确实还有点酒香。"

我们又问他,为什么要修白沙岭那条路。他说:"过去,我们这里的东西要变现,离池州府太远,只有到陵阳、祁门去卖。白沙岭这条路通陵阳,西边老山还有一条路,通石台七井,再到祁门、徽州。""都卖哪些东西?"我问。他说:"猪肉、木炭。"石门的火腿算是地道的土特产了。冬季杀猪,腌火腿,有的加八角、五香等香料,也有不加的。腌好了,就放在墙头上晒,如同晒鞋,没事就拿出来晒。这种火腿,一年四季都不坏。

这时雨停了,我们走出来。路灯已经亮了。除了集镇,村庄有路灯,这是我见到的第一个。乡村里做事总是很难,一则是人心难以凑齐,尤其是大村庄,五颜六色的,什么人都有;二则是手头没钱。要是做别人没做过的事就更难了,非得有超过常人的魄力和办法才行。我很敬佩这些修路灯的人。

我们沿着山边走着,静听着流水的哗哗声。四年前,那雷鸣般的溪声,现在没有了。我们有点败兴,便不再往前走,信步拐下溪边。脱下褂子,招着水,抹了抹身上。褂子很有些气味,想洗一洗,又怕山里夜里太凉,不得干,只得忍着披在身上,回到旅社,光着膀子睡在床上。我们决定明天早上六点钟出发,从这里走出去,先看一段山景再说。他们车子要到七点多才从这里动身。等车子赶上我们,再搭一截到曹村。

②正在消失的溪声。

以前你去石门，只要你的车一到山口，你会立刻被路边轰然如雷的溪声所震住。但现在这种撼人心魄的溪声没有了！只听到一些小溪的哗哗声。原来溪中的那些小则数百斤、大则上吨重的密密的大卵石不见了！

过去溪声如雷，正是溪流在这些巨大的卵石之间冲流激荡而成。如今这些巨石被挖起填路去了。

不独是村口的这段河如此，村中的一段河也遭厄运：巨石被挖起，古树被砍倒，还占用河道修了一条路。

正是这些巨大的白色卵石给当年的李白以深刻的印象，使他动情地写出了“桃花春水生，白石今出没”的诗句。如今“白石”正在消失！溪声正在消失！

救救它们吧！

（2008年8月15日记）

10.山行日记之二

(1)山中早晨

第二天早上5点40时，我就醒了。推窗向外一望，青灰色的黎明中，对面山间的云雾已飘出来了。野鸟乱鸣，细听林间，有歌声婉转的画眉，啼声粗哑的伯劳，也有啁啁啾啾的山雀，一时间山谷还很热闹。我也吟了几句：“虚枕溪声渐，群山鸟乱啼。”“推窗山吐雾，高树隐霞天。”

晨曦中，我们出了门，前往桃花坞石刻，这是李白在秋浦留下的重要遗迹。据旧方志记载，桃花坞，唐高霁所筑，是李白、高霁同游处。这桃花坞的房子恐怕是高霁用来招待客人或偶尔下山居住的地方，很有可能在这里处理一些庄园上的事务。高霁大多的时间是待在老山尖上的春台岩，《江南通志》说：“石门山……上有青尖，唐高霁隐居之地，春台岩，高霁所筑。”春台岩也是个炼丹的好地方，李白怀念至深，他后来在流放夜郎的时候，还写诗想念道：“不知旧行径，初拳几枝蕨。”

桃花坞石刻在清初还有16个字，现几乎看不清，只有“桃花坞”这几个字还可以勉强认出，传说这些字是李白写的。凭印象，石刻应该在山坡地头，但在这里都荒芜了，长满了草木，上面的露水潮湿了我们的裤子和鞋。最后，我们在杂树丛里找到了这块碑刻，3个字已用红漆描过，清楚好认。前不久安徽电视台和北京师范大学康震教授做《李白在安徽》这个节目，来过这里，也许是沾他们的光，是他们打了个前站。碑有一人高，四五尺宽。对着这块碑，我们伫立良久。四周静悄悄的，这氛围倒真的让人生出几分凭吊的意思来。然而空静之中，忽闻得细微的淅沥声，仔细一看，左边数步之外，竟有一脉山泉在山涧里流淌。细微而悠远的溪声，好像在轻轻地倾诉着这宇宙洪荒历史似的。这时已朝霞满天，林间依然是白露团团，我们拍下碑照后，又匆匆地出发了。

我们追寻着龙舒河，来到这“一夫当关，万夫莫开”的山口。两山对峙，相间数十米，悬崖峭壁，十分险隘，这里曾是石门高与太平军血战三天三夜的地方。以小小的石门高而能撼动天下之兵，看来高氏族人一贯是天地无惧，无怪乎他们的祖先要生出坐龙庭的想法了。我后来看宗谱才知道，他们是北齐皇帝高洋的后人，曾是皇族。

岚雾下的山溪，熠熠明亮，闪着幽光。出了山口，行至前面的谷口处，回看石门，树木蓊郁，好像我们并不是刚刚从一个人口繁盛的村庄中出来，而是来自原始森林。

回想昨夜，事如春梦，所有的一切都被遗落在重重岭树之后去了。

溪依旧前流，夹岸高山。抬头看去，东方的山顶上一片空明清澈。四野依然虫声唧唧，龙舒河被老老实实地束在谷底。我们一边走，一边吸着带着朝露的花香，一边设想着要是在这谷口沿山坡种几里长的桃树，春三月就可以在这里办一个桃花节。泛舟溪中，也可以去体味一下“芳草鲜美，落英缤纷”的幽境了。

路边一丛桂竹，山溪里分来的一渠清泉，从竹根下流过。附近有几户人家，已有早起的人在溪中洗茶壶了。阳光从东方的峡谷口射进来，对面的山上腾起一条长长的白云飘带，横在山腰上。也许是受阳光热力的驱赶，那飘带竟沿着山腰冉冉向西飘动。

这里正是昨天那老汉下车的地方，有一条路正通向那阳光谷口里，说是一直通到滴水岩，据说那里有成片的野生苦丁茶树和石楠树。滴水岩产的绿茶，也是池州有名的。那谷口还流出一道溪水在这里与龙舒河汇合，一起向前流去。

一连走了两个峡谷，山高谷深，都是仄仄的船形，很容易让人联想到《三国演义》里诸葛亮围困司马懿的上方谷，这里确实是个很好的打伏击战的地方。

由于谷底狭窄，大都是荒滩乱石，杂草丛生，靠坡脚零零星星有几块旱地和稻田。石门高土地也很稀少，为何却能人口众多？据说他们的奥秘是做官和当财主。做官自然由国家给俸禄，财主可以到外面买田地收租。没有官做，石门高人不能生存；买不到田地，收不到租，石门高人也不能生存。只有忠于皇帝，才能有官做；只有悍勇，才能置地收租，因此石门高是以忠勇闻名的。石门高两次与农民起义军相抗衡，其根本原因或许在此。

出第二个谷口时，我们才望见一片田畈。路边的山脚下，我们也终于看见了两户人家，一户人家的门楣上还有“毛主席万岁”几个红字，字迹已有些淡了。快到百安的时候，一辆中巴车赶上了我们，车子停了一下，问我们走不走。我们摇了摇头。我们估计，过了百安离曹村应该不远了。这样地走着，可以从容地看看山中的一切。

所谓的百安村，也就是这里多几户人家而已，路边有几堆杉木料。我们走到洗菜洗衣的水渠边，掬几捧水，洗了脸。见人家端着碗在吃早饭，才发觉肚子还是空的。这里没有发现小店，也不好意思贸然地去人家弄点吃的，只好忍饥挨饿。问一声那洗衣的村妇：“这里到曹村还有多少路？”她正拿着肥皂搓衣，答道：“还有几十里。”我们立刻就后悔了。这里出去的车子少。偶尔有几辆，也是货车，他们都是赶时间赚钱，并不想搭闲人，更何况是陌生人。我倒是无所谓，只是难为了刘君，让他陪着受罪，真的不应该。想着我们从昨天一路走来，虽没有“露宿”，倒也实在地“风餐”了一回。而现在竟连“风餐”也没有了。我的心中有些歉意，对刘君说：“到前面找到人家一定弄点吃的再说。”我们继续向前走，一路上时不时都能见到马路沟边堆着刚砍下来的杉木，这些都是从山上人工杉木林里间伐下来的。20世纪80年代以来，人们都已改用钢筋、水泥做房子，木料曾有一段时间不大好卖，且卖不上价，但这两年突然兴起原木装潢，不知木料涨价了没有？

走了五六里路，果然路边有了两户人家。我们在那里站了一会儿，半天不见有人从门里出来，也就失去了“敲门试问野人家”的勇气。还是走吧，尽快赶到曹村再说。

(2)寻找白笴陂

看看时间，已过了九点，屈指算算，早晨从石门出发到现在已有3个多小时，走了近20里路。我们下决心要拦一辆车，除了几辆不停的货车，一直没有见到车的影子。我喜欢寻一点奇石，一路上边等车边寻卵石。这条新修的公路都是用河卵石铺的，路两边有些铺路剩下的卵石。我们寻找奇石，以图忘掉饥饿。过了半个多小时，终于来了1辆面包车。车上3个人，他们是去贵池的。只可惜我们还要寻白笴陂，不能同他们一道回贵池。我告诉他们我们是去找李白来过的地方，他们想了半天，内中一人忽然说：“哦，你们是要寻那个庙。”白笴陂当然不是庙，既然他们这么说，也就先寻个庙吧，也许那庙和李白还有点瓜葛呢。于是我便点点头。他们很高兴：“车到了，叫你们。”不一会儿车子便停下，他们说：“到了，顺着这条路下去就是。”司机很不客气地要了我们10块钱。我们觉得很冤，不上10里路，最多也不过6块。但想一想也就算了，难得他带一程，不然又不知走到什么时候。

村里果然有座庙，庙横头的崖下便是清溪河。走到崖下一看，河水在布满卵石的河床上向西而去。对面是十几步阔的沙滩，这里不像白笴陂的样子。因为在我的脑子里早有一幅预设的景象：悬崖峭壁，面对东南，一大片水面，碧波荡漾，这片水就是白笴陂，那峭壁就是白笴山。这里也有悬崖峭壁，但不面对东南，这里也有水，但不阔。

李白与白笴陂的关系颇深，他在白笴陂一带至少有4首诗：《游秋浦白笴陂二首》和《秋浦歌》(其六、其十)。他既然于此徘徊不去，定与他的炼丹脱不了干系。按东晋葛洪《抱朴子》，道教炼丹选址要求是：一要僻静，二须悬崖峭壁，三是面对东南，四为下临水面。现在这里悬崖面北，河床又窄，即使发洪水，也未能成潭。白笴陂绝不可能在这里。那么白笴陂在哪里呢？

我们转回到那个庙，想问一问庙里的人。庙里没人，庙后的一个既像厨房又像工棚的屋子里有人在说话，便前去询问。只见里面坐着两个人，好像在商量什么事。其中一位是僧人，五十来岁，看上去很精干。看见我们来了，僧人立刻站起来，他并没问我们是做什么的，只连声说："请坐、请坐。"说着招呼泡茶，一位帮厨模样的中年妇女过来泡茶。僧人又走出来说："那边坐。"领着我们进了庙。我们在厢房里坐下，他为我们茶杯添了水。看见我们大汗淋漓，又打开电扇。他的盛情实在使我们感动。我们并不太了解佛教，但佛教之善却如这杯中茶香，从这位僧人的言行举止中流溢出来。中国人道德的规范本来自家规族条，但躬行善道的，却不乏僧人与道士，他们敬畏自然，敬畏生命，与人为善，劝人为善。尽管佛道两家也并非一尘不染，但毕竟善是它们立教的核心。

言谈中，我们知道他的法号叫正果，也是当地人，曾出家九华山，后来又去了广东的寺庙。出家已十多年了。因为这座庙荒废已久，快要倒了，家乡人就把他请回来住持。我问他的孩子，他说："大儿子打工去了，小儿子学了厨师。"他不停地递烟斟茶，非常客气。我又问他修的是什么宗，他说："是禅宗。"我又问九华山修的是什么宗，他说："也是禅宗。"看到他桌上有几部书，便问他读什么经，他列了几部，名字我已记得不真切了。我告诉他我们此行的目的，他说"李白游的那个地方在曹村。李白出过家，法号青莲。曹村那里有个青莲庵，就是他原来待过的地方，早些年被人拆掉了，庙基还在。刚才讲的那个地方，曹村人还要把庙恢复，叫我去住持。我这里忙得很，哪有工夫。那里还有刻着李白诗的碑，后来也弄掉了。那些年有人要炸青莲祠边的石刻，曹村人硬是不要他们炸，保下来了。你们要去那里，等会儿跟车子去。今天城里几个居士要来这里，他们有车子。他们和宗教局的人一道。"是的，文化是要人来维持的，一个家族败落了，他们的家族文化也会随之烟消云散。曹村要不是有那么几个人，恐怕李白所有遗迹都会荡然无存。这时来了一个人，他站起身去招呼，一边对我们说："你们先坐，等会儿车子来了，和他们一道在这里吃了斋饭再去。"我们饿到现在，巴不得吃了饭再走。可是现在才10点多，还有两个小时，车子又还没有来。不知要等到什么时候，过了一会儿，正果和尚又回来了，继续和我们聊。"做一件事不容易，我们做的都是善事，我决不能私吞人家一分钱。"他正说着，外面车子响，他迎了出去，车上下了6个人，他们搬着大电视，还有其他的东西，径直朝庙里走。那些东西大约是捐给庙里的，那帮老太太，大约就是女居士了。她们说说笑笑，到了庙里，刚放下东西，一脚就跨过耳门，到正厅去烧香拜菩萨去了。内中一位50岁左右的人走过来，对正果说："把电视收好，这是29英寸的，还没有用过呢。你这里客房做得怎么样了？要抓紧时间。"看她风风火火的样子，我估摸她就是正果说的宗教局的人了。正果陪着她四下里参观。我们也跟在后面看。这座庙虽主体已修复，但是西北面还有一大间房子，只剩几堵败墙，像个院子。一堵墙上还嵌着石碑，上面记着修庙的时间和众人捐赠的银两，是一块功德碑。仔细看看，碑上面曹姓人居多。庙是嘉庆年间建的。正果又陪她们到工棚那里去看。他们谈起曹村的那个庙，正果和尚说，少说也要20万。看来，她们也不是一下子就能结束的事，车子也坐不下许多人，我们便决定走。趁正果回厢房的时候，我们道别。正果一再挽留，我们也很诚恳地说："我们还没有去过曹村，想多花点时间转转。"我要和正果握手告别，他迟疑了一会儿才伸出手来。

我们向前走了一段之后，刘君对我说："跟出家人不握手的，是双手合十。"原来是这样，怪不得他有些迟疑。我一面后悔自己冒失，一面又自我宽解："不知者无罪嘛。"正准备上公路时，遇见了那位帮厨的妇女，她对我们说："这里往前走一段路，路边有一个村子，你们去找徐立明，他是文化站的，知道这些事，叫他带你们去。"我们谢了她。到了那个村，问到了徐立明的家，但他家的门窗都紧闭着。路边有几个人在和水泥砂浆，其中一位四十来岁的人道："你敲他窗子，可能在睡觉，昨晚上看奥运会比赛，还没有起来。"我们又敲着窗子，喊了几声"徐老师"，没有人应。那人停了手中活，走过来，把窗子敲得"砰砰"直响，大喊了几声"立明！"也没有人应。有个过路人说："到城里去了。"我们只好离开这里，往曹村方向走。

走了不到200米，前面忽然开阔起来，一个大田畈，有些原野气象。快到去曹村的岔路口有一所学校，我们翻铁门进去，想爬到楼顶上拍一下这个田畈的全景。这一带除了山，和这座学校的楼房，再也找不到制高点了。站在楼顶一望，呵，好大的田畈，就在平原丘陵地区，它也不算小，何况在这群山之中。它不仅大而且平坦，那千亩稻畦，简直就是一片绿色的湖面。畈的对面密匝着人家，那就是曹村，一条新水泥路从畈中直插到曹村。曹村的东面、西面、背后都是山。我指着这个田畈说："这个田畈过去一定是个湖面，不然这么大的田畈怎么这样平，这可能就是'白笴陂'了。李白的遗踪石刻，不在西边那一列山，就在东边的山崖上。这两处山崖既面对田畈，又面对东南。"我说着说着，兴奋起来，想把全景摄下，可是相机不争气，没电了。没办法，到曹村去吧。沿着这条大约两里长的畈中公路，过一座桥就到了曹村，清溪河便从这桥下流过。桥头有一家小店。这里没有方便面卖，我们买了两瓶水。

在小店里，我们问店主："白笴陂在哪里？"她摇摇头："哪有什么白笴陂？没听说过。"有个来买东西的人也说不知道。我们出来，看见一个绞米厂，有几个人在绞米，便问了一个年纪大的人，他说："你们去问那个老爹爹，他80多岁，这些事知道得多些。往那头，沿河往西走，有水塔的红房子就是了。"

曹村的村形是个"牛"字。村子人家一律背山面南，村前一条清溪河便是"牛"字的一长横，村子背后的山脉便是上面的一撇一短横，那长竖是路。从村后的山中穿过村中再横过清溪河直通田畈——田畈里的路我们已走完了，现在"牛"字底下的十字交叉路口。我们沿"牛"的长横往左走，走了几步，没有看见前面有什么水塔，便问一个正在拿斧子劈东西的人，他的神情有些古怪，看看我们有些迟疑，动了一下嘴，又忍了回去。再问他，他木然地说："不知道！"我们又去问一个老妇人，她很干脆地说："不知道！"

我们向前走了几步，迎面来了一位中年妇女，我们问她，她很热情地帮我们指路。忽然对面过来一辆车，原来是正果带那五个人去看青莲庵的遗址。青莲庵的位置正是在"牛"字一撇的靠稍部，这撇叫白笴山，也就是我们站在学校的屋顶上看到的村西边面对东南的那一列小山，这正印证了我的猜想。她们看见我们自然也很兴奋，彼此打过招呼，她们说："一直往前走，过了那人家再走一小截就是的了。"敢情她们以为我们也是居士，要来捐资修庙的。既然如此，也不好拗她们，就先去寻那地方。迎面走来一个人，我们问他路，他很热情地说："我带你们去。"我们走过人家，沿着河向白笴山嘴方向走去。这一带风景确实不错。山上的树木长得极好，至少已禁伐了几十年，是个杂木林，树的品种不少。河的对岸沙滩上也有一片树林，以枫为主。河水澄碧一湾。我们的说话声惊起了河滩上的一只白鹭,它高飞到树上,再轻轻地往下飘落,像一片大雪花似的。这是一只池鹭,前几年很难见到它,可能因为是二级保护动物吧,这几年才渐渐多起来。以前这里最常见的是苍鹭,但现在难觅芳踪了。要不然,像这样成片的田畈,一块田里常常会有好几只。秋天白鹭打团的时候,一群苍鹭,蓝天之下,翻飞于绿秧与青山之间,其美难以言状。繁殖的季节,近水的山上差不多栖满白鹭,这便是"山山白鹭满"了。它们喜欢将巢做在杉木林里,所以幼雏极易为人捕获。前些年,经常见人整大篮地将这些幼雏往饭店里送,做成菜肴,美其名曰仙鹤。日渐稀少的苍鹭也渐渐走向绝种的边缘了。

继续前行,很快我们看到了几个老年村民在一块废墟上挖地基,清理出一些断瓦残砖,堆在一边。看得出来,这些地基已很有些年头了,挖出的土都是乌黑的。几个人一边劳作,一边说说笑笑,我们上去打了招呼。我很敬重他们,能把李白遗迹保存下来。在那个年代,要保护这些遗迹是要冒很大风险的,但正是这些名不见经传的农民,这些大家族的后裔,做到了。他们是看在李白的面子上,但更多的是看在祖宗的面子上。他们觉得祖宗不亏待的人,他们也一定不能亏待。这可能就是"敬祖"两个字所包含的一部分意义吧。

我不禁赞叹了一句:"你们有眼光啊。这里建座庙,又有太白遗迹,旅游一定能搞好。"

他们也笑笑:"我们正在做呢。"

"庙要建到这里。"那位向导用手指崖边的石头说。我也笑着说:"可不能把这石头弄坏了呀。"

他说:"不会,不会。"他指着那边上的悬崖说:"那是清明洞,带你去看看。"

我们到那一看,真有一洞。洞口悬崖上有"太白长啸处"五个大字,结体圆润,收笔处偏肥,人传杜牧所书。从书的风格上看,与《张好好诗》似出一人之手,水平也难分甲乙。在这几个字下,岩石内凹,底面平坦,可容一人之卧,这便是"棠溪曹村李白长啸处太白石床"。内壁有人用隶书刻上了"太白石床"这四个字,据说这字也是杜牧写的。这四个字较瘦,结体倒也均衡,但笔画力度不足,似非老手,我们并未见过杜牧的隶书,一时不能确定。又有人说是曹家一世祖北宋曹清所书。可我想他曾在朝廷做过起居舍人，隶书恐怕也不至于写得如此幼稚。石床沿边上还生出了几根尺把高的笥竹，据说清明洞里有石椅、石桌、石凳，里面空间很大。

他们打算铺电线进去。我建议说："不要铺电线，破坏风景，用蓄电池。进洞用手电，一人发一个。这里地势窄，不能搞停车场。这段好风景，一路走一路看，有什么不好？"他也点头表示赞同。

看完了这些，我们和向导告别，接着去找那位曹大爷。我们找到他的家里，他正躺在老屋的大门边的椅子上午睡。他大约也察觉有人来了，半睁着眼睛。我们说明了来意，他开始不紧不慢地说："唉，许多事，太久了，哪搞得清。"我们有些失望。他又说："过去我们这里人烟盛哦，曹姓最盛的一房有800户，后来都败了，东西也弄没有了。那时我们入村就有龙波亭，过路人到了龙波亭，我们曹村就带镖，保你这一路平安。我们村跟附近的村都是通的。你要是不放镖，只能保在曹村无事，出了村口，我们就不负责了。我们盛的时候，这里有好几个亭子，那后边山上还有个云松亭，景色漂亮。曹村有八景，如白云带、白雨井、伞形山、五龙池等。狮行（白笥山）半山腰，早上就有白云飘着像根带子。白雨井就在这前面那个河中间。过去有座木板桥，靠现在的桥边上。有月亮的晚上，你走到木桥中间，看河水里有一口井，井帮子是圆的，里面还看到水，井底还有个月亮。伞形山在田畈对面那边，像一把伞。五龙池那里有个洞，顶上有块大的石板伸出来。那洞出来的风，凉飕飕的，六月天也不热。夏天有人抬桌子到洞口打麻将。过去有个汉奸死了，天热怕臭了，抬在那洞口搁着，下午刚抬去，就雷轰电闪的，一雷就把洞顶上的大石板打断，砸下来，把棺材打得稀烂。要说这个盛字，传说我们老祖宗来的时候，有大姓许家，他家祠堂挂了一块匾，上面写的是'万事不求人'。你说哪有人不求人的？他不求人，他的家私有多大！可是后来家道败落了。听说他家要找坟地，养了一个地仙（看风水的人），不限他时间，吃住在许家。一连住了三年，也没有找个坟地，许家人不耐烦了，又不好挂在脸面上，到了三十晚上，就跟地仙说：'我们家要祭祀了，不好让外人在场。'地仙就只好出了门，在村头徘徊。我们这里风俗，三十晚上那天要把牛栏、猪栏、厕所里的秽物出清。我家老祖宗就挑着粪桶在菜园里浇菜，看见老先生在那里晃来晃去，就问他：‘今天是三十晚上，先生怎么在这里？’先生就把许家三十晚上要祭祖，外人要回避的事告诉了我家祖宗。正在说着，许家人的伙计也在隔壁菜园浇菜，他说：‘那是逗你的，他们在家里关着门吃年饭呢。’我家的祖宗就说：‘先生到我家过年去，就是我们穷，没有什么菜，只要先生不嫌弃就行了。’先生就在我们家过了三十，许家初一也不来接，先生又在我们家过初一。先生看我家祖宗有德，就对我家祖宗说：‘回头你在许家祠堂对面也做个祠堂，曹家就兴旺了。’我们祖宗说：‘那不和许家祠堂门对门？’先生说：‘转个门向，屋横头对他的门就行了。’你不知道，这是地仙害许家。后来祠堂做好了，地仙又对我家祖宗说：‘你们屋后的山是个牛形，不拿钉子钉住，牛就跑了，就没有财气了。你打个大铜钉，夜里去钉在山上，把土埋了，不要叫人知道。’这又是地仙害许家，那是许家的活地势，一钉就钉死了。许家最后败得就剩一家人，挑担稻箩走了。你要说那个地仙是知恩报德，怎的就放着人家供养的三年的恩不报？一餐得罪了，就这样害人家？有多少事，就是说不清啊！”说着，他叹了一口气，闭着眼睛，仿佛是打盹，又仿佛沉入很深的往事回忆中。我们这才知道，他说的“说不清”原来是这个含义。是的，从万事不求人，到一败如流水；从不报三年到报一饭，又有谁说得清呢？老爷爷忽又睁了眼，继续说：“过去人们常讲，乌石的把口、元四的来龙、曹村的名堂（祠堂），三处合一，就要出皇帝。我们祠堂的说法就是这么来的。我们曹家有句话叫‘头戴铁冠帽，脚踩烂泥潭’，从那东边上一座最高的山，山顶上是石壁壳子，像个帽子，就是铁冠帽，下面这里（指的是田畈）就是烂泥潭，一直拖到陶家坡狮形下头，都是我们曹家的。”又说：“唉，曹家没有从前那么盛了，好多东西都弄掉了。破四旧，搞大集体，曹家不能说话。你一说话，外姓人都以为你是‘扒’自己，怀疑大姓又要起来了，担心你会骑在他们头上。你称心的，他们都要毁掉。”他的话又使我想到村头那两个人冷冰冰的神情和硬邦邦的“不知道”。是的，这些外来的小姓确实是对土著的大姓怀着深深的戒心。哪个不希望自己的家族强盛呢？一个家族的扩张史往往伴随另一个家族文明的毁灭史，这是多么残忍呢！秦始皇统一六国，亡齐灭楚，掘坟挖墓，焚书坑儒，周朝的文化、六国的文化差不多给他灭完了。后来，楚人一炬，又把秦文化烧完了。

不是汉朝的建立，恐怕没有人知道还有屈原、宋玉，儒家五经，道家老庄；不是萧何，恐怕就连秦王朝的法律文化也荡然无存了；不是兵马俑的出土，人们怎知秦文化曾经是怎样的气势浩荡呢！究竟还有哪些精彩被烧绝、被毁坏、被断传了呢？这是怎样的悲哀，怎样的不幸呢？这种家族之间的防范心理同样也表现在傩戏上——各家族间傩戏的不同处，各守秘密，从不告诉对方。

老爷子睁开眼，指指堂上的画像，说："我老伴去年不在了，我儿子叫我跟他们一起过。我们原来就是单过，现在更不愿意一起过，过不惯，怕拖累他们。老年人有老年人的习惯，年轻人有年轻人的习惯。我那几个都在外头做事，一个在边上。大孙子当兵去了，他最不放心的是我，每次写信回家，都要问问我。"

我怕打扰老人久了，影响他休息，就起身告辞。他也没有挽留，只是说："大热天，在外面跑吃苦哟。"

我们出了曹村已是下午一点，太阳正烈。我们再穿过那平畴绿野，清新的田野之风使我们从沧桑中回到了现实，肚子还饿着呢。没有办法，我们只好继续赶路。

(3)归途之缘

我们往回走着，希望能遇上车，可马路上一直没有车。渐近狮形(白笥山)水口时，也就是这个新济畈的畈脚了，那里好像有一段突出的土埠，这是不是古代白笥陂的堰址呢？那上面长满了茅草，一时不能断定，想去看看究竟。忽然云涌雾起，已经下了几滴雨，我们赶紧沿公路往前跑，到了一个悬崖下，躲了一阵雨。过了十几分钟，雨停了，我已不好意思再回去看那土埠了。我们决定到棠溪乡政府，那里一定车子多些。

公路穿入山间，我们已与龙舒河隔山而行了。太阳出来了，只是没有曹村的那么烈，但却有些闷热。前面过了一道桥。这桥下的水沿山沟向北流去，一定是归入龙舒河的。路上遇上一个村庄，有一户楼房，其他的是青砖瓦房，虽有些年头，但从材料与做工上看，一定是那时最好的房子。这里是曾经繁荣过的，如今却被冷落在这山洼里。我们走进村，有几个小孩子好奇地走出来看我们，有一个老年的村妇，正在拣她摊在屋檐下的辣椒。我们问她："老人家，这里小店在哪？"她头也不抬地说："没有。"我们又问哪里有呢，她说："前面二三里就有。"我们走了一个长长的山谷，总不少于二里多路，前面又是一座桥，再向前看,不说小店,连人家也没有。

过了桥,依然望不见人家,小店到底在哪里?我们是不是被那老妇人骗了?正在嘀咕,后面来了一辆车,我们赶快招手,车停了,我们欢喜无限。那车上传出一句话:“我们还是坐了一辆车,上车吧,我们挤一挤。”哦,原来是那些老居士包的车!在这样的荒山野外,饥热交加之时,感谢天意!感谢佛祖,感谢他的信徒从佛祖那里得来的善!

人这么多,我们都不好意思上车,尤其是我,昨天的衣服已有些汗味,今天这一冷一热,就更加难闻,但又巴不得上车,只好用一个小凳子,挨车门坐着,开着车窗透风。

车出了山坳,我们又见龙舒河了。这里是一个陂塘,陂水在微风拂浪中闪着柔光。车沿河而行,前面的路旁山坡上有座庙,有台阶可拾级而上。因为在土崖上,尽管庙不大,还是有点气势。唯一的缺点是前不着村,后不着店,有些孤单。看见庙,居士们立刻活跃起来。听她们说:“这一带路面上出过车祸,他们开车的说,车子一过这里就不对劲。”这话听起来让我有些毛骨悚然。她们又说起那正果,说是他养了几个儿子,末脚一个女儿,他最喜欢,那女儿念书又聪明,可惜是一次上学打伞过坝,一阵风连伞带人吹到河里去了。他从此断了念头,看破红尘,出家了。听她们这一说,我又觉得今天上午做了一件蠢事,悔不该问他家里的孩子情况。我该掌嘴。

不久,车到黄山岭,快下岭时,车子行不过去了。前面有一辆装满矿石的大货车停在那里不走,我们的车也停下了。后面的几辆货车不知前面为什么停车,急得直按喇叭。后面的司机向前吼道:“你们不走要让路!”前面的司机也很恼火:“往哪里让?”

这一段正在修路,只有半边路通车,本已拥挤的路面现在加倍拥挤。那半边路水泥似乎没有十分完好,破毛毡、破麻袋还没掀去,但看那情景,承载一般的重量还是行的,但大货车肯定不行。

我们都下了车,到前面去看。原来是有一辆空货车要上坡,不巧又坏了,卡在路中间,挡了下山的去路。几个人正在合力地企图将车推到路边上去。但这样的车,本身已是很笨重,再加拖箱上又加了一围厚钢板(这是为了增加货车的容积,多装货。在这里的货车都这样)。他们用尽全力,却如蚂蚁撼树,车纹丝不动。看来一下子推不了,我们还是要想办法先走。司机刚把车横过来,想冲上水泥路面,立刻便有一个30来岁的人赤膊上阵,恼得跟红虫似的,一边嚷嚷,一边舞着棍子。这人是个哑巴,别人说他是看路的。他凶神恶煞地直冲向司机。司机一看势头不对,连忙停车过来跟他打手势,解释我们是小面包车,空的,到下面老路再上人。经过一番解释,那人脸上的红渐渐褪去,点点头表示同意。我们都很欢喜。司机说:“找几块石头来垫一下,车子爬不上去。”几位老居士面面相觑:“哪里有石头?”路边的石头倒是有几块,都不轻。我和刘君赶忙将几块大石头搬过来,放在路沿边,看着前轮爬上去,又挪动一下石块,好让后轮也爬上去。之后,我们几个人一起跟着车后面一直走下去。

到了老路,大家又重新上了车,立刻又说笑起来,司机的话也多了,大家兴奋而亲近。几个居士说:“今天菩萨保佑,很顺利。亏得带了你们两个人,不然,那石头我们怎么搬得动?”其实,应该是我们感谢她们,要不然,我们兴许连棠溪街也没到呢。

车子跑得很快。过梅街的时候下了一阵雨。车子进城,几位居士又问我们在哪儿下,我们怕再给她们添麻烦,就在烟柳园下了。我们道了谢,挥手告别。

已是下午一点,我对刘君说:“先到我家吃过饭再走吧。”他说要回老家一趟,赶时间。我又一问,他还是坚持要走,我也就不再勉强。回到家,先吃了饭,走到阳台上,看看外面,天又下起了雨,但愿刘君能及时上车,早点回家。

(2008年10月17日—28日补写,29日完稿)

11.陵阳桥上

整个陵阳就像一片大荷叶,四周起伏的群山便是折皱的荷叶边,荷叶里托着一座座千年古村落:陵阳镇、李家村、谢家村、所村……叶脉般的陵阳河蜿蜒流淌,连通南北,而陵阳桥则横跨其上。

古老的陵阳桥高于两岸的屋顶,站在桥上看桥,你也会有一种心灵的震撼。脚下的桥，用巨大花岗岩块精心垒砌而成。桥下旋涨旋落的山溪与它万年不朽而又高大强壮的身躯相比，实在让人感到不般配。每根石柱，每块花岗岩，甚至桥身上的每一根薜荔藤都粗犷而坚固地凝结在一起，令人不能不赞叹陵阳人追求建筑永恒的执着。

不独在桥，这执着还充溢着精心建造长达20年的李村祠堂，祠堂虽历尽风雨而几近无损，高大而匀称的石柱更是把这种执着抒写得淋漓尽致。这执着也充溢在谢家村头千年不朽石狮身上，石狮看着往往来来的路人，一群接着一群，一代延续着一代。这也许已使它满足，它笑嘻嘻地吐着舌头，不屑于再去攫取什么。这执着更充溢着进深达71米的太平山房。看，那门楣上的渔樵耕读图，不正刻写着先辈们希冀永恒的模式吗？他们希望子子孙孙耕田种地而自给自足，读书做官以光宗耀祖，瓜瓞绵绵，万世不绝。那位被赏穿黄马褂的李鸿章，富贵荣华早已烟云无迹，唯有他的《陈氏家谱序》，却在陈氏家族中永恒地凝固了。在陵阳河流过这个盆地的出口处，林氏家族建了一座文昌阁。据说里面供着关帝、文昌与奎星，用来镇住财气，保佑子孙文气昌盛。可它守在这路口，似不肯离去，怕不又是在警醒过往的后代：背井离乡，不要忘了衣锦还乡。

站在陵阳桥上向西北望去，那突起的连峰，便是陵阳山了。她名动天下，吸引着那些追求生命永恒的人，在这里成就仙业：窦子明、葛洪、陈抟……至今仙人峰上还留着说不清地点的子明蝉蜕处，琉璃岭上也藏着那辨不清地址的果老墓。还有一位在追求生命永恒时中途倒下的彭祖，据说他活了八百岁，方才辞世，并留墓于此！他是以他独有的执着激励后人吗？是的，因为接着便来了两位世界级诗人——屈原和李白。他们同是君王的侍臣，同遭流放，然而，他们偏要忠君爱国。他们同是顺江而下，盘桓于陵阳。他们以在陵阳的诗篇告诉人们：生命的永恒，更在于精神的不屈。

这种执着信念在渔樵耕读中顽强地传承下来，至今不衰。从前的陵阳人都留着自家酿造的米酒自己喝，而土生土长的汉子李同光却硬要将这自家酿造的米酒与普天下人共享。“和其光，同其尘”，他的名字也像是天生就有着这份执着似的。他还要将你的名字刻在他的酒坛上，窖藏起来，保你有出生朝阳酒、升学状元酒、经商红运酒、健康寿星酒……他想把他的酒厂办成一个人生纪念馆。兴许李白再来，也会“不知何处是他乡”了。

陵阳山依旧在朝烟夕霭中静默着，像一位入定的禅僧，面南而坐，左臂下流着青通河，右臂下流着陵阳河，沿着河，陵阳人走向四方。架在这老僧膝盖上的陵阳桥，在晨昏晴雨中立在这里。它见证着陵阳人创造永恒的历史。

唯有它才深深地知道，塑造永恒需要自信，而陵阳人正是对未来充满着信心。

12.陵阳散记之一

(1)三祠一阁

车过了杨田，水声山色迎面而来，路两边的平畴绿野此时换成了绵延不断的高山。左边的一座山竟高逼云端，后来查看一下地图，知道这叫刀山。右边的更是连峰云绕，不用说那是九华后山了。有山必有水，一条小溪就并行在去陵阳的路边。

根据行程安排，第一站在李村祠堂。半路上有人指着一个地方说那是谢家村，我还没有来得及看清，车已过去了。

两扇黑门“咿呀”一声开启，我们便走进李村祠堂。一个大天井窗，地面有一方青砖铺砌成的浅池，有人说那叫雷池(不知是不是这个写法)。我于建筑一无所知，胡乱望了一气。这里虽是雕梁画栋，但因年代久远，历经纷乱，许多上好的雕画已被人为铲平。有人觉得甚为可惜。但从历史来看这恐怕大可不必，精雕细画的是历史，铲平了的也是历史，只不过一个是用雕刀写的历史，另一个是用铲刀写的而已。

这个祠堂据说原是明代的老祠堂，兵毁之后，清嘉庆时重建的，重建一共用了整整20年。望着那合抱粗的石柱，我有些相信，因为塑造经典，是既要时日，又要功夫的。他们又指着一对石鼓说，这石料还是缅甸来的。如果是真的，这已足能证明那时陵阳货运的发达了。

导游一面在说，我也一面溜到对面的阁楼上去了。有几个已是先到，拿了相机在照，余老师正在对一个扇形洞窗拍。走到边上，他已拍好。我凑过去向窗外一望，对面的青松翠竹满山，松荫里的村庄静得如太古一般，实在比这黑洞洞的祠堂要好看得多。走出祠堂向西望，一片平阳大畈，尽头是一座山，像个大元宝，两头翘，中间凹。问村民，他舌尖挪了一下，也没有听清，好像是什么王尖岩，地图也查不到。沿来路往回走，半道上便是谢家村。车停在村口。村口镇着一个大石狮子，据说它与别处的石狮不同，它的舌头不是缩在嘴里，而是吐了出来，不明雕凿的人用意何在。正面一看，那狮子没有凶相，倒有几分喜气。有一个老农在清除狮子附近的杂草。问他是不是队里派工的，他说："自愿，不是派工。"这使余老师很感兴趣，特地问了他的姓名和年龄，一一记了下来。

路的一边还有桃花井，据说女人喝了这井里的水便会腰肢柔软，姿色大增，容易红杏出墙（有人说这便是"风流谢家村"的出典），所以井边镇着一个菩萨，常有人供奉。至于这烧香磕头的是男人还是女人，就不得而知了。由于造房子，它已被圈入一户人家的院墙里，无缘拜识。村子的入口处还有两个大圆旗鼓，据说这是过去出过举人以上的家族方能拿它来在祠堂前插旗帜的。一群人跟着导游要进祠堂，可管钥匙的不在家，但这并没有扫大家兴，因为下站还要去看太平山房。我先行走到那村里，看了一口井，井圈用麻石条铺的，平平整整，井水也是清汪汪的，照着青天白云、人影儿，如同明镜。

太平山房比较大，资料上说进深有71米。由于地处村落之中，其门前广场并不宽敞，只比一般民宅的稻场稍大一点。与李村祠堂两边古堡式的突出、中间凹进一个门斗的门面不同，太平山房的门面就是整面一大扇墙，气势有些逼人。仰望上面墙头，中间高耸，两边低，檐边也弄得翘翘的。整个一门面就像一个砌实了墙的牌坊。倘若将它独立出来，撇去一些砖，不费事地就变成一个大牌坊。门楣上画着鲤鱼跃龙门，下面写着"积善流芳"四个大字。

导游已将钥匙拿来，"吱呀"一声进去了。导游说这是明代建筑，较好地保存了明代建筑风格。建得大而空，有两个天井，让你想见这个家族人丁的兴旺。兴许太空了，走进去让人有些发怵，只是依仗人多，这种感觉要淡些。

祠堂中间摆了一些展板，我便走过去看。展板上都是关于这座祠堂的历史和地理方位的，还附有祠主的前辈和后人的一些情况。这里面最让我感兴趣的便是《陈氏家谱序》。因为这是李鸿章写的。它上面落款是："赏穿黄马褂，赏戴双眼花翎，一等宁毅伯，合肥李鸿章拜撰。"倘若为真，这说明陈氏在清末就是没有富商巨贾，也是出过达官贵人，曾轰轰烈烈过一阵子的。

站在这里，确有几分感想。

这陵阳盆地竟有这么多千年的村庄，这么多百年以上的祠堂。他们是怎样延续保存下来的？望望四围的山，心里有一些猜想，但又是恍惚未定。人是可以逃到山上，祠堂不怕被人火烧？还没有想稳妥又匆匆出了山房，去了文昌阁。其所在的杨梅村，是这个盆地南面出口，是一个山口。雍溪的一条支流从山沟里流出去，归入雍溪。虽是夏季，但已久不下雨了，河里没有什么水。对面大山就是刚才看到的元宝山，文昌阁就镇在它的坡脚上，下临溪河。我们从桥上走过去。阁有三层，门却是关的。因为阁在山口坡头上，是个招徕清风的好位置。大家有些累，一屁股坐在台阶上乘凉，一致赞道："好风。"听到铃声，这才注意到阁的翘檐上还吊了风铃，坏了三只，只剩下一只，在风中发着悦耳的乐声。内里有人介绍说，阁里供着关帝，是镇风水的，他们解释说：因为关帝杀气重，方能镇住恶神。又有人说是镇财气的，关帝在此，就不敢有恶神将财气带走。歇一会后，大家合了张影，决定离开，还有人舍不得这里的凉快，慢腾腾地在后面挨着。有几个性急的抄近道，已从山沟里几块溪石上跳过去了。

(2)陵阳桥

游过三祠一阁，就去看陵阳桥，刚才参观的古物都不在镇上，唯独陵阳桥在。

第一眼看陵阳桥，你便觉得这桥在建造上花了不少时间，单是砌桥用的巨大的麻石的运输就是件很费神的事，造工更不必说。整座桥造得太大，太牢固，桥身很高，加上地势在上游，桥面高过两岸的屋顶。站在桥上可以俯视陵阳镇，因此它又显得很有气势。靠上游的那一面桥身络满了薜荔，像穿了一件绿马甲。桥下的河叫陵阳河（又叫南流河），发源于陵阳山，我们去的时候，水只有脚脖子深。对于这样的水造这样的桥，就觉得陵阳人有些小题大做。

陵阳中学的曹远老师对当地的历史颇有研究，他介绍说这座桥是这里徽商鼎盛时期所造的，后来又修补过一次桥面。抗战时期，日本侵略者曾投过一枚炸弹在桥上，桥面炸了一个大窟窿，桥身却安然无恙。我不明白日本人何以要炸这座桥，更不明白徽商鼎盛与这座桥有何关系。陵阳在历史上确是享有盛名，有“富贵陵阳镇”之说，商埠人家也沿陵阳河两岸布局。我去过广西的百色，见到过这种商埠沿河的布局，他们甚至连商会也干脆设在河边。但百色沟通云贵，陵阳沟通哪里？一望被山包围着的小镇，缘何富贵？但当我打开地图去寻索时，一切问题的答案便都出来了。

原来陵阳河向南流入太平湖，进入青弋江水系，能与钱塘江、鄱阳湖等水系相连，从陵阳桥向北不到两里即入青通河，该河北流经铜陵大通入长江。陵阳桥正是陵阳河与青通河源头的陆路连接点。

古人以水为路，即使陆路也缘溪河而修，雨季行船，旱季赶路。所以这两条河一连接，便成了古代沟通南北的交通大动脉了。陵阳桥正是它的交通枢纽，陵阳镇自然也成了那时货物仓储、转运、集散中心。离长江最近、向南而流、能深入沟通南方腹地的，只有这一条陵阳河了。

在古代，一条货船要是能顺流而去，就不知要节省多少时日和费用，陵阳镇的富贵正是倚仗了这条向南流去的陵阳河。如此看来，这个古代的物流中心是不可一日无陵阳桥了，忙碌的陵阳桥便成了给陵阳人带来富贵的黄金桥。无论花多大的本钱建造它，都不为过，为的就是要它金身不坏。

13.陵阳散记之二

（1）陵阳山

站在陵阳桥向上游远眺，碍眼的便是陵阳山。三峰两凹，据说从这里透过北凹可以望见九华山天台峰。陵阳山与九子山都是南北走向的平行山脉。

九子山比陵阳山脉要长两倍多。两行山脉被一个山凹连在一起，从空中望下去，就像一个小写英文字母“h”，长竖是九子山，短竖是陵阳山。

陵阳山过去名声非常大，传说陵阳的地名都由此山而起。历史上有名的县令窦子明也大大地为陵阳做了一把广告。还有一连串声名显赫的神仙、文人也为它添加了不少身价，神仙如彭祖、张果老、陈抟，文人兼仙人则如李白。彭祖一事太遥远，现在已不甚了然，传说他与张果老都葬在陵阳与太平分界的琉璃岭上。这地方过去属石埭，故本地方志记载，石埭县有彭祖、张果墓。

陵阳山一带因为神仙辈出，所以过去道风一直很盛。据说后来很多道观都被人为破坏了，甚为可惜。陵阳要振兴，恢复道教文化应是当务之急。

陵阳山与九子山背靠背，九子山的名声原来一直被陵阳山盖住了。后来九子山被李白改名为九华山，因而身价飙升，后又因借地藏王的灵光而声名大噪，以致陵阳山的名声渐渐地隐去了。

这两座山，一在阳，为道教圣地；一在阴，为佛教道场。佛道近在咫尺，且开山人物皆为名扬天下的文人。你去西湖，虽然也会看到葛岭的炼丹台、岭下的抱朴道院与虎跑、灵隐、雷峰诸佛寺相距不远，但像陵阳、九华二山，道观、寺庙成群，规模宏大，历史久远，形成各自人文传统体系，文化、建筑景观又各具特色，殊为难得，实在值得珍惜。

尽管陵阳山一带道教景观毁坏严重，但恢复较易，毕竟这里“道风沦未歇”，缺的只是支持、倡导。一旦前山（九华山）礼佛、后山（陵阳山）修道的局面形成，池州的旅游文化影响将不可限量。

陵阳山由于三峰相连，高下相接，故又称三台山。由于它历史上曾归属不同的行政区域，常被人误解为有几处陵阳山。它曾先后归属过陵阳、泾县、太平、石台、南陵等县。最有趣的一次是它的北（其实是东北）峰归泾县，中、南二峰归石台。这可能是因为北峰下有二水归青通河，为北流水；中、南二峰水（陵阳河、三溪河）归入太平湖，为南流水，故以东峰为南北分水岭来划界（以分水岭划界差不多是行政区划的一条“公理性”规则，古今通行）。

（2）两块碑刻

此次来陵阳最遗憾的便是没有见到两块碑刻，因为它们是陵阳更为久远的历史见证。

一块是据说为李白手书的“香池里”碑，另一块是屈原寓居陵阳的纪念碑。两碑现均已不知去向。关于后碑的下落，我曾打电话询问过已从青阳邮电局退休的刘妙兵先生，他说：“不光你找，我也曾找过，后来又带严阵、张凯帆找过，都没有找见。”

中国人草根意识中最坚韧的部分就是四个字“生存、繁衍”，寻找食物以填饱肚皮，繁衍后代而延伸自我。所有的一切在这四字前面都退居一边，这四个字稳了，其他的事才有人热心去做。也许我们应当感谢这四个字，因为可能正是这种强烈的传宗接代意识使我们祖先的祠堂在战乱时得到了最好的保护。

两块碑是陵阳繁华时立起来的，是在战火中毁弃的，是人们求生保种时丢失的。不是不爱它，而是无暇顾及；不是存心毁弃它，而是弄丢了。石碑不是大饼，无益于生存，但石碑也不像木材容易腐烂。我相信石碑一定在陵阳，一定会被找到。一旦陵阳要再度走向繁华，什么都不是难题。

李白到过陵阳是确凿无疑的事。他最初了解陵阳是在敬亭山，一个叫会公的僧人向他推荐了陵阳，这些细节他都写在诗里(《自梁园至敬亭山，见会公谈陵阳山水，兼期同游，因有此赠》)。子明成仙是因为垂钓钓到了溪中的白龙，得到白龙的帮助。李白来过陵阳之后，也开始大谈起垂钓来。又因为子明采过黄山五色脂服食，使李白在寻找黄山(非黟之黄山)的过程中而有了进入秋浦的机缘。李白在陵阳一面寻找窦子明仙踪，如天柱石、白龙潭；一面垂钓，希望钓上白龙(是否在陵阳炼丹，待考，但李白在九华山葛洪井边炼丹的可能性是非常大的)。李白陵阳寻仙自然无果而去，但他的诗增加了陵阳的知名度。

屈原与陵阳的关系不像李白那样清爽明白，是个颇有争议的问题。清代蒋翼《山带阁注楚辞》十分肯定地认为屈原到过并居住陵阳，而此陵阳即今日之青阳陵阳镇。

从屈原留下的作品来看，比较确切的一点证据在《哀郢》和《招魂》里。《哀郢》除了明确写“陵阳”一词外，他还叙述了郢都被白起攻破之后，楚人仓皇沿江而东下的经过。但问题是从洞庭到池州这么长的一段，地名出现断档只能解释为屈原对这一段地理不熟悉。再一个是《招魂》出现一个词“庐江”。《汉书·地理志》“庐江郡”下原注“庐江出陵阳东南，北入江”似指今日之青弋江上游(陵阳河入太平湖，过泾县，从芜湖北入大江)。而石泉主编的《楚国文化辞典》则将庐江直注为青弋江。此外，《招魂》所写的场景与青弋江一带地貌也相吻合。这是重要的旁证。但我们不能知道这两条证据的原始出处是否可靠。

我们读屈原的《楚辞》就会发现一个有趣的问题，屈原对于道教长生久视那一套，竟也相当熟悉。如“朝饮木兰之坠露兮，夕餐秋菊之落英”（《离骚》），“餐六气而饮沆瀣兮，漱正阳而会朝霞”（《远游》），“登昆仑兮食玉英。与天地兮同寿，与日月兮齐光”（《涉江》）。如果屈原真的住过陵阳，那么他也应算是一位陵阳仙班的鼻祖了。

《汉书·司马相如传》引应劭注：“《列仙传》：陵阳子言，春食朝霞。朝霞者，日始欲出赤黄气也。夏食沆瀣，沆瀣，北方夜半气也。并天地玄黄之气为六气。”

14.齐山名隐沈辽

沈辽，字睿达，浙江钱塘人，与堂叔沈括、胞兄沈遘合称“吴兴三沈”。以诗文书法知名当世，为熙宁（宋神宗年号）十才子之一，书法与苏黄米蔡齐名。米芾语：“蔡京不得笔，蔡卞得笔乏逸致，蔡襄勒字，沈辽排字，黄庭坚描字，苏轼画字。”沈辽还擅长音乐，曾集大胡笳十八拍，当时人称“沈家声”。沈辽因兄荫入仕，先做过审官西院主簿、监明州市舶司、太常奉礼郎和杭州军监库摄华亭县事。熙宁中罢官，入狱，后流放永州。元丰五年（1082）徙居池州，遂筑室齐山，终老于此，元丰八年（1085）二月卒。著有《云巢编》十卷传世。

（1）沈辽与齐山

以元丰五年（1082）二月计，至元丰八年（1085）二月，沈辽与齐山结缘三整年。他热爱池州山水，在流放到池州之后，他高兴地说：“使我自择，不过如此。”

沈辽在齐山筑室数间，号曰“云巢”，又在附近买田置地数亩。他晚年寄情齐山，并买下了著名的“左史洞”；又于齐山脚下建桥一座，供行人往来。躬耕游览之余，他还写下了大量赞美池阳山水的诗篇，如：

池　阳

池南柳色未全黄，池北萱芽尚带霜。
老去寻春不嫌早，春深留与少年郎。

又

寒烟寂寂锁青谿，圆月亭亭上曲堤。
小杜风情遥可想，闲调丝竹舞金泥。

左史洞

万古齐山石，谁为左史洞。
左史今何在，苍崖本不动。
履险下重窒，幽深鬼神总。
石门绝世路，久为尘泥拥。
青天十亩地，巑岏如覆瓮。
琬琰凿屋壁，烟霞列梁栋。
崖间不死药，必非近时种。
人去境常在，境与人为重。
欲观畴昔意，幽禽发清哢。
吾方寄渊寂，无碍亦无纵。
手自翦荆棘，结茆当石空。
长与麋鹿游，不复人间梦。

沈辽所居的齐山，正是曾做过沈传师幕僚的杜牧始扬其名的一座文化名山。对杜牧的天然亲近感，应是沈辽卜居齐山最原始的冲动之一。其梦魂所依，舍此似无其他了。另外，环绕齐山的开阔湖面、翠绿的圩田，又与他的故乡西湖风景无异，可能是他隐居齐山的另外一重原因吧！

依据《云巢编》中沈辽所提供的线索来看，沈辽的住址“云巢”在齐山清泠台（今孝肃祠东北侧）。

(2)沈辽与名流

①沈辽与王安石：

沈辽与王氏父子皆有交往。沈辽的诗得到了王安石及其子王雱一致的称赞。王安石赠诗沈辽：“风流谢安石，潇洒陶渊明”；王雱也赠诗云：“昨日览佳作，渊明愧不如”。在沈辽获罪之时，王安石曾援救过。据曾布曾外孙王明清《挥麈录》载，御史以他罪劾奏沈辽，“荆公当国，为申解之，上复伸前说，竟不能释疑”。

王安石不仅欣赏沈辽的人品、文品，更欣赏他的书法，并以沈辽为师，向他学习书法。史称王安石书法得沈辽之“清劲”。

②沈辽与曾布：

曾布为曾巩之弟，曾累官至宰辅。史载曾布也学书于沈辽，称他对沈字认真钻研过。沈辽的笔法得于祖传，沈氏之祖为唐代著名书法家沈传师。苏轼云：“自蔡君谟没后，笔法衰绝。沈辽少时本学其家传师。”可见沈的书法是少承家学，以楷书为正宗的。故学沈氏正宗者，非日浅可得。曾布从“师其笔法”到“得其楷”（岳飞之孙岳珂语），如果曾与沈没有一段长时间的密切交流，是很难想象的。

③沈辽与苏轼：

尽管沈辽的堂叔沈括曾是陷苏轼于文字狱的关键人物之一，但沈辽对苏轼一向是亲爱有加。元丰五年（1082）沈辽从永州改徙池州，出三湘，于二月过黄州，并不顾及苏轼也是犯人而去探望他。这年，东坡雪堂已盖好，苏轼怀抱着幼儿阿武，与沈辽痛饮于雪堂之中。沈辽有两首诗记录了这次行程。

赠别子瞻

平生雅游眉阳客，五年不见须已白。
借田东坡在江北，芟夷蓬蒿自种麦。
相逢不尽一樽酒，故态那复论欢戚。
手抱阿武劝余沥，维摩老夫失定力。
老夫寂寂出三湘，更欲卜居池水阳。
薄田止须数十亩，田上更树麻与桑。
老来正苦迫生事，清明虽近犹可秧。
罢亚若可博乾麨，以无易有遥相望。
我舟即行不可驻，欲卜后会诚茫茫。
他时有信若可寄，不用辛苦为诗章。

题子瞻雪堂即次前韵

眉阳先生齐安客，雪中作堂爱雪白。
堂下佳蔬已数畦，堂东更种连坡麦。
不能下帷学董相，何暇悲歌如甯戚。
布裘藜杖自来往，山禽幽弄均春力。
案上诗书罗缥缃，炉中烧药笑王阳。
晨炊且籴北仓粟，冬服已指山前桑。
南冈差高多种橘，迤北渐下宜栽秧。
北邻亦有放达士，道路壶榼常相望。

二月底，沈辽开始定居于齐山。元丰七年(1084)七月苏轼由黄州内迁赴汝州任，过池州，拜访了老友沈辽。

苏轼欣赏沈辽的才华，也为他的遭遇抱不平。他曾私下里对人说："睿达末路蹭蹬，使人耿耿。求此才韵，岂易得哉?"由于苏轼此次内移，有可能再次被重用，故对被神宗贬谪的老友，其所怀的心境是复杂而微妙的。一方面他要畅叙友情，另一方面又不想留把柄给别人，故其在池未留下任何文字。这种现象，在苏轼的一生中是罕见的。

沈辽对老友的这一心情十分理解，所以《云巢编》也未留下与苏轼在池交往的任何文字记录。据南京大学莫励锋先生考证，沈辽曾请苏轼为其作品集《云巢编》作序，苏轼没有应允。这是沈辽一生的遗憾，也应是苏轼一生的遗憾，因为第二年，即元丰八年(1085)二月沈辽就在池州齐山亡故了。

检《苏东坡全集》，有《追和沈辽项赠南华诗》，其诗云："善哉彼上人，了知明镜台。欢然不我厌，肯致远公杯。莞尔无心云，胡为出岫来。一堂安寂灭，卒岁扃苍苔。"诗题既署沈辽之名又加一"项"(有本作"顷")，是故意让人误解赠诗者非"沈辽"而是"沈辽项"，可见其心境之微妙。用一个"追"字，又似乎是"为了忘却的记念"，但"一堂安寂灭，卒岁扃苍苔"，还有什么可说的呢?

(3)追寻沈辽

沈辽死后82年，即南宋乾道三年(1167)，周必大过池州，他的《泛舟录》带着无限遗憾的心情写道："乾道丁亥，访沈辽云巢，人无知者。"

又三年，即乾道六年(1170)三月，南宋陆游过池州，他在《入蜀记》中写道："二十四日到池州……二十五日游兴孝寺……有石刻，沈睿达所作西峰铭文，辞古雅可爱，恨非其自书也。"

又十数年，南宋淳熙年间(1174—1189)，岳飞之孙岳甫任池州知州，访得沈辽遗墨七幅，送藏于家。其叔岳霖大喜，岳霖之子岳珂在《宝真斋法书赞》中怀着敬意写道："沈公辽，字睿达……卜居池阳，名与齐山俱高，遗帖固可宝也。"

沈辽擅长书法、诗歌、音乐、考古，倾心于佛老。他留给齐山的是一份极为丰厚的文化遗产，值得我们认真研究发掘。

（2009年4月27日）

15.池州三女杰

中华人民共和国成立前，池州争战之时多，太平之时少，人民少有安宁之日。然而池州人民勤劳勇敢，且读且耕，且战且猎，古往今来，文才武略者，风起云涌，代不乏人。然山川之灵不独钟情于男儿，时亦见奇于女子。举其英杰者有三：脱冶工于生死之际而赴汤蹈火者，有李娥；救国家于存亡之间而奋击于疆场者，有梁红玉；拯家族于衰微之时而鞠躬尽瘁者，有章住英。斯人者，皆为我池州文化蕴育之精华。列之史乘，实无愧于古今；传之将来，可垂范于后世。常使天地生辉，每令须眉失色。

(1)李娥

梅根作冶炼之地，估计不迟于商周。自汉以来，依托水运便利和周边矿藏，渐成铸冶中心，三国时已成规模。

李娥，三国吴人。李娥之父为冶师，开炉冶铁，为吴铸造兵器。一日娥父冶铁，石矿已融，而铁水不出，未知何故。娥父、冶工皆惶恐。依吴律令，费资十万而冶炼无果者，斩。娥父等至此时已耗费国库采矿之资百万，罪无可逃。祈之炉神无所应，以为非人牲祭之不可。人命关天，娥父私计："祭炉死，违律亦死，宁违律死。"李娥知之，欲祭炉出铁，以代父死，遂整装，慷慨赴炉，铁果出，奔流数里。冶工皆感其活命之恩，立祠以祭，代传不绝。娥死年十五。

南梁武帝驸马张缵作《东征赋》尤称其事，云：“嘉梅根之孝女，尚乘肥于媵姬。嗟吴人之重辟，忧峻网于将贻。彼沉瓜而显义，指沧波而为期。此浮履以明节，赴丹焗其何疑。信礼感而情悼，实凄怅于余悲。”盖感其孝之悲壮耳。

（2）梁红玉

梁红玉，原籍安徽池州，南宋大将韩世忠妻，主要活动于南宋高宗年间。

因助世忠平定苗傅、刘正彦（两人均为殿前统制）之乱有功，封杨国夫人并给予俸禄，以国夫人而享有俸禄者就是自梁氏始。金人南侵，世忠以8000兵阻击兀术30万大军于建康（今南京），梁氏亲自执桴击鼓，宋军士气大振，大败兀术，并困兀术于黄天荡40余日。后兀术侥幸逃遁，梁氏上章弹劾世忠贻误战机，有纵敌罪，其无私如此。世忠能厉节勤王，梁氏之功不可没。

据传，其幼时，父兄为宋将，征方腊无功，被斩，无所依靠，流落风尘。虽为女子，善挽弓，多智勇，其故事民间流传已久。传其终家于楚州（今淮安），淮安人为立祠。

（3）章住英

明洪武年间（1368—1398）贵池元四章人，元四梨树章氏先祖斗民公之女。公诸子有从军者，督运粮草，为匪所劫，朝廷问罪，一门云散，唯余姑嫂幼侄三人。住英大义凛然，慨然不嫁，助嫂抚孤。出则为男丁，耕作田间，伐樵山中，家给之外，尚输赋役，往来乡人之冷眼中；入则为妇女，舂磨纺绩，缝补浆洗，饲猪牧牛，其间之辛苦酸楚，人知几许！

春秋骤逝，红颜易老，至侄成亲之日，已过待嫁之时。洞房花烛，侄拜母于堂上，然住英一无所有。生无天伦之乐，死为断祭之魂，思之不觉泪下。然章氏自此人口始滋盛，非住英，章氏何能昌大？饮水思源，过河顾桥，章氏乃定族规两条：此支章氏之后，成婚禁拜堂之礼，免伤姑祖之心；供住英于列祖之位，号玉姑婆婆。为宗族之女而特立族规，已为少有，又与列祖同祭，当属罕见。非住英之舍己为家，焉能如此！

16.石城秋浦县移城之示踪物——高获庙及墓

高获,东汉人,与光武同学,避光武之封,遁江南,死于汉石城。石城人怜而葬之,岁公祭焉。

诸葛恪移石城于贵池江边晏塘乡之莲花村,获庙及墓附迁新城畔之新河坝。晋元康三年(293)又迁石城于秋浦河之贵池木闸乡古城村户房朱所在的小山丘,获墓及祠随迁古城村。及隋易石城为秋浦县,回迁汉石城处,获墓及祠也回迁。李唐永泰元年(765),李芃于贵长池东筑池州城,获墓及祠又迁池城北青枫亭。

20世纪70年代,墓被掘,遗骸犹存,以股骨逆推其身长不低一米九。获墓凡四迁而骨犹存,亦已异哉。像这样的作为公祭对象的人随城而迁的规矩,至明代或者更可能在元代就已被破坏,故明人何绍正不独修葺了城内的高获庙,也将新河坝的弃庙修葺。嘉靖《池州府志》对此事做了记录,但他们不知道新河坝的庙是一座三国石城县城的弃庙,反倒认为,新河坝的高获庙是假的。

17.长风沙与古之三江源

李白拟南朝乐府而作的《长干行》云"相迎不道远,直至长风沙"。盖长风沙在池州江段太子矶之上,至前江口之下。六朝时尚为三江口。三江者,即郦道元《水经注》之所谓南江、中江、北江也。三江分流于长风沙,故三江之商贾皆会集于此。此地也为家人俟商贾或问信之处也,故李白云"相迎不道远,直至长风沙"。或疑今安庆长风乡即长风沙所在之处。

18.贵长池、秋浦与秋浦河

《水经注》有载:"郎山北流为贵长池,池水又北注于南江。"即西讫原贵池木闸乡,东止原贵池驻驾乡,以一列低岗与江相界。江在北,池在南。春夏水涨则为巨池，名曰贵长池；秋冬水落，则为浦、河。因浦秋生，故曰秋浦；河旁秋浦，故曰秋浦河；县曰秋浦县。实池、河、浦为一，春冬称呼有别而已。李白初游，诧曰："风日似长沙"。

秋浦有两源：一曰鸿凌河，出石埭（今石台县横渡乡之怪潭）；一曰龙舒河，出石门（今贵池区棠溪镇之石门村）。两河交汇于琅山崖下玉镜潭，始称秋浦河。

19.孙吴的虎林城

三国吴之虎林城，为剿山越而设，在秋浦河支流龙舒河畔古石城县治遗址东十五里之水车岭下，即今贵池区梅街镇乌石村境内。故上游山越之地名"坑"，也至此止。及嘉禾五年（236）诸葛恪征山越事毕，乃移虎林址于南江上游，即今马衙街道峡山村境内方冲组的孤山。孙权以子休为琅琊王镇之。方四月而权薨，亮即位，诸葛恪乃驱休之宣城，以他将守之。城至吴灭而消。

20.祭祀墓——战国前诸侯国移动之示踪物

夏商周至春秋时，诸侯方国不得有家庙，唯以先人冢为祭祀。越国在檇李，应设有禹穴祭祀。及亡国，遁栖苗山（今绍兴会稽山），无得祭祀处。及夫差封苗山百里予勾践，复其国号，勾践始设禹穴于此，易山名为会稽，以祀禹。徐在淮河，及其亡遁浙之衢州，乃设徐偃王石室，至唐犹存，易称为庙。徐人以石室为墓。韩愈有《衢州徐偃王庙碑》。彭居淮，散于殷武丁时。所至之处，皆设彭祖墓或彭祖室，用祀彭祖。四川之彭州、池州之陵阳皆有彭祖墓。故祭祀墓乃战国前诸侯国移动之示踪物。

21.佘敬中墓

佘敬中，明池州铜陵人，嘉靖进士，仕终广东按察使。居家30年，与石埭毕锵、青阳施尧臣时以酒会，号为三寿。其墓在百牙塔东北百米处(施尧臣墓称“天官坟”，在青阳杨田)。

初，人未知其为古墓也。20世纪末至21世纪初，一地产商购其地，号称房产开发，筑高围墙密围之，三年未见建房。后该墓地被夷平，在小区中间，人至今未觉也。或疑该人特为盗墓而来，非造房也。

22.昭明钓台

昭明钓台及昭明庙，也为六朝后池城移动之示踪物。

初在南陵郡城(今杏花村文化旅游区梅州晓雪景区秋浦河侧)，为真钓台。太子于此钓贵长池鱼，味甚美，赐名为“鳜(guì)”。隋开皇九年(589)，灭南陈，废南陵郡、县，割南陵县西五乡入石城，易石城县为秋浦县，故秋浦县承祀昭明。初，县址设在今贵池区牛头山镇前江行政村古城中心村，故钓台设于城西八里大江石矶上，且为建庙其上，矶因名太子矶。开皇十九年(599)，秋浦城移回诸葛恪前石城旧址(今殷汇仓埠村)，钓台也移至该城西二里之琅山崖玉镜潭。及永泰元年(765)再立池州于今址，钓台也复迁南陵郡之旧址。钓台凡三移而复归原址，其天数乎?

余访之杜坞渔者，其云钓台长15米，宽5米，今已不存。其石为20世纪70年代渔民撬运殆尽，垒其屋墙也，惜哉。

23.陵阳琉璃岭

琉璃岭介于池州市青阳县陵阳镇崇觉村和黄山市黄山区太平湖镇广阳村之间，楚怀王时为楚关。

李白《秋浦感主人归燕寄内》云“霜凋楚关木”，楚关即此处(关上之楼后为僧所用，称为“郢关寺”。关及庙犹在)。陵阳河穿岭而过，成“S”形，天然的八卦图，南北向。张果老墓与彭祖墓(祭祀墓)在焉(见嘉靖《池州府志》)。果老墓在北鱼(阴鱼)眼，彭祖墓在南鱼(阳鱼)眼。世传陈抟之太极图，得之乎?

24.黄山岭的铅锌

贵池黄山岭，古称黄山。得名于何时，实未知也。但无论如何，不晚于唐，且远远在徽州黄山得名之前。徽州黄山以前称黟山，天宝六载(747)始名黄山。

据东汉刘向之《列仙传》载，窦子明炼黄山五色石脂，服而成仙。此黄山非当今黄山也。《列仙传》称窦子明为陵阳县令(《大九华山老田吴氏宗谱》之《吴栋才小传》称子明为陵阳县尹)，其黄山应该指贵池之黄山岭，盖其产铅锌，可称五色石。周围数百里无多彩之石，五色石非此而何？此其一。其二，此地铅锌虽不知何时开采，但李白之时，其以铅闻名于炼丹客也。周边之铜陵、青阳商周已采冶铜，其时青铜器皆含铅，故附近必有铅矿开采，而此周边方圆数百里，除去黄山岭则无此矿。故此矿开于商周为大概率事件。如此时已采，则至西汉时为子明所知、所采，不为意外。

李白天宝年间(741—756)游江南，盖其欲寻子明之法而炼丹也。故其先后寻子明遗迹于南陵(有黄山)、宣城(有陵阳山、黄山)、泾川之旌德(有陵阳山、黄山)、陵阳(有陵阳山，其山几十里外有黄山岭，含“黄山”之意)。而史上南陵、宣城、泾川之黄山与陵阳山皆为窦子明之祭祀山。而今青阳之陵阳山与贵池之黄山(岭)乃为真也，故李白“采铅青溪滨”(指黄山岭)，三年不去，虽屡败屡炼，是有窦子明之榜样故也。

25.池州的唐代诗人墓葬

唐代池州诗人墓葬，目前，吾除了已知金地藏葬在九华山地藏菩萨塔外，还知吴器高、吴用之、费冠卿、李化文、胡楚宾、桂仲武、杜荀鹤、康骈、殷文圭、周繇及客籍罗邺等十一处墓。

具体来说，吴器高、吴用之父子之墓在九华山头陀岭下，费冠卿墓在九华山之旱麓冲，李化文墓在青阳县陵阳镇陵阳山仙人峰下，胡楚宾墓在石台县丁香镇胡村南，桂仲武墓在石台县仁里镇南山下，杜荀鹤墓在仁里镇杜村，康骈墓在贵池区太朴山之黄老山，殷文圭墓在贵池梅街镇桃坡村，罗邺墓在贵池区梅龙街道九华河岸，周繇墓在东至县尧渡镇纸阬山。

高霁、王季文、张乔、王希同、臧渍、卢嗣立、冷然、神颖、应物等人墓在哪？吾想知而尚未知也。

26.苦竹坂、苦竹畈与苦竹岭

“苦竹坂”在原贵池县里山乡新华行政村（今贵池区里山街道新花村）下的一个章氏自然村，而“苦竹畈”是在新华村一个被称作“花园巩”的巩氏自然村。

“苦竹岭”是唐代诗人李白游秋浦的一个旅居处，“苦竹岭”又在何处？据乾隆《池州府志》记载：“苦竹岭，城南二十里，有唐李白祠，今废。”苦竹坂和苦竹畈未必与苦竹岭有必然的联系，由此推断“苦竹岭”之方位似不妥。

根据“花园巩”的《巩氏家谱》的记载，“苦竹岭”应该在“花园巩”村。

27.解烦兵

解烦兵，三国东吴一支直接隶属中央的精锐部队，寓意“战无不胜，能解困危”，曾由韩当统领围剿池州南部山区一带的山越。

孙吴剿山越大体分为三个阶段。第一阶段，孙策、程普等剿丹阳之山贼，占领泾县以西的青弋江平原以及青阳、贵池沿江平原，并于青阳境内设立临城县，以控青阳北及铜陵，同时拥有春谷、石城两县治，以控池州之沿江平原。第二阶段，以韩当为主帅，领解烦兵一万人围剿陵阳、六都、七都、横渡一带的山越，以切断其与南方山越之联系。韩当于今石台横渡钓鱼台村设立石埭场，以扼徽池水道。第三阶段，嘉禾三年（234）至五年（236），诸葛恪领丹阳太守，将分割于九华山、七井山中的山越招降，彻底解决了山越之患。

28.部曲制

部曲制是一种募兵制度，最早形成于三国之吴国的孙坚当政时期。

发起人首先发展自己家的兄弟，然后再发展他们各自的亲戚，再由这些亲戚发展各自父子兄弟亲戚，如此不断发展下去，形成一支完全由血缘关系构成的队伍。每有所占领，则将其土地分与部曲即亲戚耕种。采用部曲制，将家族利益与战况捆绑在一起，一损俱损，一荣俱荣。这样，部队战斗力当然会强于他军。其后，曾国藩即采取这种部曲制发展其湘军，称子弟兵，在诸多战役中大获成功。

29.城与市

早期部落时代，城、市混于一处，不加区分，如陶寺、石峁、凌家滩诸遗址，生活、制陶、宫殿皆处一城。

城与市的分离，最初可能是因军事或政治目的在王城以下设城。这时，城的功用是作为政治与军事堡垒，驻扎的是官员和军队。市的功用是商品交易的场所，聚集的商贾与其他参与者，为城内官员和军队提供消费场所和消费品。从早期的王城到后来的皇城，因其官员与军队数量巨大，大量的消费品和相应的服务，需要就近供应，一直未存在城与市的区分。城、市的分流随着政权意识的加强而出现，约始于春秋末至战国初的诸侯王级别以下的城。

城、市的合流则是因城的政权级别而异，行政级别越低，其官员与军队数量越少，城与市的合流越迟。州郡一级的城市合流大约始于唐代中期以后，县一级的城市合流可能晚一些。我们时常会听到明清时有“小小的某某县，大大的某某村”之类的话，说的就是市井规模大于县城，且仍处城、市分流状态的情景。

30.黄观有后

黄观为科举史上唯一一位六次考试皆为第一的状元，其状元为明开国者朱元璋钦点，故非仅是书生状元。由于其一直尽心尽力地辅佐朱允炆，朱棣即位后，宣布其为排在文臣第六的奸臣，诛门灭族，按理应无后人。

黄观真无后人吗？余细绎其太子矶殉难细节，颇多疑惑：

第一，关于其投江的细节记载说法不一：有说其将衣帽脱下，然后投江，船夫但见其衣不见其人；有说其向东而拜，然后投江，船夫急以钩钩之，不得。然皆生不见人死不见尸。

第二，其奉诏在长江中上游招兵，至池州太子矶闻南京城破而止此不前，未闻观投江之后，兵去向如何。此人数应为不少，为何没有记载？

第三，观身携御印招兵，为何未向建文帝交差、交印就擅自投江？

第四，有文献称，南京城破，建文帝潜出，遣人告知观，其已过建德西。皇帝既在，臣焉敢投江？

第五，太子矶南岸，丘岗连绵数十里，杂树稠密，即使逃匿数十人，非万人搜寻不得。故，黄观无死之理由，而有生之可能。而该年黄观约40岁，如未死，尚能娶妻生子。故黄观存在有后之可能。

围绕着这些疑惑，余先是臆断观隐匿于池境内，未曾去远。所招之兵，也就地密遣，以候机再举。故吾于贵池区境内搜寻其族，先后到访原晏塘乡黄村、原清溪乡黄村和里山街道贴路毕自然村（观之弟黄遘妇毕氏幸存，有子），于贴路毕自然村寻到黄遘之后黄美利，得其宗谱。又于网上搜寻信息，得知江苏《盐城日报》有文称：忆其祖黄观。大喜，即与作者联络，始知，黄观有后在盐城。

黄观领命招兵时，其弟遘即携观之幼子遁于东海之滨，以打鱼为生，不敢姓黄，名幼子曰“大张”，也未敢告大张以身世。及遘年老，乃铸一无孔铜锁，付大张曰：此吾传家宝也，汝善传之。及至五六代，已为嘉靖年间（1522—1566）（适此时黄观被平反），弟兄渐多，要求共分传家之宝，遂砸碎铜锁，内现一纸，上书:“忠臣之后,避难海疆,忠臣谓谁? 姓黄名观。”至此,始知其为黄观之后。繁衍至今,已为万人之族。

贵池区乌沙镇太子矶的黄观衣冠冢久废,市文物所只在路边立1碑,聊表纪念。余亦两寻其处,未果。及余领观之后人来寻墓,忽江边现1老者,肩1锄,指墓之所在。遂递予锄,继而不见。后人携锄理墓土,得一断碑,只1尺余,仅存3个字,曰“观之墓”。司机帮忙云:“此碑有泥土,我扛到平地上车,再开上山坡。”未扛20米,司机呼“重”! 余度此石不过10斤,岂云重? 及搬至车上,司机打火三次,起不动车。余谓观后人曰:“尔祖贵池人,不愿离开此地,后人要理解。不得已,一定要带碑去江苏,要在此处立一新碑,便于子孙找寻。”后人应允。言讫,车始能启动而去。余甚异之。

31.古今平天湖

“天堂章氏”是在明代迁到城之南郊的,其《章氏宗谱》记载:“平天湖始于万罗山玉镜潭,终于杏花村三台山脚下。与清溪河相表里。盖其涨水为平天湖,落水为清溪河。实因水面大小不同,称呼不同而已。其上游,明初已涸为一湖一畈。湖曰‘天堂湖’,畈曰‘平天畈’。”这里的平天湖应称“古平天湖”。1958年围湖造田,清溪河水被撇于堤外,遂凿杏花村茶田麦浪之山岗以通池口,与秋浦河合,造西门大桥以通陆路,更清溪河名为“白洋河”。平天湖也被湖堤一分为二,初为良田,今已半为楼房也。

21世纪初,齐山东北筑堤所造之白沙湖,被更名为平天湖,此应称“今平天湖”;而城西南之“古平天湖”遂匿迹焉。

32.牯牛冈与牯牛降

牯牛冈在石台县大演(也作“剡”,读音为“演”)乡,至民国,牯牛冈未有他称。

1935年,日本人航拍中国地形,制作地图,而未知地名,遂密遣汉奸,乔装成货郎，走村串户，打听而得，故地名时有所讹。石台之土语，“冈”与“降”音近，汉奸遂讹记为牯牛降。该地图一直使用至20世纪70年代，故“牯牛冈”讹为“牯牛降”，并以讹传讹，弄假成真，实可笑也！

33.仙寓山

在东至石台交界处。所以名“仙寓”者，仙人所住也。仙人谓谁？檀氏仙姑也。

檀氏为南朝宋名将檀道济之后，道济之子檀珪于刘宋末自河北潜回江南。其携二子，第五子居东至花园乡，其所衍之族称“埠头檀”；珪随第十子居石台大演乡，其后衍成“檀村”。

檀家有一女，订婚之时，未嫁而夫亡；再订婚，又未嫁而夫亡。人以为克夫。此女遂上山修行，称“仙姑”，所住之山，称“仙寓山”。

34.石埭场旧址

三国孙吴将韩当于贵池源（贵池即贵长池）之石埭（水中平台巨石）设石埭场，以扼徽池之咽喉，断七井山山越南遁之路。梁武帝大同二年（536），升石埭场为石埭县。

石埭场在何处？余环顾石埭周边数十里皆山，没有平地。唯距石埭石上游之东岸20余米处，有平地10余亩，为南北狭长之形状，今为石台县横渡乡钓鱼台村，居人多姓胡。村中道路为十字形，南北长而东西短，其处似有县衙之建制规模。村中临水处称仓库，疑为韩当石埭场（贮粮处），梁续用之，后废。唐代宗时曾为方清短期占据，籍以寇掠徽池也。

35.东堡澍田

东堡澍田于青阳县原东堡乡有之。其山间数田中有泥沼，谓之“澍田”，深十数米，常陷耕牛不得出。土人多以耙去草而种秧，无敢以牛耕。

36.吴越王

关于吴越王，我最想不通的就是他为什么不做老大？别人都是占一小块地盘就称帝，他则一直奉中原王朝为正。难道是吴越文化中无做老大的基因？显然不是，只要看看夫差和勾践的你死我活的争斗就知道了。

又难道是钱氏家族文化里有做老大的禁忌？考钱氏源自殷商时彭伯彭祖之后，其族为淮夷中最强悍者，堪称“老大”，后为武丁东伐所破，其后散于皖浙赣湘鄂川山诸处。其先彭祖为火正，故该族多勇武与技艺者。近世将军有彭玉麟、彭德怀、彭雪枫，学者有钱穆、钱锺书，科学家有三钱、彭桓武，独不见做“老大”的人。其先人有戒其后世不得为“老大”乎？余曾询之于北大钱志熙先生，其亦不知云。

37.滕子京及其书堂

滕子京者，宋史称其为洛阳人，吾疑其为青阳县木镇河北村人。其先人为商贾，累资甚巨。其与读书木镇长山之范仲淹友善，为同年进士。北宋忌朋党，故滕自称洛阳人，范自称苏州人。

滕子京父母均葬于青阳，其妹其女葬于青阳，其本人也葬于青阳。滕子京如非青阳人，缘何一家皆葬于此，而子孙也生活于此？木镇至今仍有滕家冲之地名在焉。凡此种种，非滕子京为青阳人而不能解也。

滕子京在池州的书堂有二：一在太朴山河谷，一在九华山云外峰。元丰年间（1078—1085），沈辽被流放池州，与滕子京长子滕润之同游太朴山之马牙河谷，滕润之为沈辽指认其父滕子京书堂旧处。沈辽曾记：“四月，滕子京长子滕润之陪游九华，遇雨，改游太朴山之龙潭。”其《云巢编》卷八《三山游记》云：“出马牙市南行……至其寺，山甚峻……润之指其尊府天章公所卜筑读书堂处，但余竹树如毛，无复故基也。”这个位置正处于今九华天池之四岭水库后。滕子京的云外峰读书堂，见宋末陈岩的《九华诗集》之《云外峰》自注，云："云门西，醮坛侧，高出云外。滕子京书堂在山之半。"滕子京二书堂皆为其当朝人所记，不应有讹，尤其沈辽所记离滕子京建此书堂不过三十年。

38. 黄溢河与升金湖

发源于石台的东河与发源于仙寓山的洋湖河合流之后，始称张溪河。过张溪镇之后，下游进入开阔地带，至唐田杉山与唐田河合，始称黄湓河。水位高的时节就成了湖，史上称雁汊；落水时节，依然是黄湓河。入江口处，有一小渚，名曰黄湓。明设市舶司于此。今人筑黄湓闸，以堵河水入江，使雁汊四季皆湖，称升金湖。附近有乌石山，唐之陈庄、方清据此为寇。宋之岳飞据此训练清溪雁汊控海水军。

39. 清明节与杜牧《清明》诗

"清明时节雨纷纷，路上行人欲断魂。借问酒家何处有？牧童遥指杏花村。"这首杜牧的《清明》诗不仅使小小的杏花村扬名大江南北，还生动地勾勒出唐代的清明风俗图。这应是杜牧从杜坞祭祖归来，觅酒杏花村时所写的千古名句。

唐代最初将祭祖活动定在寒食节，盛行于民间，唐玄宗开元二十年(732)正式得到国家认可，成法定假日。玄宗颁《许士庶寒食上墓诏》："寒食上墓，礼经无文，近代相传，浸以成俗。士庶有不合庙享，何以用展孝思，宜许上墓用拜扫礼。"唐穆宗时颁布官员寒食节放假的规定：官员祖坟在京郊的，"自今任寒食假内往来，不限日数"；官员祖坟在外地的，"任准式年限请假"，即按任职年限给假，如父母居住在500里外的官吏，5给一次拜扫假，共15天，并除去往来路程所占的天数。

王建《寒食行》记录了当时寒食祭祀的情况："寒食家家出古城，老人看屋少年行。丘垅年年无旧道，车徒散行入衰草。牧儿驱牛下冢头，畏有家人来洒扫。远人无坟水头祭，还引妇姑望乡拜。三日无火烧纸钱，纸钱那得到黄泉……”可见寒食已家家祭扫墓坟，而且已用纸钱祭。出门在外的人可能赶不回去，只好在水边对着家乡的坟墓方向“望乡拜”，也就是望祭。

杜牧是会昌四年(844)秋来池州任刺史，到会昌五年(845)的清明，任职还不到一年。按“五年五百里”才给假的制度，虽然杜坞、杜湖与杜牧故乡京兆万年(今陕西)远隔千里，但任职年限不足，清明祭祖也只能是水边望乡而祭了。京兆在贵池的西边，而古时杏花村的水面均面对东南(西门大桥下河道为新中国成立后才开凿的)，近城面向西方的水面只有杜坞一处了。所以杜牧望祭就只能选在杜坞了。《江南通志》记载：“杜坞，在府城西四里，因杜牧得名。”所以杜牧的游览，应指的是这次望祭了。既然前面说明过，唐人祭祀在寒食节，杜牧怎么在清明祭祖呢？原来唐人寒食祭祖的风俗在中唐时发生了变化。与杜牧同时代的白居易在《清明日登老君阁望洛城赠韩道士》诗中说“冢墓累累人扰扰”，说明此时人们已在清明时扫墓了。

此外，唐代清明还有祭墓之后赏花饮酒的习俗。因此，杜牧在杜坞望祭后回府衙的路上，有了一段“借问酒家何处有，牧童遥指杏花村”的故事情节就顺理成章了。这件事应该发生在郭外杏花村和杜坞之间的官道上。当地民谚：“人到清明边，走路要人牵。”杜牧诗句“路上行人欲断魂”的前一句是“清明时节雨纷纷”，说明天气有些冷，显然“断魂”不是因为天气，而是拜祭祖宗之后的情绪遗留。

寒食祭祀更为清明祭祀的原因何在？可能有三：其一，寒食禁火，“三日无火烧纸钱，纸钱那得到黄泉。纸钱不烧，就不能到“黄泉”为祖宗享用，寒食祭祀非理想时日。而清明时则可以取新火，这时一则能烧纸钱，二则以新火烧纸钱为祖宗享用能示敬意。至今池州一带还保留清明上午祭祖的习俗，大概也包含这一层意思。

其二，可能受皇室影响。《江南通志》载：高宗永徽二年(651)规定，清明也为太庙祭祖日，这可能也渐渐影响到民间。

其三，自盛唐以来，清明放假已成通例。宋王溥撰《唐会要》载：“(开元)二十四年二月十一日敕：寒食、清明，四日为假。至大历十三年二月十五日敕：自今已后，寒食通清明，休假五日。至贞元六年三月九日敕：寒食清明，宜准元日节。节前后各给三日。”正因清明放假，杜牧才有时间去杜坞望祭并游行春。

当然，任何事都不可一概而论，中唐时，有的地方仍然于寒食祭祀。与杜牧同时的柳宗元就说“近世礼重拜扫，今已阙者四年矣。每遇寒食，则北向长号，以首顿地。”（柳宗元《寄许京兆孟容书》）“出门三五里，各处一乡风。”就池州而言，其一直保留了清明祭祀的风俗。嘉靖《池州府志》之“清明扫墓”条云“季春朔日后，士女诣墓所祭扫，祭毕，加土于冢，挂楮标其上”，其做法至今未改。

所以说，正是清明这天，在杜坞水边祭祖归来的杜牧，于城西觅酒之际，写下了这首千古绝唱。

40.秋浦县域变化与秋浦后河

隋开皇九年（589），灭南陈，割古南陵县西五乡（约为池州城至青通河一段）与原南太原郡之晋阳县（今洋湖镇、张溪镇全部及胜利镇大部），与石城县合于一处，设一新县，名秋浦县。

秋浦县有一条秋浦河，还有一条贯穿现洋湖、张溪、胜利全境的河，时称秋浦后河。五代十国杨吴时，秋浦县改名贵池县。北宋太平兴国年间，秋浦后河流域从贵池县归入东流县。该河可能此时易名为黄湓河。

明代嘉靖《池州府志》明确记载秋浦后河为“黄湓河”，并细解云：“在城西九十里。其源有三：一出贵池西溪；一出建德良禾乌沙，合于双河，播于东流之张家滩，沿于坦埠；一出贵池鲁祖山，绕于唐田，注于石龙潭，会于沙山，达兹河，以入于江。”由于古今地名些许差异，大家理解起来颇有难度，我梳理一下。黄湓河有三个支流。最西南的一支发源于所谓“建德良禾乌沙”，也就是今天的洪方的红旗岭（良禾乌沙）。此支流较长，水量也较大些，地图标其名为“张溪河”。张溪河穿过洋湖镇与黄湓河的另一支流西溪在双河口交汇成一条河流，流向张溪镇，再流经坦埠，进入升金湖水域，至贵池唐田沙山与另一发源于唐田鲁祖山的支流合流，至此，黄湓河的三大支流汇合完成，形成黄湓河，再奔流数十里即达于江。故黄溢河的主干只有总长度的七分之一左右，很短。

现在回头说说其他两条支流的名称问题。与张溪河合流的所谓“西溪”现在已被标为“后河”，这多少还带点“秋浦后河”的影子。这两条支流交汇以后，它的身份仍然是黄湓河的支流，然而，地图堂而皇之标为“黄湓河”。但我们还是将它称“张溪河”较为妥当。一是交汇前张溪河为最大，名可从大；二是交汇后的河段80%都流经张溪，名可从实。发源于唐田的这条支流，是三条中最短的，全境都在该乡境内。但一直没有听说过它的尊名，仔细斟酌，按名从实的原则，叫它“唐田河”，似乎没有什么不合适。

41.白马将军庙

东至县白马将军庙有二，都在胜利镇。

其一在胜利镇街上。据传，朱元璋与陈友谅大战，该战马为救朱元璋而断一腿，跌入长江中，漂至胜利镇水域，百姓葬之，号其为“白马将军”，立庙祭祀。

另一座白马将军庙位于东至县胜利镇万岭行政村万年中心村的长江沿岸。庙内供奉的“白马将军”为陈友谅部将白德远。民间传言，白德远是陈友谅表弟，在鄱阳湖大战中阵亡，遗体漂至万年村域，被当地百姓收殓并建庙祭祀。因其生前骑乘白马，故称白德远为“白马将军”。后葬之地生黄连木，人摘其叶，传言能治病。

此二庙同名为“白马将军庙”，一祀白马一祀人，然皆为礼赞忠勇、祈佑平安。

42.梁陈南太原郡故址

东至县尧渡镇长岭村之王家畈（属原马田乡），有文选阁和昭明钓台，疑此地曾为南太原郡故址。该地家族主要是邓氏，北宋年间迁于此。而在张溪河之下游约40里东岸（现东至张溪镇石潭村香木潭），也有昭明庙及钓台，昭明庙可能是南太原郡之祭祀处，那么其城之故址也必在附近。

据此推断，南太原郡故城有两处：一在张溪镇石潭村香木潭（张溪河东岸）；另一在尧渡镇长岭村王家畈（张溪河西岸）。南太原郡存在于梁陈二代，隋朝军队渡江后的开皇九年（589）废。以上两处南太原郡郡城当为梁陈移建而致。

张溪镇田畈较大，能容数万人生活，当为梁代设郡城处。侨郡的目的是管理人口，当就近设城，故其城于平阳大畈人口众多之处。而陈之国势衰微，城当设于军事险要处，今观长岭钓台正锁张溪河要害处。

此外，张溪大畈所居之民，皆山西移民，人数众多，皆对梁朝感恩戴德，一旦有变，此地之城陈兵难以固守；又处于无险可守之地，一旦隋军渡江，城极易破。故再三考量，陈当于马田王家畈设城为上。由此可基本断定，梁之南太原郡城址在张溪香木潭附近，陈之南太原郡故城在马田王家畈。

43. 王文治（一）

王文治为清四大书家之一，人皆言其为江苏丹徒人，谬也。其始迁祖王道桂，生于池州市贵池区牛头山，系琅琊王羲之一族。因触家规，避迁贵池城东，及四世而生文治。予访其址，见其后人，阅其家史，探其始迁祖、其父、其本人之墓，皆在贵池区马衙镇塝上王村。该村王氏祠堂有“碧水腾空”匾额一块，落款为“太学生王文治”。王文治曾为“拔贡”入太学。王文治为乾隆时探花，为官一任即归，平时居则言行蹊跷。其竭力入编于《丹徒县志》，乃讳其家世也，岂不痛哉！其与桐城姚鼐善，鼐为讳其事也。

44. 王文治（二）

王文治为清乾隆前后人，生卒确年待考。至今，人皆言其为江苏丹徒人，非也。据余查证，其为安徽池州人。今王氏宗祠尚存王文治亲书所刻“碧水腾空”匾一块，字迹端庄，署“太学生王文治”，应为其早年作品。其曾祖、祖父、父、本人皆葬马衙坂上王村，相距里余。曾祖父墓碑为文治父辈立，尚刻有王文治名。村中王道桂墓碑(文治父所立),刻文字辈依次为:烈、治、光、谟、戊、说。

其曾祖道桂公,本是贵池区牛头山镇小河王人。因犯家规被逐出本族,流浪至马衙。遂励志发奋以起家,至王文治始参加科举而中探花。文治之仕,仅云南临安知府一任即退隐,继而游走于扬州、丹徒之间,以鬻字为业。常贮男女僮,以男着女装,女着男装,每自语曰:假作真时真亦假。与桐城姚鼐友善,鼐为书行状,而讳言其身世。文治两次参修《丹徒县志》,欲入志其中。呜呼!往事烟迷也,其或惧曾祖因族除而碍科举,遂寄籍丹徒者乎?

45. 王文治(三)

王文治"碧水腾空"匾,落款为"太学生王文治"。书法较规整,盖出仕前为太学生时所书。其匾左云:"口口嘉庆丙寅年春月工断工",其镌刻于嘉庆十一年(1806)也。此在文治逝后。其匾右云:"文冶郎知贵池事功赏加十级,纪功十次,纪大功一次向光随口",盖兴成其事者,贵池知县向光随也。

考《丹徒县志》,其起修于乾嘉之际,三修而成于光绪,前两次文治均参修。其事迹分在"名宦""儒林"诸传,略云:"王文治字禹卿,号梦楼,生有夙慧。十二岁能诗。生平吟咏之工,入唐人之室,与分席而处。书法则如米元章、董香光。嗣统二王,天下士共推无异论者。乾隆癸酉拔贡。""王文治,一甲三名。由翰林侍读知云南临安府(前误记)。"盖文治于乾隆十八年(1753)中探花,授云南临安知府。其志称文治书法与诗,可视为文治自评,也颇切其实际。盖其书为清四家之一,其诗也为清一大家。近世之研究清诗不甚重之,殊为可惜。

附王文治祖孙四代之名:一世祖:道桂;二世祖:立郁;三世祖:礼开、礼余、礼周、礼有;四世祖:以遐(礼开子);五世祖:文谟、文治;六世祖:振茂、振起、金升(文治子三人)。(见《马牙塝上王氏宗谱》)

46.九华天池之玉玺案推想

(1)法海寺碑

九华天池景区的法海寺遗址有一块天然石块,其上有四列文字,从左到右是:(自上而下第一列)此山下;(第二列)打殿石;(第三列)守物记;(第四列)戊申院主。乍一看,颇为怪异。

如按传统的自右往左的读法是:"戊申院主守物记打殿石此山下。"最简单的字面理解就是"戊申这年院主守物记录在这山下'打殿石'里"。表面上看,最费解的就是"打殿石"。这个"殿石"如指一个物件,究竟为何物?"打"是个动词,还是和"殿石"在一起,构成一个三个字的名词?我们先做第一种考虑,即将其看成"打"和"殿石"两个词。"殿石"又是个什么意思呢?

细考"石",在我们传统认知中,一切非生命的坚硬的持久不变形的天然物,除了极地的冰以外都可以叫"石"了,它包括普通的岩石、矿石,以及玉石。玉本为石,故称玉石。除一般石雕或玉雕外,部分印,尤其是玉玺,也是玉石做的。所以"石"解释为普通的石头或石玩或玉印,于其中选一项,并不唐突。

那"殿"又作何理解呢?又怎样与石的义项能吻合一致?"殿"一般可解释为:

第一,高大的房屋,特指供奉神佛或帝王受朝理事的房屋。

第二,殿下,对亲王或太子的敬称。

第三,在最后,如殿后、殿军。

这里的后两种解释要与特定的词组合,与此文所议之"殿"无关。那么,本文所论之"殿"只有"宫殿"或"神殿"之义了。如解释为"神殿",依据此处的地理人文实情,应该理解为法海寺或附近的寺庙。与"石"合解,则可理解为修建庙宇用的建筑石材。那么此石刻则可能是当初修建寺庙时,采石人留下的记录。如果是这样,采石人留下这些文字又是做什么用的呢?而这样的记录又为何不留年号呢?这座山上还有好几处曾经采过石的地方,却为什么不见有同样的记录呢?所以,将"殿"理解为"神殿"还是不妥帖的。现在"殿"只剩下一种理解:皇帝的“宫殿”。与“石”相合,可理解为用作宫殿的石材或宫殿所藏之玉。查历史上离池州最近的宫殿建筑也有数百里之远,路途遥远,运输不便,再加上此地的石材普通得不能再普通了,故其建宫殿不可能千里迢迢到此取石。于是“殿石”只剩下一种解释:殿中的石玩或皇帝玉玺。

前已分析,就此地石质的天然价值而言,其不足以用作宫殿石玩,更何况路途遥远,毫无必要,除非有特殊历史意义。而本地并未闻有历史重大事件发生,也无重要历史人物出现,故不可能有特殊历史意义的石玩出现。只是该地在南唐是“澄心堂纸”的生产地,但跟造纸有关的并无特殊意义的石制品。故该“殿石”不可能是建材或石玩。只剩下一种可能:该“殿石”是玉玺。皇帝的玉玺怎么跟这个偏僻的山沟有联系?如果为真,又是哪一位皇帝的玉玺?何人携带于此?

先将这些疑问放一边,看“打”是如何解读。在贵池话中,“打”除了有“敲打”之意外,它至少还有:

①揍。如:打一顿。②挖。如:挖井。③发出。如:打呼声。④折。如:打莲蓬。⑤编。如:打草鞋。⑥打碎。如:打鸡蛋。

在这些意思当中,“打井”“打碎”的意思可以和玉玺靠上边。“打井”之“打”在方言中就是“挖”的意思。若把“打”按“挖”理解,“打殿石”便解为“挖玉玺”。“打鸡蛋”之“打”为“打碎”。若把“打”按“打碎”理解,则“打殿石”可解为“打碎玉玺”。不过,既然玉玺已经打碎,乃是无用之物,又何必勒石告人?如果命人将玉玺打碎,既有精力去勒石告人,何不亲自打碎?看来,“打碎”之义与“殿石”相连不妥帖。教之二者,我以为,此“打”字仍以“挖”之义为较妥之解。

再看“此山下”,从字面看,“此山”就是“这座山”,这样的理解应该没问题。“此山下”的“下”字,如何理解?广义地说,山顶以下都可称山下;狭义地说,山脚以下,才叫山下。是狭义还是广义,这就要看“山”与“下”之间所隐含的意义。我们搁置一下,先解释其他词句,看看这些解读能不能倒逼出其隐含之义。

现在,我们解读“戊申院主守物记”。先解“戊申”,是用天干地支纪年,六十年一循环。自古至今,有无数个“戊申”年。为表示具体,须加皇帝年号。而此处只言甲子,不言年号。

我们回看“打殿石此山下”,可初步解读为“挖玉玺在这山(巅? 脚?)之下”。若此解读为正确,则如此重大之事,即使是为保密,不言具体藏处,准确时间应该言明吧,而此碑只记“戊申”不言年号为何? 又,此玉玺为谁的? 为何到此? 又是何人所埋? 为何要埋? 既埋之,又缘何刻石以告之? 释一疑而五疑生,如何破解?

“院主守物”可以作为一个整体来理解:“守物”无论是守着一个“物”,还是这位“院主”的法号,都可以连在一起:或解为“院主守着一个物”,或解为“有个法号叫守物的院主”。院主一般解读为“方丈”。但问题是这位院主是采石者,还是法海寺的方丈抑或别的寺庙方丈? 此地除了法海寺,沿着法海寺所在山谷上行两里左右,古时还有一座寺庙——护国寺。

(2)护国寺之谜

与九华天池的东南部相邻的山上,曾经有一座寺庙叫护国寺。

从目前的护国寺遗址来看,原先寺庙并不大。然而这个不大的寺庙里却有种种奇闻,使它显得格外神秘。传说明朝的时候,这个寺庙曾有位方丈十分了得,如果这个方丈点着油灯,南京城都能看得见其光。

南京的皇帝派人到这个寺庙来察访,问这个老和尚:“灯为什么这么亮?”老和尚回答:“我是用萝卜籽油点灯的。”

客人看到老和尚就餐时用的竟是金杯、牙筷,那金杯和皇宫的一套金杯形制一模一样,而且奇怪的是,皇宫里的一套正好又少了一只。

于是使者追问:“金杯是不是皇宫的?”

老和尚说:“不是。”

使者说:“我们皇宫里的本是一套,现在却少了一只。”

老和尚说:“你回去看看。”

使者一转身,老和尚从门角一遁,便把杯子悄悄送回了南京城的皇宫里。使者回去一验,这一套杯子竟一只不少了。

这个传说还有一个版本,就是使者不是一般人。

不管传说如何,但它们都具有一个共同点:都指向南京。且我们还有一问:护国寺,护谁的国?我们也确实在护国寺遗址上有一些奇怪的发现:如在一个残碟片底部,发现一只龙爪是五爪的,很明显是明青花;庙基旁有一坟,以刻有十二生肖石围之。这样看来,这个院主或刻石者似与护国寺关系更大。我们把这个"谜"继续解下去,或许会理解得更清楚些。

(3)金鸡孵蛋之谜

在护国寺之东,约四里处,有一高峰,曰金鸡峰;上有一巨石,称金鸡石。传说金鸡每日于石上孵蛋,护国寺的方丈每日都要派小和尚去探视一次,以防人打扰。

在这里我们有几个疑问:金鸡为什么要到这里来孵蛋?它又关护国寺什么事而天天派人探视?

当我们实地调查时,发现峰顶金鸡石约有三米高,石顶甚平,有一小浅圆坑,一握大小,据说是金鸡的窝。巨石四面近削,独东北面对着南京方向的石崖被削下一面,上刻"观世音菩萨"数字,落款好像是"万历某年"。被削下的石块约有一米五见方,有几吨重,几个人是翻不动的。

于是我们又有了疑问:为什么要削下这块石头?不削不也照样刻字吗?刻这几个字又是什么意思?或许这一切,只有当我们把护国寺的方丈锁定为一个人的时候,才能解释以上所有的疑问,即这个人就是明初状元黄观。

黄观为贵池人,明初状元,朱元璋录而不用,以遗建文,朱允炆任其为户部右侍郎。靖难之役时,黄观奉命至长江上游招兵,返回至贵池长江太子矶,闻南京城破。根据正史的记载,黄观投江而亡,但寻尸无果,仅得纱帽一顶。而流传于贵池民间的却是另一版本,黄观"诈死",后遁隐太朴山之庙。

据此推测,黄观肯定是图谋恢复,但至老无果,于是交代后事,即"玉玺"之事。黄观遂于金鸡峰顶巨石下埋玉玺,为防盗,凿巨石,使下坠,以镇压之。常遣小僧日探视金鸡石。为去人疑,诈之曰:金鸡日来金鸡石上孵蛋,恐人惊扰,故日往护之。故民间有金鸡孵蛋金鸡石之传说。为便于建文后人寻玉玺,遂于山下刻石曰:"戊申院主守物记打殿石此山下。"是年,黄观79岁。只言甲子不言年号,盖其恶永乐之年号,而无敢用建文之年号也。而此戊申距下一戊申有六十年也,六十年内无恢复之举,也无望也;虽久远之后,后世不知此"戊申"

为何年,已无关紧要也。

永乐因无得传国玉玺,恐南人疑己,遂迁北京焉。

47.康骈墓

太婆山西面有条支脉名叫六峰山,古时曾是重要的铜冶之地。唐诗人李白曾徘徊于此,写下著名的《秋浦歌》(其十四):"炉火照天地,红星乱紫烟。赧郎明月夜,歌曲动寒川。"李白走后一百余年,太婆山一带走出了一位本土诗人——康骈。

康骈,字驾言,宋计敏夫《唐诗纪事》记康骈《广谪仙怨》一首。至元代,他仍有《九笔杂篇》《剧谈录》两部著作流传。今仅《剧谈录》存,为乡贤刘世珩先生《贵池先哲遗书》所收。其原有两卷40篇,刘又补逸文4篇,共44篇合刻成编。从书的内容与体裁来看,它是比较接近唐传奇的一本书,应该是他早年参加科举考试时所用行卷的脚本,希望达官贵人赏识他的文采,以举荐他入举。但其中部分内容更接近于史实,故又可作史料笔记看,可惜这部书散佚了。

那现存的《剧谈录》又是什么回事呢?据其《剧谈录》自序云,他于黄巢乱起时,挈妇栖于池阳山中,自署"乾宁二年建巳月池州黄老山白社序"。可见,康骈隐居在九华天池南面的黄老山,通过回忆,又把这本书重新写了出来。

康骈隐居黄老山,然后终老何处呢?根据目前保存下来的文献记载,池州境内共葬有十余位唐至五代诗人:初唐的吴器高、胡楚宾,中唐的金乔觉、吴用之、费冠卿、桂仲武,晚唐的王季文、罗邺、康骈、杜荀鹤、李化文、张乔、殷文圭。但今天仍然能寻到其墓葬的不超过十位,而康骈为其中之一。

据《大清一统志》记载,康骈葬于黄老山。该山位于九华天池南,海拔590米,然而黄老山墓葬很多,但究竟哪座是康骈的呢?

经过田野调查,我们终于找到了这条与记载完全吻合的康骈墓(其墓垒了一圈麻石条)。康骈既然葬在这里,想必附近有他的后人,但遗憾的是今天的黄老山方圆十余里没有他后人的踪迹,甚至连一户姓康的也找不到。那么他的后人还有吗?如果有,又到哪里去了呢?

康骈比较幸运，他于乾符年间(874—879)登科。徐松《登科记考》云其乾符年间中博学宏词科，其登科当不迟878年。879年黄巢过池，康骈在长安未受影响。及黄巢离池，他才回黄老山隐耕，可能在这段时间重写了《剧谈录》。十七年之后的895年，康骈才被授了一个九品的崇文馆校书郎。结合他入宣州刺史田頵幕并被举荐为"中书舍人"看，十有八九他未去长安就职。

48.瓦屑坝

池人家族，凡问其祖先，无论何种姓氏，大部分皆言"明初从江西瓦屑坝迁来"。然阅其宗谱，明以前之汉、六朝、唐、宋、元代迁来的皆有。

所谓瓦屑坝者，或曰：从江西迁出人口皆聚集于鄱阳湖渡口，各家族为区别以瓦屑自围之，以作记号，故称瓦屑坝。时朝廷规定，不得记故里名称，故外迁之人皆云来自瓦屑坝。池人土著所以隐瞒者，是惧外迁耳。

49.吴襄

安徽池州九华山下老田吴村，一世祖吴栋材为西汉元康间(前65—前61)太守，后弃官归隐，定居九华山下。其后裔在此繁衍生息，耕读传家，遂成大族。

唐代李白经过老田吴村时，其已存在800余年。他惊叹老田吴历史的悠久，感慨地写下"洪荒既已判，江天今以图。未有九华图，先有老田吴"(图是古代乡村一级组织)。

老田吴人才辈出。汉宣帝元康丁巳(前64)时，就有吴氏一世祖吴栋材公，做过顺元太守，后迁六安县令；吴卿玉公，官至侍御史，见王莽欲篡汉，归隐老田。唐时有吴器高公，历任歙州刺史，颇有政声；吴胜华公，智勇过人，因抗拒黄巢入侵有功，被唐朝授予招信校尉。宋时有吴鹏飞公任穆州知州；吴止道公，宣和时授南阳知州，如此等等，历代不断。其中，清初康熙时礼部尚书吴襄，才、德、位俱佳，当时才俊竟莫能右。

《大清一统志》云："吴襄，青阳人。为诸生，负盛名……康熙癸巳成进士，历官礼部尚书，供奉内廷。襄持身端谨，督学顺天陈奏滏水事宜及民间利弊，俱见采纳。工诗文，学、行为时所重，谥文简。子庆禖，康熙庚子举人，工书画，尤精于医；兆雯，雍正甲辰进士，官编修直史馆，勤于其职，后以病归。”

吴襄幼聪颖，读书上进，超出常人。然为人谦逊。少年吴襄，常为人欺负。别人特别候他路过，吐口唾沫，扬他一脸，或揩鼻涕也要揩在他身上。玩游戏，也常骗他，然其不以为意。40岁时，曾遭本家侄侮辱。因他为文用意深刻，文字老成，考官一直不能识别他的才能，故屡试不中。正逢大比之年，他又去考，侄儿笑他说“老爷文字老，年年考不到”。吴襄满腹学问，遇此讥讽，内心悲愤交加。这年他果然名落孙山，但他强压悲愤，一笑了之。

年年科举失败，使吴襄对朝廷用人制度开始怀疑。他在金山寺题壁，悲凉地写道：“金山壁立破苍茫，吸引南条水一方。海气浑天笼北固，江涛卷雪走东洋。钟声夜醒蛟龙梦，墨宝精眩日月光。自笑不如栏畔石，十年三惹御衣香。”落款是“家居香山朝九华”。这首诗正好被前来金山寺进香的康熙看见，招来主考官，训道：“此人才不录，更录何人？尔等如不会做主考官，我自来做。”吴襄命运因此逆转，第二年即中进士，年五十二。做到礼部尚书的吴襄，依然待人谨顺。其两子为妾生，俱中举。其幼子尚雯为进士，父子同在翰林院，荣耀一时。吴襄遵祖训，未使二子入谱。北京有吴襄街，这里是尚雯后人。

吴襄一生为人谦逊，与其妻陈秀莲有关，她敬佩其才华，同情其遭遇，鼓励其立志上进。她忍受积年结核，更忍受乡邻从门前掩鼻而过的羞辱，在丈夫屡考不中之时，依然鼓励其应考。她曾选两棵白菜，连根一起腌了，装了两罐，要丈夫带在路上吃，取意“连棵发”，也就是举人、进士接连而中之意。吴襄终如她所愿之时，她却因为贫病交加而倒下了。吴襄没有将妾生的儿子上族谱，也许这是敬重她的表现之一。

吴襄才华出众，尤工诗文，他的《百梅诗》至今依旧保存在老田吴的族谱里。《百梅诗》是吴襄的一组应制诗，共100首。这么多首诗只咏梅花一个题材，还要篇篇遒劲，无相当才性，难以为之。然吴襄以其非凡才力，似不太费力就做到了。百梅诗不仅倾倒了当时的文坛，也激起后人的无限仰慕。20世纪80—90年代，安庆日报社的唐大笠编辑就曾以《百梅诗》为题材，画了100幅梅花组画，以表达敬仰之情。这100幅梅花，画的意境各不相同，无不得益于吴襄《百梅诗》意蕴的富赡。现录《百梅诗》中4首如下：

寒风点雪见稀奇，似与东皇别有私。
绝冷淡中偏带艳，最苍凉处特横枝。
灯红古驿人眠后，月白空山鹤唳时。
一段凄清君莫问，千年唯许老逋知。

漠漠轻烟簌簌霜，疏枝冷落寄僧房。
琢残悬圃千枝玉，分得孤山一瓣香。
窗外月痕留粉照，檐前风影曳珠光。
自怜岁岁同清苦，驿路相看欲断肠。

木落荒山影半空，疏花隐见淡烟中。
忽惊岭上春初动，便觉窗前月不同。
屐齿香粘樵径雪，帽檐寒压酒旗风。
情多果化身千亿，到处人家画放翁。

江云作合冷仓州，每为寒香策暂留。
角断钟残天地老，枝繁叶落古今愁。
半桥驴迹寻诗路，几树鸦声索酒楼。
谁说孤山芳信在，千年尚欲笑王猷。

这些诗既是歌颂梅花阅尽苦寒而冰清玉洁的品格，也是诗人历尽沧桑而独立不迁的人品的写照。

吴襄的诗总体说来，风格俊朗，类唐朝诗人刘禹锡的诗风；略有不同的就是吴的造句瘦硬，意境微带苦寒。这里再举诗人两首分别写齐山、杏花村的诗歌，以作补充。

游齐山

醉来石上同舒眼，春到江天处处青。
诗酒莫谈先辈事，湖山不改旧时形。
微茫马迹花间路，婉转莺声柳外亭。
一线远江斜日下，难将好句谢山灵。

此为其游池州齐山时留下的诗句。此时的齐山，花红柳绿，江天一线。诗人淡然静坐，春愁由远而生，遥想人间，万事匆匆，只能暂适而已。

湖山

兀坐湖山巅，醉向湖山语。
当年沽酒人，杯杓在何所？
芳草城一湾，落花钟数杵。
山水悄无言，日荡江中屿。

其独坐在池州杏花村的湖山上，纵目四望，思世事沧桑，忆古往今来，兴叹顿发。

青阳县博物馆藏有吴襄草书真迹一幅：吴襄宣纸本；纸裱；纵112厘米，宽43厘米。文为草书七绝一首："我眠青峰弄澄潭，君戴貂蝉碧玉簪。应向谢公楼上望，九华山色在西南。"末署"诗一首并亲书"。款署"吴襄草书"，钤朱文篆书"吴襄之印"，白文"崇伯学士"二印，算是难得一见的吴襄遗物了。

吴襄死于在京的任上，归葬于故乡池州。不知是归葬的船运错了地方，还是因为风水，吴襄不是葬在九华山，而是葬在九华山西面七十里外的贵池区涓桥镇三友村（现涓桥中学北侧老卫生院处）。其墓对面的小溪叫云溪，不知道是因吴襄的号而命名这条流水，还是因为这条流水先叫云溪而误导了送葬者，以为是他的老家，把他葬在这里。"文革"期间，他的墓被当地无知者掘开，据说他还是颜面如生，眼镜还好生生地戴在脸上。有人说他归葬时，雍正皇帝也恰巧驾崩，这帮人就草草将他下葬，赶紧回去奔皇帝的大丧。据说吴襄的碑文正面是雍正赐的汉文，反面是新君乾隆赐的满文。如果是真的，这足以说明吴襄的德行和两代君主对他的情感。

吴襄在九华山有个读书堂叫“天籁轩”，在东岩。地因人名，“天籁轩”也应该算是九华人文胜境之一了。

50. 棠溪坎上柯

五月的一个雨天，我们去了趟棠溪坎上柯。因为不知具体方位，车过黄山岭，便是一路问。过了棠溪街，又驰过横跨在龙舒河的大桥，便一径向左拐，沿着一条乡村公路，溯龙舒河而上。我们花了两分钟即到留田老街，看着街道两旁的老屋，便可知道这里曾经如何的繁华热闹。穿过老街，经过一片宽阔的田畈进入了山间，两边是长着丰茂树木的山峰，山峰在雨雾之中，朦朦胧胧，似乎还没有睡醒。

车子继续前行，一路几乎没有人家，只看到了两间被遗弃的旧房子。忽然看见路边的田里有两个人在耕田，我们停车向那两个人问道：“花庙金元怎么走？”那两人的手都指向前，其中一人说：“不远。”我们向前看去，却似乎不见有人家的迹象。但我还是相信，他们的话是真的。在车发动的一刹那，我扫了一眼路边的两间房子，原来竟是一户住家！我知道山里的人们，过的是清贫的生活，但说的却是真诚的话语。山外的人们虽然纸醉金迷，但他们的言语早已是真假各半。我不知道他们的财富是否就是用假话来置换的，抑或说所谓的财富获得必须要以人性渐渐丢失作为代价。我不能回答自己。

行了两三里，到了一个山嘴，几株古木老柯横干，翠绿丰茸，只给路口留下一个洞。车子刚穿过绿洞，眼前便豁然开朗，屋舍俨然，原来里面还藏着一个大村庄！村后的山峰还在云蒸雾腾之中。小雨继续下着，我们到村中一问，这就是我们要找的花庙金元“坎上柯”了，全村大部分人姓柯。同行的柯总显得异常兴奋，寻根问祖是他此行的唯一目的。石垒的篱笆，古朴的旧屋，只有立在村边的新房，才是我对这座村庄的最初的印象。村中还有一块很大的场地，场地到处散落着石础、石柱，还有一个巨大的石门楣。我在想，这应该是个祠堂的老庙基了。

附近有一户人家，一打听，刚好就是柯家的老长辈。一进门，一位八十岁的老者迎出来，问了来由，他沏了三杯茶，倒出一小筒瓜子来，我们便凭着茶话起沧桑古事来。

老者说："这里就叫金元，'棠、峡、斗、金、莲'的'金'就是指我们这个地方(属池州市贵池区棠溪镇)。我们祖上兄弟五个，分在五处：一个在棠溪(属池州市贵池区)；一个在峡川(属池州市贵池区)；一个在徽州莲溪，歙县还有个柯溪公社竹溪柯村，原来的上海市委书记柯庆施就是那里人；一个在高坦(属池州市贵池区)的斗溪；我们也是一个。老祖上是从鄱阳湖边的吉阳过来的，从光字辈起。我们一世祖的墓在棠溪街上，现在那里盖了学校。原先我这里有许多人，被长毛杀得精光，只剩下二三户，后来也渐渐多了，现在有五十多户。"

我们问起家谱，老人叹口气："没讲头，我那时在外当干部，家里的事问不到。'四清'时，家谱被追问得紧，被他们交出烧了。也难怪，都怕呀！现在也理不出一个头绪来了，我只记得百代歌中的三十五个字：'廷志一尚国，士之观光必，逢时以盛达，永远家声振，和兴万古昌，新增传益济，自知发其祥。'我们这一支是从马衙石头村过来的，其他实在也是理不出头绪来。目前的事就是要把祠堂修起来，去年祠堂还在，是明朝建的，已破得不能看了，今年准备重修。"

我望着他家门外散落的石础，对他断然的决心顿生出几分敬意。"我们是以让路作条件的，村里一直想修路，要把我们的祠堂拆掉，现在正好自己祠堂倒了。我把祠堂原基让一边出来给他们修路，但是他们也要把我祠堂建起来，我们也不是不讲道理，祠堂只做六间，后三间作祖祠，前三间呢，一间作老年人用的，一间作公共活动的地方……"

告别了老人，我们穿过村口的老树林，踏上归程。雨仍然继续地下着，路的两边依旧是云山雾海。

(2011年5月27日夜)

51. 天堂章

受朋友章先生之邀，今天去了一趟天堂湖，主要是拜访他的宗姓村庄"天堂章”。去年的冬天，也是和他一道去了次“坦塘章”，在天堂湖南边，天堂湖也算是路过，应该说不太陌生。冬天的天堂湖有些萧索，霜折的枯荷，连同它们水中的倒影，形成大大小小的字母，映在水底的天光云影上，拼成一些谁也读不懂的单词。然而这次是夏天，眼前的繁荣也着实让我吃了一惊。

(1)野性天堂湖

天堂湖虽然不算太大，但是在它的边上，也会有一种壮阔的感觉。城际高速的立交桥在湖上跨过，桥基的土石小路将湖劈成一大一小的两块，即使是这样，天堂湖气势也没有减弱多少。湖岸边是些野荷，今年入夏气温一直不高，还没有长荷花，支支荷伞在绿色的浅草滩边摇曳，它是在与野草抗争，还是想自显精神，没人能明白。稍远一点一直连向湖心的是野菱与芡实的世界，它们纠结着，相杂而生，谁也不让谁，可谁也没有输给谁，生得满湖都是。也许那些水生植物都是长着刺的，湖面便少了些许危险，于是水鸟们便在湖心做窝。

我们在湖边的时候，看到湖心有几只沙鹬与几只水鸥正在相斗。这些水鸟也许是为筑巢和争夺领地，扑腾着翅膀，发出“欧、欧”的尖叫声。但它们的叫声里没有惊恐，倒是带着一种轻松和愉悦。它们的争吵似乎是惊起了一只白鹭，它振翅而起，悠悠向远方飞去，像没它什么事似的。它们究竟有多快活，恐怕也只有它们自己知道。看着这样的场面，听着这样的嬉闹声，心情是从未有过的放松。想着我们生活在碌碌尘世之中，喧嚣下是挣扎与堕落，宁静中是谨慎与平庸，还不如这些无知的野性生灵。

(2)诗意平天畈

沿着湖中的土路前行大半里路，然后拐个弯，便是我们要找的天堂章。入村的土塘埂将人们的视野一分为二。一边是高高的绿杨箍出一片浓荫，绿荫之下几只母鸡在浅草间悠然觅食，啄饮之间从容自得；一边是绿色挤满荷塘：荷叶如伞盖，向远方尽情铺展，一人多高的蒲苇如列队的兵士，密密麻麻而秩序井然，将塘中的荷包圈护佑的同时，又仿佛将这片荷塘镶了道边。蒲、荷间还露出一小片水面，点缀着两三点菱萍。在这里的蒲草、莲、菱，高低错落着，绿荫照水，这画意诗情叫人有几分痴醉。我特别喜爱那几茎绿荷，恨不得是只水鸟，到那叶盖下打盹，在绿蒲中安窝，平淡地过上一辈子。

沿塘的岸柳荫下，有五六个石板挡起的砧位，这里是村妇们浣衣的地方。

对于一个村庄来说，这样的地方往往是村里新闻演播室，村民既是主持人，也是听众。虽然时候已近晌午，浣衣的时间已过，但仿佛她们的欢声笑语还在。

荷塘一直延续到村口人家的屋后，有两家已被绿荷包围了，想必他们的夏天一定清香透了，说不准夜夜都做着荷花梦呢！村口的右边是一座矮山，山坡上是成片的浅草，一栋半掩于绿树中的房子，山顶是几株参差的杂木，倒是有几分欧洲风情。

穿过这个阜岗村庄，是一片青秧的海洋，有好几个天堂湖大，人们说它叫平天畈。回身一望，在这千顷田秧之中，村庄像是绿海中的一叶孤舟。

清风漾起一轮轮的绿浪，一阵阵秧苗的清香跟荷香极为相似，可它却比荷香来得还要清爽。村里人说原来的平天畈是水面，南抵清溪，北到杏花村，东接齐山脚。在这样一望无际的水面上行舟，怎能不跟李白一样，发出“水如一匹练，此地即平天”的感叹呢！又怎能不生出“人行明镜中，鸟度屏风里”的惊诧呢！不错，这里的平天畈，就是李白当年泛舟的平天湖，真是沧海桑田啊！

我们是被三株古木引到这村后来的，这些都是一人围不下的老树。其中一株在人家屋后，一边傍着稻田，一边依着篱路，树荫下罩着一方小荷塘。这是一个绿树四合的小潭，树隙穿过的几缕阳光，照着翠荷，静极了，不禁让人即刻想到一句“绿阴生昼静”的诗来。另外两株矗立在田畈里的小土墩上，离村边不过百把米，各荫护着一个庙。掩护土地庙的是一株乌桕树，曲干虬枝，叶露丹红，堪称树中美男。绿秧四围中，一棵老乌桕掩着一个土地庙，露出一角檐瓦、一面白墙，自有一番意趣。其和谐之美，更是无须多言了。

让人惊奇的是第三棵树，村里人叫它红杨树，一砍它就淌血，没有人敢动它。而伴着它的五猖庙，供着的也是一切瘟神见了就害怕的五猖神。

(3)率性天堂章

这个村落不太大，章姓80来户，400多号人。由于地势窘促，里弄人群簇拥，倒有些集镇模样。一路走着，不时看到一些桑树，墙内墙外旺盛地生长着，翠叶满枝。这些农耕时代的胎记总是一不小心就从人家的院角墙根边冒出来，宣示着它们曾经的辉煌。

村里的几位老人像是约好似的，都聚在明塘边的一家，主要就是聊天叙旧，最津津乐道的就是家族生存史。

他们的一世祖叫一顺公，家谱上记着："字和宇，生明嘉靖壬戌十二日午时。迁居平天畈河东天子塘。"

原来这地方叫"天子塘"，后来或许是因为担心犯上，便简称为"天塘"，进而讹成了"天堂"吧。在这个生存于此已400多年的家族里，流传最广的便是关于"角龙"的故事。每个家族都有他们的雄心壮志，用风水的形式包裹起来，流传下去，成了后世子孙生生不息，永不言弃的强大动力。"天角龙"是这个村庄的风水，在座的老人们都知道，他们说："我们南面，左边有鼓架山，右有上马墩（马家垅）；西有十里长岗护持；北有龟形相顶；东北有个大把口，本来出水的，偏偏水中长了船形墩，封了把口，护了万罗山来的灵气。这完全是一副元帅的派头：鼓架山架鼓，击鼓进军；上马墩上马，上马杀敌；十里长岗便是一字长蛇阵。"

那么角龙又是什么呢？

他们说："传说天角龙是一处'地仙'，那地方的泥巴深，一篙子都探不到底。你家如果要发达，撑船在这过的时候，篙顶上就会放莲花。"然而天子塘的"天角龙"一定不是这么平庸，或许他们的祖先惧祸，把这个"地仙"的真实用意隐了去，也未可知。但我相信，这几位老人绝对不会因为我是个外姓客人而不告诉我。

天堂章的人是率性的。

他们说，邻村是王姓，他们是300年前从青阳迁来的。跟我们要这里的水面，我们比他们早来100年，这一带自然是我们的。状子告到衙门，县老爷来调停，本来是判我们赢的，王家人硬说这里是他们的。我们家有个黑太公，一时气急，一竹篙子将那个王家人打到水里去了，县官老爷就说："本是你们有理，可你们章家太鲁莽，竟敢当我面打人！人不追究了，罚你们让出一条虾子沟，让他们也能捞点虾子吃吃。"天堂章人坦然地接受了，这兴许就是他们的好生之德吧。虾子沟至今犹存，这是大自然对天堂章善行的默默铭记。

天堂章人不愁吃。河里边有莲藕、菱角、黄鳝、白鳝、泥鳅。这里各式各样的鱼有的是，乌鱼、汪古丁没人吃，嫌“肉不活”。他们拿鱼、虾到山里换木炭、茶叶；去城里卖钱，以购买其他生活用品。

茫茫的水面，他们发明了一种用滲凼捕鱼的方法，涨水的时候，他们把长树桩钉在湖里，围成一个圈，再用竹枝沿着木桩裹一圈，像个水桶似的。冬天鱼怕冷，就躲在里面，这种滲凼里面的鱼都归滲凼主人。一家都有好几个滲凼，天堂湖里满是竹枝木桩围成的滲凼，五六百个。

优裕的生活条件，使这里的人不大愿意出去，因为哪儿都没有这儿好。

天堂章来自太朴山的元四章，传说元四章的祖先在太朴山打猎时，猎狗蹲在那里不走，他们的祖先便在狗蹲的地方落脚，那个村庄也被人称为“狗蹲”。天堂章的一世祖似乎也秉承了祖先以狗卜宅的传统，他来到这个叫茅草山的地方打兔子的时候，狗不走了，他便在这里落下户来，这就是一世祖一顺公，他一共生了6个儿子。

这里的人管他们的祠堂叫老屋。1954年发大水的时候，老屋倒了，漂走了两块匾，一块记着天堂章历史的匾，另一块是孝匾。

访问结束了，几位老人走了出来。池塘边，我们再次握手，有些不舍地离开了这个叫“天堂”的地方。

52.吴非

吴非（1618—1705），吴应箕从弟，原名应筵，字嘉宾，后更名为非，改字山宾，自号大非。因家近西黄山古牛冈（今名牯牛降），又自号古牛耕者，又因诗文尚涩，故室名涩斋。曾应童子试，因与有司程尺不合，遂弃去不考，专心致力于古籍。除经史外，对山经地志，齐谐稗乘，也一一探究。工于雕刻，一闻佳山水，则裹粮往游；并携雕刻器具、刻石等而去。又善绘画，似有古人之风。

从兄吴应箕殉国难之后，吴非将其孤儿吴孟坚寄托于贵池峡川刘城处，悉心培养，后终成才。非之国难家仇，虽身在山水之中，也未能忘怀。其《杏花村怀古》云：“刺史行春记古村，谁开帘市复当门。垆皆败冷经牛父，径尽倾肥让竹孙。风景移时山著色，湖光变态水生痕。牧童重理频年话，乱后犹看髑在原。”

吴非之博学闻名远近，池州知府喻成龙，每接见绅士，从不入厅堂之内，独于内厅设一榻，招待吴非，以示尊崇。两江总督于成龙，则聘吴非参与修撰康熙朝巨典《江南通志》。朝廷大臣李振裕到江南巡学，在巡视池州完毕之后，派遣官吏到释莱书院，祭奠孔子，推吴非为祭酒。

吴非虽著述甚富，有《石城笔耕》两卷、《池事未尽录》四卷、《游大楼山集》一卷、《仁玉录》三卷、《三唐传国图谱》一卷、《春秋说梦》、《明经拾遗》、《何堪集》四十三卷、《楚汉帝月表》一卷、《三梁系谱》四卷、《三唐编年》五卷、《二十一史目例异同》一卷、《历代纪年异同》、《经史辨略》十二卷、《说文引经》十三卷、《续丙子龟鉴》一卷、《斋离录》九卷、《程正公后传考》一卷、《耕史》、《梦史》二十卷、《池州书画记》两卷、《无居诗》六卷、《耕余诗话》、《耕余诗谐》、《虫弋》十八卷、《虫弋赓》十卷、《读书跋历》二十七卷、《金石屑》、《吴氏人伦》十二卷、《八十尚友录》、《甲甲甲诗》六十卷、《武兵画记》等。然其自称得意之作，乃是《廿一史异同考》与《三唐编年》，自谓探得史家之秘。其家谱的贴身赞语为“钩索今古，博奥无涯，著等身之书，一旦为当事者录取，平生精血，尽为灰烟”。可见他的著作未能传世，估计是被清朝统治者采取阴险手段封杀了。

贵池乡贤刘城的二子刘廷銮、刘廷鏊与之游，杏花村郎遂、建德王尔德等人也师之。贵池渚湖姜展，年三十始读书，师从吴非学诗。然姜展学识疏浅，作诗唯以性灵相辅，而吴非则学问渊博，其一时难望项背，难以尽学，师三月，无奈而去。

吴非在朝代鼎革之际隐居著述的取向，为他的朋友和学生推崇附会。他也自然成为高标隐逸的杏花村诗人群的领袖人物。诗作文章，其弟子郎遂著作《杏花村志》中收录不少。吴非曾两次折节屈就，应聘入局修府志和《江南通志》，其主要目的是让以身殉明的吴应箕和拒不仕清的刘城等人能入该志人物传，从而名垂千古。吴非作诗，不甚求工，兹录其工者，以鉴赏之：

西郊和刘征君(其二)

闭户心常静，看山意更遐。
烟迷昨夜柳，雨发早春花。

下泽苗方透，阳坡草亦华。
平沙入望远，飞鹭几行斜。

西郊和刘征君（其四）

神道藏深草，山门古意佳。
井华无旧鲋，楔堕有黏蜗。
荒殿僧今朴，幽林鸟尚俳。
起看云气湿，暝色半天涯。

西郊即事得梁字十韵

近郭山光媚，单衣拂带长。
坡平松条翠，地仄菜花黄。
独犬穿芦壁，流莺啭柳塘。
悬帘村可市，阅武阵空场。
古佛金兼铁，新尊饭共觞。
元时桥甚促，萧帝庙全荒。
文孝封沿宋，昭明谥自梁。
读书遗爪发，传史有文章。
住牒僧能说，残碑我欲装。
幽思消不尽，鼓吹绕前冈。

鸡儿滩

溪船相聚尽乡人，不爱临潭泛影真。
收拾几篙闲话晚，石牌险处最嶙峋。

53. 吴学衡

吴学衡（1907—1983），字君平，祖籍桐城，光绪末年生于贵池县城内市心街吴记铁铺。

1916年，吴学衡毕业于省立第五职业学校（校址在贵池城内郭西街，即今西街）。此时，其父吴发元（玉成）要他辍学经商，其执意从学，不遵父命，并乞求长辈，代为从中斡旋，遂于同年秋考入安庆省立第一中学高中部。1917年秋，吴学衡考入北平朝阳法学院。翌年，转学至辅仁大学预科班。在京读书期间，与清华大学教授刘文典成忘年交，受益于刘师颇多。

1945年，日本侵略者投降，吴东归南京。其间，曾有人劝他加入国民党。他答道："靠左道旁门起家者，非我所取。"1949年5月，上海解放前夕，吴学衡对国民党当局要其去台的威胁置之不理。上海解放之后，吴学衡将妥善保管的大量档案资料，移交上海市人民政府军管会。

中华人民共和国成立后，吴学衡在南京市文物保管委员会工作。1952年从事教育工作，在南京第一中学任高中语文教师，直至1974年退休。吴长期客寓外地，常思落叶归根，其寄家乡亲友的《水调歌头》中云："空对春光相忆，归梦逐尘沙""何日齐山重上？潇洒撷红霞。"诗中对故乡贵池的依恋之情，历历可见。

1983年12月18日，吴学衡在南京逝世，享年76岁。生前主要著述有《原始图腾考证》和《袁世凯称帝始末》。另外，2011年，其弟吴士衡、其侄吴世民依据《巴山诗草》和吴学衡退休后诗作及早期其他作品编著而成《衡文诗韵》一部。

吴学衡古典诗歌创作成就较高，尤以早期的《巴山诗草》成就为最高。兹举三首早期诗作及两首晚年作品为例：

由湘返渝述怀并序

余以耿介憨愚之质，睥睨世俗，未尝检括，遂致谟明之效未著，而谗言以起，愆釁乃彰。十一月廿二日，奉调自湘返渝，往谒院长于公，悉意条状，大诬明释。仰惟含弘光大之德，俯伤险巇迍邅之遇，感怀之余，用赋一首，以见胸臆。

谤伤何所用，明察有于公。志欲青冥上，恩承雨露中。
百年歌大雅，此日仰高风。劲节初寒后，峥嵘气象雄。

释闷

十月飞霜急，淹留感慨多。从来忧国泪，依旧卧铜驼。

惆怅俗为累，萧疏醉自歌。心如千里鹄，归去弄烟波。

晚晴野望

巴山微雨后，云树夕阳残。积翠峦中碧，飞泉月下寒。

飘摇双脚健，寂寞一杯干。坐爱山光好，悠然静处看。

喜诵象寅兄弟华翰

接诵柯兄象寅自郑州来书，喜不自胜。漫吟七律二章奉酬。

一

年少峥嵘空“养正”，忆君风度独翩翩。

扶摇直上云中鹤，潇洒高翔海外天。

昆玉旷怀道意气，春风联袂绘山川。

建工四化争趋日，安事林泉限隅偏。

二

七十春秋将过四，余年伴与蠹鱼亲。

文章粪土诚堪贱，诗泣雕虫来此身。

羁旅相看嗟老大，丰姿犹见倍精神。

长思昔日同窗友，盛世如今有几人。

（柯象寅，贵池人，人口学家柯象峰之胞弟，曾留学美国，归国后，从事农业研究，与作者为表兄弟）

54.石台古桥的类别及建筑技术分析

据2007年至2009年间的第三次全国文物普查，当时整个池州市在文物部门登记在册的古桥合计161座。按区域划分，东至县35座，石台县28座，贵池区19座，青阳县（含九华山）79座，其中多数为明清古桥，少数为宋元古桥。近几年来，石台县在新任文物管理所所长刘芳的努力下，调查组又发现了10座古桥。加上之前统计的，石台县共发现38座石桥，数量在池州各县区中仅次于青阳县(含九华山),位居全市第二。

(1)石台古桥历史状况

石台县保存下来的古桥,年代最久的是元代,但仅发现一座。宋代古桥目前尚未发现。明清古桥较多,尤其是清代古桥。

石台县发现的元代古桥是剡溪村的固原(源)桥。该桥粗犷阔大,古朴厚重,但于细节中能见设计之巧妙。

明代的古拱桥数量较多。其外形比元代的更为精巧,线条更为流畅。其中有七都镇的三元桥(又称承德桥)、小河镇的新桥、大演乡的吴村桥、仙寓镇的庆元桥等。这些古桥或坐落于重要的商道,或坐落于早期富裕的村落,它们的用途主要有民用、商用以及民商兼用三种。

清代,特别是康熙、乾隆时期,人口数量暴增,村落增大、增多。由于人们的生活和经商的需要,桥梁开始变多起来。大部分村庄的简易桥梁,基本上是这一时期修建的。同时,各种商道上的单拱石拱桥也被修建起来。尽管随着造桥技术的进步,池州民道和商道上的连拱石桥此时也开始被修建。石台多山,易发山洪,且往往山洪急猛,冲击力和破坏性大。自然,修桥难度分外大,一时难以建造连拱石桥。但石台清代的单拱石桥无论是跨度,还是气势,都较前代为胜。

(2)石台古桥建筑的技术分析

①石台古桥的类别。

石台古桥按照桥的建筑样式来看,主要是拱桥、平板桥两类,前者有三十七座,均为单拱;后者只有两座,均为多孔。石台多山,故其古桥多依山而建。和池州市古桥的总体状况基本一致的是,石台古桥遗存多分布在河流的源头。

②石台古桥的建筑技术特点。

为了对石台古桥能作更深入了解,进一步欣赏到古人高超的建筑智慧,有必要对其建筑技术特点,逐类进行分析。

a.平板桥。

平板桥分单孔和多孔两种。

石台基本是石灰岩地貌,难以开采出单体大石料,即使开采出来,由于其硬度不足，无法承受长时间的风雨侵蚀和磨损。花岗石条可做平板桥面，但须越境开采；山区路况限制，无法运输这种大体量的石条，故石台没有发现单孔平板桥。

平板多孔桥的建造难度要大些。因其多处在野外，且是河的中下游，桥下过水量较大，易被冲毁。从技术看，要做好这样的桥梁：一方面要设计好桥墩，使它在任何洪水的冲击下，都不会轻易发生变形；另一方面要设计好桥面，使桥面的石条能不被水冲毁。这是两个关键技术。

桥墩设计分两部分：一是堤岸桥墩。通常将桥墩镶嵌堤岸之中，砌好每个桥墩两边的堤岸，即可稳固桥墩；二是水中桥墩。一般都采取打牢桥墩水中基础、做大桥墩体量的方法，增强桥墩抵抗洪水的力量。水中桥墩，为减少洪水对桥墩的冲击，都做成斧劈形，斧刃对向上游，以分洪水对桥墩的冲击力。这种桥墩设计，在石台七都镇的高路亭村的桥头埂桥和六都乡鱼龙洞下的雍溪桥都有体现。同时，为了防止桥墩下的泥沙被掏空，往往还要在桥墩下游五米之内筑好滚水坝。

桥面是平板桥建造的关键之一。池州平板桥面石料，大多选用花岗岩石条——它厚重耐用，洪水难以冲动，又经得起车马行人践踏，也有极少数桥梁使用青石，如东至县屈家桥。该桥面中间夹一两青石条板，但因行人和车马通行较多导致磨损较严重。如前述，石台地区主要处在石灰岩地貌区，得青石板易，得花岗石难。石台仅有两座平板桥，桥头埂桥和雍溪桥。前一桥很明确是花岗石条（当地称麻石条）桥面；后者由于近代桥面已被水泥覆面，桥面石料已看不出为何种石质，不过从它与桥墩之间5.8米的跨径看，十有八九是花岗石条的桥面，不然，其桥面难以承受上游来水和正常通行的磨损。但令人困惑的是，这两座桥的花岗石从何处采得？

平板桥面保护除了选择厚重石条材料以外，还可通过抬高桥面和抬高桥墩斧劈翘起程度两种办法。抬高桥面，虽能使桥面因不接触洪水而得到保护，但不利于行人和车马通行，故很少被采用。大多数古桥采用抬高桥墩斧劈翘起程度的方法，即让桥墩斧劈的高度略高桥面，以分割洪水对桥面的冲击力，尤其是避免洪水冲击桥面脆弱段（石条接头处）。这种方法对桥面的保护作用较为有效,故上举两桥桥墩翘角就如此处理 。

b.拱桥。

就分类来说,拱桥一般为单拱、连拱。石台能留存下来的古拱桥,目前发现的基本是单拱桥,且都分布在河的源头。至于河的中段和下段,由于洪水时来水量极大,且河床变宽,单拱无法跨越河流,而连拱桥即使能跨越河流,也无法抵御汹涌的洪水。相对于平板桥,拱桥建造情况特别复杂。其选址、材料,以及水的来势来量、桥基稳固程度、对交通的便捷程度等因素,都必经综合考虑。

第一,选料。一般拱桥为了考虑到桥身稳定,都只选用一种材料。选用青石(石灰石),则整座桥都用青石;选用花岗石,则整座桥都用花岗石。拱桥桥面总体较厚,选料不需考虑单块石料的耐磨因素,只要一致就行。它的取料范围比平板桥要广。拱桥的取料,一般都就地取材。鉴于石台基本是石灰岩地貌,造桥师们在建造石台的拱桥时,几乎不约而同地都使用青石块(即石灰石条)作造桥材料。

第二,选址。石拱桥的选址,从造桥难度上讲,分村内和村外(含村水口)两种。地点不同,技术上差异较大。

村内桥由于桥造在村内,受房屋的影响,非常考验造桥技师聪明才智。有些桥址两岸是居户,作业不便;有些桥址在笔直河道上,上游来水冲击力大,尤其是洪水季节;有些地方是软基,桥墩建筑难度大。由于石台山体陡峭,雨季洪水迅猛,故其建房一般依一面山坡,远离河流而居。再者,山间耕地均在面积狭小的河谷,土地也无法承载更多的人口。村庄人口一旦增多,便有人家外迁定居。自然,村庄规模一般不大,很少因人口过多而跨河发展的村庄。因此,村中桥极少是石台古桥遗存的一个特点。

村口及野外的桥。石台古石拱桥一般分布于村口或村外,无须特别管护,但许多古桥数百年不到,说明当地造桥确有一套。以下结合山区野外通用造桥情况,对石台县古桥建造技术及流程加以具体分析。

一是减小水的来势。山区野外造桥通常是将桥址选在水转弯处。这样做好处是,水流一旦改变方向,水势就被减缓,从而减小来水对桥身的冲击。仙寓镇山溪村卢村组清代的镇东桥和六都乡的雍溪桥，就是依着山势于溪流转弯处选址造桥的典型。有些地方造桥在没有水湾的地方人工改造河道，使水流在过桥之前转一个弯。这种情景在石台较为罕见。石台是洪水频发之地，人工根本无法改变河道。即使有人工河道，也会很快被洪水铲平。

二是选择石质地基。石台古拱桥选择地基，大多选择溪河两边都是石质的地基的地点建桥。少数是靠山的一面为石质地基，另一面视其地基情况再设法加固。

第三，桥型选择。石台的古拱桥一般都造成半月形。这样造型的好处就是桥身压力会垂直下沉至桥墩。同时，桥身局部一旦受力也会被传导中至桥墩，再垂直下沉，从而增加桥身稳固度。

首先是桥拱、桥身建造。将石块切割均匀后，选大的青石料起拱。一般由一圈圈单拱共同构成一座桥的整拱。也有一部分桥拱不分圈，由整座桥拱混砌成一个整体。拱一般勾缝，其使用的材料为石灰混合物构成的泥浆。极少桥不勾缝，如仙寓镇镇东桥。桥身通常根据桥的结构需要，由大小不同的石块有秩序地垒筑而成。

其次是桥面建造。选大小相当、形状大体一致的石块铺筑桥面。

关于桥面建造，有些地方还有一种“驮桥”文化。这种文化有浓厚的迷信色彩，具体内容为：桥造好之后，桥面正中间留一小坑。技师托罐在村里呼喊人名。谁若应之，“其魂即入罐中”。技师随即将盖上罐盖，携至桥上，放入预留的小坑内，再盖上石板。至此，才能宣告桥成可用。不过，在这个带有迷信色彩的传说中，那个“以魂驼桥”之人，一般“不出三个月就要死掉”。

需要指出的是：这样造出的桥，桥面一般都比两岸高。过桥的人，要爬几个台阶才上到桥面。这样的桥，不方便车辆，但有利于行洪水和桥身安全。桥身有的加护栏，也有的不加。

最后是勾缝。在对石台古桥的调查中，发现大部分古桥均未作勾缝处理，不得不惊叹古人的造桥智慧。少数古桥做过勾缝处理，其材料是否混有桐油和鸡蛋清，由于缺乏相应的检测工具，目前尚无法清楚。

(3)石台古拱桥的个案分析

为进一步说明上述问题,下面以石台县域两座代表性石桥为例析之。

①固源桥。在石台县大演乡剡溪村村口,石台文物资料和石台《剡溪陈氏宗谱》均记为元代古桥。单拱,青石建筑。它坐落在剡溪村一组陈氏村庄的出水口,是一座古徽道上的桥梁,也是陈氏家族的风水桥。固源者,顾名思义,是固陈氏家族之财源。桥长十余米,所用的青石块较大。剡溪陈氏家族是北宋时来此定居的古老家族,为陈朝陈霸先之后。这座桥一面靠山,地基较硬;一面是水口,地基松软。建桥的技巧是,在靠山的一边先做好桥墩,然后再处理河南岸松软的一边。其办法是,先清除比桥墩大好几倍地方的松软土层,打好地基,再做好桥墩。为了防止桥墩向岸南移动,造桥者在岸南桥墩的南头堆了一些石料,以增加岸基的重量。即使这样,造桥者似乎还担心光靠石料难以阻止桥墩的移动。于是,又在石料上面建了桥头亭和小庵庙。这样,不仅很好地解决桥墩内移的问题,还为过往行人提供了休息和拜佛许愿之地,可谓"建一桥而修多福"。

拱桥下游两三米处,建有护坝。造桥技师采用以松树铺底、上面铺上石块的办法筑坝,即先将松树埋进河泥,两头伸入两岸,以期固定,再铺石块,这样石块就不至于沉入河泥。石块是扁形竖放,既减轻水流对单个石块的冲击力,又可以使水从石块之间的缝隙分流过去。

由于水坝抬升了水位,使其稍高于东岸的土地,于是技师又在坝岸边,开了一个小缺口,引坝水灌溉农田。为了防止雨水在桥墩渗透淤积后涨坏桥身,技师还在桥墩处设有两个排水孔,并将桥上游河道改弯。一座乍看貌不惊人的单拱石桥,却藏着这么多巧思,令人赞叹不已。

这座桥岿然于风雨700年,确实是有它的道理。

②安定桥。在横渡镇兰关村大宇坑组,在石台县文物普查中,该桥被定为明代古桥。单拱,青石建筑,是一座商道上的桥梁。这座桥的最大特点就是选址极为巧妙。它选在山溪出山的山根处,正好利用溪两岸山脚坚硬的岩石形成两个稳固的天然桥基。同时,由于此段溪床仍是岩石构成的山体,不存在下陷问题。故在此建桥,只要建牢桥身,便可长久屹立。该桥无须建筑桥基,直

接于两岸岩石上建起拱券。因拱券砌得相当牢固扎实，故桥身看似单薄却牢固异常。若无不可抗拒的自然灾害和人为破坏，千年无倾倒之虞。

通过对石台古桥建筑文化的分析，我们不仅可以了解石台县域古桥状况和特点，窥见中国古代桥梁建筑艺术之一斑，还可以领略和感受古人的聪明才智与工匠精神，并激发后世从以利千秋万代的美好愿望出发，造出一座座历数百年岿然不动的坚固桥梁。

55.寻找南太原郡城

南太原郡始设于梁，继之陈，废于隋。今日寻之旧迹，录于下。

第一，今东至县尧渡镇长岭村，过去归马田乡管辖，黄湓河的两大支流之一张溪河流经其境。河边有昭明钓台和昭明庙，这个文化遗存应该是南太原郡故城的标志物。依此推断，南太原郡应在该庙的三五里范围内。在张溪河的一个拐弯处，我们找到了庙与钓台。这里是水路中的险要之处，具备因军事目的而设城的要素。此处还有两个让我感兴趣的地名：马田、兰城。

第二，初见张溪河（黄湓河）冲积平原时，我有些惊诧：在这个山沟里，竟会有这么大盆地——长十几公里、宽三四公里。一连串的地名、遗迹、习俗，都与这山沟不相称。晋阳、塔里、雁塔、昭明钓台、白马信仰……这里曾居住过一个异域的群体吗？会不会就是南北朝山西太原的那拨人？也就是说，是不是都与南太原郡有关联？毫无疑问，这是肯定的。昭明钓台是南太原郡城的重要标志。它出现在哪，郡城理应就在其不远处。

第三，南太原郡始设于梁普通年间（520—527），至隋开皇九年（589）废，前后80余年，实历梁陈两朝。而黄湓河上相距40里即有两昭明钓台，一在张溪镇塔里村，一在尧渡镇长岭村（旧属马田乡）。梁太原郡城虽然是侨郡城，但和南陵郡城一样，昭明太子是其公祭对象。因此，昭明钓台和昭明庙必须随城迁移。这两处钓台的出现，说明城址在张溪和马田之间发生过移动。以地形观之，设城于张溪者气魄大于设城于马田者，即梁可能在张溪盆地设城，陈则移去洋湖盆地，抑或反之？

第四，在昭明钓台的河对面，有一字长街，是原东流县与至德的分界，谓东田村。二县以长街为界。今居李、汪二姓族人。其中，李姓家族为唐皇室后裔，宋时来此，遵“逢田则吉”卜宅之训而定居。

第五，张溪镇古昭明钓台在塔里冯村上游香木潭。潭边峭壁直下，潭中二巨石相叠，高水面二三人，临岸巍然。其太子庙在峭壁之上小山顶，下距钓台约30米。该小丘今已为冯氏祖坟山，墓冢累累。南太原郡城当在此附近两三里范围之内。

第六，东至县张溪镇石潭村昭明庙故址，在连接古道的古渡口上。此古道西通江西，东连唐田之古杨梅驿站，再连古石城县。依此，疑南太原郡治或在石潭或在对岸之东田村（虽只有里余，已为尧渡镇所辖）。两村村形皆类城，而石潭尚有环村水道，未知是护城河否。两村距钓台皆不过三里地。宜再调查之。

56.黄宾虹之池阳湖舍与齐山湖舍

黄宾虹在池州共有两处田产：乌渡湖的坂上徐小圩和齐山东西冲姜圩田，而对应的则有池阳、齐山两湖舍。池阳湖舍建在先，时间是1928年；齐山湖舍建在后，约于1932年。汪鞠友（即汪律本）去世以后，黄在乌渡湖失去依托，于齐山东面的山脚“下清溪”建一简易湖舍，自命曰“齐山湖舍”。黄宾虹来池州主要在这两处居住，所以其画常有乌渡湖与齐山的地理风貌。

57.吴氏才人

吴氏自季札公始，率多才人。画家有吴道子、吴镇、吴冠中、吴作人；小说家有吴融、吴承恩、吴敬梓、吴伟业；军事家有吴起、吴芮、吴汉、吴三桂。唯书法家未能秀于林。自季札公退耕延陵之后，遂无人问津于政治焉，故鲜有要人也。

（时壬寅岁末拜书）

58. 南唐池州刺史王继勋与殷家汇之灵庆禅院雪峰义存禅师

乾隆《池州府志》存诗一首：

题妙空岩

白面山前灵庆院，茅斋道者雪峰禅。
只栖云树两三亩，不下烟萝十五年。
猿鸟认音呼唤易，龙神降伏住持坚。
谁知今日空岩畔，独出医王阐法筵。

署为南唐皇甫继勋（曾任池守）。南京市博物馆周裕兴先生认为，其误也。应为闽王审知的族人王继勋。

王继勋"为福州皇室，保大四年（946年）归南唐。其因留从效叛乱而被召回金陵，后任池州刺史。敉池州七八年（其出土墓碑有"守池州""共治七载"云云）而灵庆禅院禅师"雪峰义存一直在福州传禅，"今在池州灵庆禅院相见，"都从故国而来，物是人非，想是世事无常，当与禅义更深一步"。

此外，由此诗也可知，殷家汇和龙山原称"北面山"，而非"白面山"。

59. 良渚断想

几年前去临安参加一次学术讨论会时，得以一睹良渚遗址风貌。其地势较低，城区水网纵横。从王城与训练场地看，其一次性操练可达万人规模。从整个城区看，臆测其所拥有常规战士应有数万人。加上玉作与仓储及食物加工等功能区的服务人数，总数应在八九万人之多。从其水网辐射区域看，如此规模的城邦，其所管理的人群、部落应包括太湖流域大部及东南沿海一带。从地势看，其极易受大规模海侵影响。这样规模的地方，军事力量可能难以撼动，只有海侵与瘟疫才有颠覆它的可能。何况其消失时间正与四千年前的海水大量入侵时间基本吻合。

60.荆州博物馆

如果要评一个馆藏文物能代表战国时期楚国技术文化水平的博物馆，则非荆州博物馆莫属。其馆藏的一个箭镞足以说明问题。这枚箭镞被制作成三角刀尖的形状。这样设计的好处是：箭镞在飞行时其三面等分的凹槽弧面能均匀地分割空气，四面均匀受力，从而能精准地射中目标。一个小小箭头尚可做到如此精良，其技术的发达可见一斑。

61.夫子酒

予数年前过江陵沙市，其土人云“夫子酒”，盖米酒之称也。询之，则曰：“旧日关羽以酿卖此酒为生，因其好读《春秋》，人称‘关夫子’。”沙市有关羽读《春秋》处，后人建亭以纪念之。

62.仙台山记

仙台山位于原池州师范运动场西，今府儒学后。山，虽然很矮，但名气很大；山，虽然很小，但是他所负载的历史很厚重。

(1)诗人与寺庙

仙台山首次扬名始于唐代诗人张乔。

张乔，贵池本土人，晚唐时期的诗人，即使在群星璀璨的唐代，他也显得十分耀眼。《全唐诗》有他的两卷诗。张乔活动的时代，大唐河山已如秋风中的黄叶在风雨飘零中挣扎。诗人带着迷茫登上仙台山，他写道：

谁家烟径长莓苔，金碧虚栏竹上开。
流水远分山色断，清猿时带角声来。
六朝明月唯诗在，三楚空山有雁回。
达理始应尽惆怅，僧闲应得话天台。

莓苔烟径穿于翠竹之中，流水山色尽带猿角之哀，诗人之清兴寄于达理知音，僧言佛画亦足慰平生之思。兴衰草木，又何言哉！

景德寺最早叫祝圣寺，建于唐贞观二年(628)，雪窦禅师主持修建。北宋景德二年(1005)宋真宗亲赐御匾，更名景德寺。

这里虽然是个尘俗相杂的地方，但却屡出名僧。明万历年间(1573—1620)就出了一位觉源和尚。他是岭南人，以行脚僧居于景德寺。

“坐一龛，常十余日不食，饮水而已……至期，则趺坐示寂于龛中。寺僧塔之于湖山。”(乾隆《池州府志》)

后来又出了一位淡斋和尚，在景德寺的三昧庵。“师静能以伽瑜法传教应俗，而淡斋不屑也，居斗室中，朝夕诵经不辍，刺舌血写《法华经》，操行坚苦，立愿绝盐酪者五十年，又厌城居纷杂，结茅城北。远近敬其戒律精严，争先施助，盖造庵宇，复以其羡买田供奉香火，居然一禅林矣。”(乾隆《池州府志》)他的苦行与虔诚实有类于九华山的应身菩萨无瑕。

景德寺寺僧常与著名的文人相往来。元丰五年(1082)，与王安石、苏轼交往颇密的沈辽从谪居湖南永州改徙池州，三月到郡，四月即邀景德寺僧超与他同游九华。

吴师道，在游览了仙台山的景德寺之后，登上寺后的小阁，有感于杜牧在池州创下的辉煌文化，瑟瑟的秋风，苍茫的落日，浓浓的乡愁，使他写下了《秋日登景德寺小阁》：

开元水阁今何处，此日登临忆杜郎。
落木高城秋浩荡，乱山平楚暮苍茫。
前朝事往空遗迹，倦客愁来只望乡。
何似闲僧深闭户，萧萧寒菊数丛黄。

北宋的沈辽走了，南宋的周必大来了。乾道三年(1167)，他在《泛舟录》中写道：“戊子早，至郡斋中和堂登萧丞相楼，复游景德禅寺，访见山堂，为添差路钤王宗所占，排闼造焉。”原来在仙台山前的景德寺后还有一座见山堂，但为一个豪吏王宗强占，游人不得造访，周必大怒不可遏，排除干扰前往。这位800多年前的古人，对侵吞公共财物者没有多说什么，只是以最直接的肢体语言来表达他的愤怒。他虽是一位达官显宦，但依旧保持着一份文人的清正。

（2）政府与学府

景德寺于明隆庆元年（1567）为传播儒教的孔庙所替代，结束了它传播佛教文化的使命。

明代隆庆元年（1567），池州知府尹士龙将景德寺与它的邻居太平禅寺一并拆去，改建为池州儒学府，从此儒教与仙台山结下了不解之缘。

池州儒学府原在城东南的毓秀门。北宋开宝初年（968），知州成昴移建于城西北。至和年间（1054—1056），知州吴仲复仍移建于城东南。其后历任知州陈桷、周应龙、叶凯、王伯大相继修之。元毁于兵。明洪武三年（1370），知府孙炎重建。正统初（1436），知府叶恩加修。成化初（1465），知府李宏重造明伦堂、四斋、两庑、仪门、石柱、泮池桥。弘治末（1505），知府陈良器、祁司员、何绍正相继修葺。嘉靖十年（1531），制增启圣祠，并建敬一亭，贮《六箴碑》。明隆庆元年（1567）知府尹士龙以旧学基地卑湿，将其从毓秀门移建今址（此处即为宋代景德、太平两禅寺地基），知府冯叔吉踵成之，学、庙告竣。万历中知府李思恭、金本高，天启中知府潘应龙皆葺之。清朝顺治七年（1650），知府梁应元重修。康熙八年（1669），本学教授朱玉葺之。康熙十二年（1673），知府朴怀玉修建明伦堂、仪门。康熙十七年（1678），知府喻成龙大修并筑宫墙。康熙五十四年（1715），知府李英重修。雍正四年（1726），知府王书葺之，于麟台下得古井。乾隆元年（1736），知府李暲重修。乾隆二十三年（1758），知府宝宁重修大成殿、明伦堂、两庑，各祠、门、墙、坊、表一时改观。乾隆二十三年（1758），知府李本樟重建崇圣殿。乾隆四十年（1775），知府张士范倡修明伦堂、四斋，易泮宫前木坊为砖坊三座，又创立看司屋四间，筑宫墙……

从明代仙台山首建儒学府至中华人民共和国成立前，历经近400年沧桑，热心于此事的州府长官十多位，但没有人有能力修建一个完整的儒学府。今池州市于旧址重建池州儒学府，其工期之短，规模之大，气势之雄伟，工艺之精美，可以毫不夸张地说，都是前无古人的。

(3)道风与道观

旧时的仙台山,最有名的除了景德寺和夫子庙,还有山东麓的天庆观。

如果把仙台山比作一只卧虎,虎尾弯曲向东,尾尖处便是这座贵池最古老的道观所在地了。根据南唐徐铉《池州重建紫极宫碑铭》记载,这里早在1600年前的东晋就建有道观。那时正是士大夫勠力恢复中原的时代,在这个要塞能有这样一座道观,足以见江南道风之盛了。当时这个观叫普明观,可惜道长的名字失传了。其后普明观几易其名,但一直是道教的领地。到南唐李煜时代,普明观已易名为紫极宫了,里面供的都是道教中地位极高的"神仙"。

南唐保大末年(957),陈德诚作为南唐大臣来守池州,为替母亲治病祈福,个人出资将道观复建起来。保大十三年(955),北方的周世宗御驾亲征,攻打南唐。南唐中主李璟为避周军锋芒,放弃建康,逃往南昌。陈太守的好友,南唐著名文臣徐铉,也在随从之中。路过池口的时候,他为紫极宫作了一篇千古流传的碑记,其铭曰:"域中之大曰道,百行之先曰孝。故孝心充乎内,必道气应乎外。于是有聿修之德,追远之怀,扬名显亲之善,集灵徼福之举,用于邦国则臣节著,……池州紫极宫者,本东晋之普明观也。浸之以秋浦,镇之以齐山。北望陵阳窦真人飞升之所,南瞻九子费征君栖隐之乡。玄风徘徊,精气交感。代有奇士,居为殊庭。既奉玄元之御,因崇紫极之号……"

南唐为北宋所灭,观名也改为天庆观。李煜行仁义而亡国,江南百姓十分怀念他。他的词能传唱四方,经久不衰,虽然归功于他掩抑不住的盖世文才,但却也少不了他破国亡家之痛所带来的动人效果。而紫极宫正为人们提供了一个凭吊他的理想场地。

南宋的周必大在乾道三年(1167)游览了天庆观以后,写"天庆观,李煜紫极宫也",或许心有所寓吧。失去北方故土后,南宋的君臣开始真正理解那些南唐君臣的故国之思。

在天庆观前有一口东晋普明观时期开凿的古井,一脉泉水,千百年来澄澈似玉,凉爽似冰。泉流从井中溢出后形成一道水溪,东折而去。人们在水溪上修了一道桥,建了一座亭。传说,后来观里出了一位"仙人"。于是,这座桥就被叫作"升仙桥",而亭则被唤作"仙人亭"。

有关天庆观出仙人的故事发生在元代，“道士王无二，住州城元妙观，为其师执爨，未之奇也。每夜至观桥与群真会。及迹之，则皆散去。一夕忽死。其师瘗之。后州人于真州遇无二，以草履一双寄其师。师怒曰：‘久作鬼矣，尚尔怪邪？’掷之地，化双白鹤飞去。因发冢视之，则空棺耳。土人因称观桥为升仙桥云。”（乾陵《池州府志》）

桥与亭不知什么原因后来被毁，那道山泉也被扣在水泥路面下。走在原池州师范学院澡堂院墙外小路上，你驻足聆听，依旧还能听到它“哗哗哗……”的响声。其实一条小溪本不该有这么大的响声，也许它有太多的不平吧。那口井在历经1600年的风雨之后，依然水色不改，附近的居民还用它洗衣做饭烧茶。但井圈却在地壳的抬升中，增垒了三层，见证着沧海桑田的变化。

明永乐初年又重建了一次。

历史上，天庆观还曾改名为玄妙观、清虚宫。不过，今天在天庆观所在的土地上，它早已荡然无存了。

仙台山，曾经的文化圣地，儒、释、道三教曾在这里徘徊兴替，几度枯荣。在民族文化复兴的时代浪潮中，其重焕生机、再续华章的盛景已指日可待。

63.衢州龙游石窟

余数年前，在浙江金华参加一次学术会，因得观衢州龙游石窟。遇一怪事，至今未解。入最大一窟，见其一角有台，高两尺余，约三级，容五六人，类阅兵台。忽右膝无力支撑，单膝跪倒，挣扎起，又自动下跪，如是者三。余惊慌而逃。出洞而腿正常如初。余惊诧久之，心甚疑焉。此果为勾践之藏兵洞，台为其阅兵台乎？知吾为夫差之后人，强之以行礼乎？惑之不解。

64.柯暹所撰《重建无相寺记》

重建无相寺记　　　　嘉议大夫云南按察使建德柯暹　撰

中顺大夫太仆寺少卿巴陵邓浩　□□

奉议大夫南京户部郎中金陵朱谦　书丹

九华之山多胜境，无相寺在西南一径，去平麓二三里许，山环而欲合，水流而迂回，嘉树奇石或隐或显，飞鸟往来，烟云出没，天然出尘之所也。唐开元二年僧净冲创，寺名头陀。按旧志，王季文书堂在头陀岭下，今无相寺是。然志载山岭则无头陀之名，莫详其山以寺而名，寺以山而名也。宋治平元年赐额无相。

国朝洪武二十二年，僧智澄重建殿宇佛像，二十四年至永乐十五年归并于妙音丛林，岁久僧稀渐至荒落。正统三年僧礼瑛号玉峰方谋起废群缁，以僧会司缺官，举瑛师领职遂寝。玉峰既大新妙音，念无相乃祝发之所，来毕初心，恒切切不辍。二十年前余游九华，宿化城还，玉峰迎候道傍，邀至无相，惟旧屋数，楹景像萧然，后十五年余再访族于九华之西，玉峰复迎至无相，则拓地恢建大殿，后有法堂，前有山门，左右有翼廊，佛像焕耀，供具整严，迥然改观，非前日比。又于左山之巽隅建三塔辰向，一藏其师祖大圆镜禅师，一藏其先师□空法禅师，其一将至为他日西归之所，余见而喜留诗以别。今年春玉峰复远来，求文记无相，余尝为记妙音，辞不欲，渎求愈力，恳恳不可却。

惟世之学佛者，名同而行异：有持一钵而枯坐精修谓能了大事一切不为者，有常玉衣钵丰余可为靡费不顾而甘□流俗者，皆不足以起废。有持片楮抄题诸方谓将为法门，建其功成某事而卒□谓私用，吾见多矣。玉峰戒行素闻于人，衣钵澹泊，未尝扣人以求施舍，人有喜舍则受□之，不枉费一毫，悉以为法门永久计，由是见者莫不敬叹，乐然自施，故有以恢弘二寺，抑以见青阳之好事者多矣。

夫以一僧动一邑好义之士，固为可羡，独慨夫旧时名贤李太白、李化文、刘世疏、范文正公、滕子京、费冠卿与季文七书堂，散□九华者，一□在读山路旁，不闻有一好事能与复如无相者。岂其习尚专在彼而不在此欤！何古今之不相以也，抑好义君子未及闻耶？余因记无相头陀，不能无感于季文书堂，遂并讯及云。

时成化十五年岁在己亥十二月吉旦，本县僧会司僧会兼大九华山无相寺重开山第一代住持比丘礼瑛立

本寺东西两序□缘僧徒智□□鉴□□徒孙信□信□信骅玄孙恭

智铨　　　信□信□信□　□

65.石埭为山越语

埭为山越语遗留之地名也，即“台”之意。

66.古城迁徙示踪物

古城公祭对象往往是古城迁徙之示踪物。如石城的公祭对象高获，石城不仅为其建墓葬，还为其立庙祭祀。其后，县城每移动一处，必将其庙移至城边。故，每个县城只要找到自己的公祭对象，也就找到了城移动的示踪物，公祭对象在此，城即在此。

67.《官礼陈氏宗谱》卷末《遗迹纪述》

(1)青阳都、图沿革

古无青阳，秦分地属泾县。汉元封间始置陵阳(即今陵阳镇——笔者注)，立二十一图。吴国大元壬申(为太元二年，即252年——笔者注)改陵阳为临城，立二十八里。梁改县为胜远军，里则因之。至唐天宝时，洪州都督按治其地，请邑于青山之阳，青阳之名由此始。其时立为十乡。宋元祐间又改立二十八都。所村者，于汉为淳市图，于吴国为清化里，唐曰陵阳乡，宋曰十二都，明万历时又并十二都为十三都也。

长乐图　茂林图　上缘图　清致图　金峰图　汉城图　大兴图　盛冲图　延兴图　淳市图　竹松图　郡庠图　胜德图　松阳图　东藏图　紫岭图　玉岭图　惠远图

(2)右汉21图

羊石里　永宁里　文明里　崇宁里　新城里　莲玉里　罗城里　金城里　清化里　涂田里　香池里　景全里　竹城里　大兴里　招贤里　弦歌里　蓉城里　和宁里　兰窗里　秀容里　南阳里　紫岭里　云村里　舒村

里　定陵里　永平里　太平里

68.青阳县木镇木瓜山

青阳县木镇有木瓜山，其下有木瓜铺、木瓜山神庙。唐会昌五年(845)池州大旱，刺史杜牧往祈雨，雨则如期而至。会昌六年(846)，牧具洁礼告以成功，作文以示之。文曰：前后刺史往祈水旱，无不应验，盖神乎也。今山尚在，而青阳人欲掘毁之，曰：开矿。山之神果安在哉？何不降灾于尔辈，示以祸福，以保神山哉？又云，李白《望木瓜山》或作于此，学者纷争，此公案俟异日再议。

69.岳飞与翠屏山

太子矶江滩黄观衣冠冢背后，有岳飞三战翠屏山处，疑为南宋舒州府迁徙处。土著云，二十世纪七八十年代尚有五百米城墙遗址。城砖长二尺，宽一尺厚五寸。

70.李白在池诗作地点分布

清溪河8处24首；秋浦河6处22首，长江2处3首，九华山包括陵阳山6处6首。

(1)清溪河(8处计24首)

黄山岭、大楼山、苦竹岭、六峰山、万罗山、清溪、古平天湖、碧山。

①黄山岭(4首)：

夏日山中

懒摇白羽扇，裸袒青林中。

脱巾挂石壁，露顶洒松风。

宿鰕湖

鸡鸣发黄山，暝投鰕湖宿。
白雨映寒山，森森似银竹。
提携采铅客，结荷水边沐。
半夜四天开，星河烂人目。
明晨大楼去，岗陇多屈伏。
当与持斧翁，前溪伐云木。

夜泊黄山闻殷十四吴吟

昨夜谁为吴会吟，风生万壑振空林。
龙惊不敢水中卧，猿啸时闻岩下音。
我宿黄山碧溪月，听之却罢松间琴。
朝来果是沧州逸，酤酒醍盘饭霜栗。
半酣更发江海声，客愁顿向杯中失。

赠黄山胡公求白鹇(并序)

闻黄山胡公有双白鹇，盖是家鸡所伏。自小驯狎，了无惊猜。以其名呼之，皆就掌取食。然此鸟耿介，尤难畜之。余平生酷好，竟莫能致。而胡公辍赠于我，唯求一诗。闻之欣然。适会宿意，因援笔三叫，文不加点以赠之。

请以双白璧，买君双白鹇。
白鹇白如锦，白雪耻容颜。
照影玉潭里，刷毛琪树间。
夜栖寒月静，朝步落花闲。
我愿得此鸟，玩之坐碧山。
胡公能辍赠，笼寄野人还。

②大楼山(5首)：

与周刚清溪玉镜潭宴别

诗题自注：潭在秋浦桃树陂下，予新名此潭。

康乐上官去，永嘉游石门。
江亭有孤屿，千载迹犹存。
我来游秋浦，三入桃陂源。
千峰照积雪，万壑尽啼猿。
兴与谢公合，文因周子论。
扫崖去落叶，席月开清樽。
溪当大楼南，溪水正南奔。
回作玉镜潭，澄明洗心魂。
此中得佳境，可以绝嚣喧。
清夜方归来，酣歌出平原。
别后经此地，为余谢兰荪。

古风五十九首（其四）

凤飞九千仞，五章备彩珍。
衔书且虚归，空入周与秦。
横绝为四海，所居未得邻。
吾营紫河车，千载落风尘。
药物秘海岳，采铅青(清)溪滨。
时登大楼山，举首望仙真。
羽驾灭去影，飙车绝回轮。
尚恐丹液迟，志愿不及申。
徒霜镜中发，羞彼鹤上人。
桃李何处开？此花非我春。
唯应清都境，长与韩众亲。

秋浦歌（其二）

秋浦猿夜愁，黄山堪白头。
清溪非陇水，翻作断肠流。
欲去不得去，薄游成久游。

何年是归日？雨泪下孤舟。

自代内赠

宝刀裁流水，无有断绝时。
妾意逐君行，缠绵亦如之。
别来门前草，秋苍春转碧。
扫尽更还生，萋萋满行迹。
鸣凤始何得，雄惊雌各飞。
游云落何山，一往不见归。
估客发大楼，知君在秋浦。
梁苑空锦衾，阳台梦行雨。
妾家三作相，失势去西秦。
犹有旧歌管，凄清闻四邻。
曲度入紫云，啼无眼中人。
妾似井底桃，开花向谁笑。
君如天上月，不肯一回照。
窥镜不自识，别后憔悴深。
安得秦吉了，为人道寸心。

秋浦寄内

我今寻阳去，辞家千里余。
结荷倦水宿，却寄大雷书。
虽不同辛苦，怆离各自居。
我自入秋浦，三年北信疏。
红颜愁落尽，白发不能除。
有客自梁苑，手携五色鱼。
开鱼得锦字，归问我何如？
江山虽道阻，意合不为殊。

③苦竹岭、六峰山(5首):

秋浦清溪雪夜对酒 客有唱《山鹧鸪》者

披君貂襜褕,对君白玉壶。
雪花酒上灭,顿觉夜寒无。
客有桂阳至,能吟山鹧鸪。
清风动窗竹,越鸟起相呼。
持此足为乐,何烦笙与竽。

山鹧鸪词

苦竹岭头秋月辉,苦竹南枝鹧鸪飞。
嫁得燕山胡雁婿,欲衔我向雁门归。
山鸡翟雉来相劝,南禽多被北禽欺。
紫塞严霜如剑戟,苍梧欲巢难背违。
我今誓死不能去,哀鸣惊叫泪沾衣。

清溪半夜闻笛

羌笛梅花引,吴溪陇水情。
寒山秋浦月,肠断玉关声。

宿清溪主人

夜到清溪宿,主人碧岩里。
檐楹挂星斗,枕席响风水。
月落西山时,啾啾夜猿起。

秋浦歌(其十四)

炉火照天地,红星乱紫烟。
赧郎明月夜,歌曲动寒川。

④万罗山、清溪(6首):

秋浦歌(其九)

江祖一片石,青天扫画屏。
题诗留万古,绿字锦苔生。

秋浦歌(其十一)

逻人横鸟道,江祖出鱼梁。
水急客舟疾,山花拂面香。

独酌清溪江(祖)石上寄权昭夷

我携一樽酒,独上江祖石。
自从天地开,更长几千尺。
举杯向天笑,天回日西照。
永愿坐此石,长垂严陵钓。
寄谢山中人,可与尔同调。

入清溪行山中

轻舟去何疾,已到云林境。
起坐鱼鸟间,动摇山水影。
岩中响自答,溪里言弥静。
事事令人幽,停桡向余景。

宣城青溪

青溪胜桐庐,水木有佳色。
山貌日高古,石容天倾侧。
彩鸟昔未名,白猿初相识。
不见同怀人,对之空叹息。

清溪行(一作宣州青溪)

清溪清我心,水色异诸水。
借问新安江,见底何如此。
人行明镜中,鸟度屏风里。
向晚猩猩啼,空悲远游子。

⑤古平天湖(2首):

秋浦歌(其十二)

水如一匹练,此地即平天。
耐可乘明月,看花上酒船。

秋浦歌(其十三)

渌水净素月,月明白鹭飞。
郎听采菱女,一道夜歌归。

⑥碧山(2首):

答王十二寒夜独酌有怀

昨夜吴中雪,子猷佳兴发。万里浮云卷碧山,青天中道流孤月。孤月沧浪河汉清,北斗错落长庚明。怀余对酒夜霜白,玉床金井冰峥嵘。人生飘忽百年内,且须酣畅万古情。君不能狸膏金距学斗鸡,坐令鼻息吹虹霓。君不能学哥舒,横行青海夜带刀,西屠石堡取紫袍。吟诗作赋北窗里,万言不直一杯水。世人闻此皆掉头,有如东风射马耳。鱼目也笑我,谓与明月同。骅骝拳局不能食,蹇驴得志鸣春风。折杨黄花合流俗,晋君听琴枉清角。巴人谁肯和阳春,楚地由来贱奇璞。

黄金散尽交不成,白首为儒身被轻。一谈一笑失颜色,苍蝇贝锦喧谤声。曾参岂是杀人者,谗言三及慈母惊。与君论心握君手,荣辱于余亦何有?孔圣犹闻伤凤麟,董龙更是何鸡狗!一生傲岸苦不谐,恩疏媒劳志多乖。严陵高揖汉天子，何必长剑拄颐事玉阶。达亦不足贵，穷亦不足悲。韩信羞将绛灌比，祢衡耻逐屠沽儿。君不见李北海，英风豪气今何在？君不见裴尚书，土坟三尺蒿棘居！少年早欲五湖去，见此弥将钟鼎疏。

山中问答

问余何意栖碧山，笑而不答心自闲。

桃花流水窅然去，别有天地非人间。

(2)秋浦河(共6处计23首)

①棠溪石门高(1首)：

忆秋浦桃花(坞)旧游时窜夜郎

桃花春水生，白石今出没。

摇荡女萝枝，半挂青天月。

不知旧行径，初拳几枝蕨。

三载夜郎还，于兹炼金骨。

②曹村白笥陂(6首)：

秋浦歌(其三)

秋浦锦驼鸟，人间天上稀。

山鸡羞渌水，不敢照毛衣。

秋浦歌(其五)

秋浦多白猿，超腾若飞雪。

牵引条上儿，饮弄水中月。

秋浦歌(其十)

千千石楠树，万万女贞林。

山山白鹭满，涧涧白猿吟。

君莫向秋浦，猿声碎客心。

秋浦歌(其十六)

秋浦田舍翁,采鱼水中宿。
妻子张白鹇,结罝映深竹。

游秋浦白笴陂(其一)

何处夜行好? 月明白笴陂。
山光摇积雪,猿影挂寒枝。
但恐佳景晚,小令归棹移。
人来有清兴,及此有相思。

游秋浦白笴陂(其二)

白笴夜长啸,爽然溪谷寒。
鱼龙动陂水,处处生波澜。
天借一明月,飞来碧云端。
故乡不可见,肠断正西看。

③乌石水车岭(5首):

秋浦歌(其一)

秋浦长似秋,萧条使人愁。
客愁不可度,行上东大楼。
正西望长安,下见江水流。
寄言向江水,汝意忆侬不?
遥传一掬泪,为我达扬州。

秋浦歌(其四)

两鬓入秋浦,一朝飒已衰。
猿声催白发,长短尽成丝。

秋浦歌(其八)

秋浦千重岭,水车岭最奇。

天倾欲堕石，水拂寄生枝。

秋浦歌（其十五）

白发三千丈，缘愁似个长。
不知明镜里，何处得秋霜。

秋浦歌（其十七）

桃波一步地，了了语声闻。
暗与山僧别，低头礼白云。

④石城即故秋浦县治（9首）：

闻谢杨儿吟《猛虎词》，因有此赠

同州隔秋浦，闻吟猛虎词。
晨朝来借问，知是谢杨儿。

赠秋浦柳少府

秋浦旧萧索，公庭人吏稀。
因君树桃李，此地忽芳菲。
摇笔望白云，开帘当翠微。
时来引山月，纵酒酣清晖。
而我爱夫子，淹留未忍归。

赠崔秋浦三首

吾爱崔秋浦，宛然陶令风。
门前五杨柳，井上二梧桐。
山鸟下厅事，檐花落酒中。
怀君未忍去，惆怅意无穷。

崔令学陶令，北窗常昼眠。
抱琴时弄月，取意任无弦。

见客但倾酒，为官不爱钱。
东皋多种黍，劝尔早耕田。

河阳花作县，秋浦玉为人。
地逐名贤好，风随惠化春。
水从天汉落，山逼画屏新。
应念金门客，投沙吊楚臣。

咏山樽

蟠木不雕饰，且将斤斧疏。
樽成山岳势，材是栋梁余。
外与金垒并，中涵玉醴虚。
惭君垂拂拭，遂忝玳筵居。
拥肿寒山木，嵌空成酒樽。
愧无江海量，偃蹇在君门。

赠柳园

竹实满秋浦，凤来何苦饥？
还同月下鹊，三绕未安枝。
夫子即琼树，倾柯拂羽仪。
怀君恋明德，归去日相思。

秋浦歌（其六）

愁作秋浦客，强看秋浦花。
山川如剡县，风日似长沙。

秋浦歌（其七）

醉上山公马，寒歌宁戚牛。
空吟白石烂，泪满黑貂裘。

⑤古殷家汇江面(2首)：

江上赠窦长史

汉求季布鲁朱家，楚逐伍胥去章华。
万里南迁夜郎国，三年归及长风沙。
闻道青云贵公子，锦帆游戏西江水。
人疑天上坐楼船，水净霞明两重绮。
相约相期何太深，棹歌摇艇月中寻。
不同珠履三千客，别欲论交一片心。

答高山人兼呈权、顾二侯

虹霓掩天光，哲后起康济。
应运生夔龙，开元扫氛翳。
太微廓金镜，端拱清遐裔。
轻尘集嵩岳，虚点盛明意。
谬挥紫泥诏，献纳青云际。
谗惑英主心，恩疏佞臣计。
彷徨庭阙下，叹息光阴逝。
未作仲宣诗，先流贾生涕。
挂帆秋江上，不为云罗制。
山海向东倾，百川无尽势。
我于鸱夷子，相去千余岁。
运阔英达稀，同风遥执袂。
登舻望远水，忽见沧浪枻。
高士何处来，虚舟渺安系。
衣貌本淳古，文章多佳丽。
延引故乡人，风义未沦替。
顾侯达语默，权子识通蔽。
曾是无心云，俱为此留滞。

双萍易流转，独鹤思凌厉。
明晨去潇湘，共谒苍梧帝。

(3)九华山

①九华山(6首)：

至陵阳山登天柱石酬韩侍御见招隐黄山

韩众骑白鹿，西往华山中。
玉女千余人，相随在云空。
见我传秘诀，精诚与天通。
何意到陵阳，游目送飞鸿。
天子昔避狄，与君亦乘骢。
拥兵五陵下，长策遏胡戎。
时泰解绣衣，脱身若飞蓬。
鸾凤翻羽翼，啄粟坐樊笼。
海鹤一笑之，思归向辽东。
黄山过石柱，巘崿上攒丛。
因巢翠玉树，忽见浮丘公。
又引王子乔，吹笙舞松风。
朗咏紫霞篇，请开蕊珠宫。
步纲绕碧落，倚树招青童。
何日可携手，遗形入无穷。

宿寺(宿无相寺)

头陀悬万仞，远眺望华峰。
聊借金沙水，洗开九芙蓉。
烟岚随遍览，踏屐走双龙。
明日登高去，山僧孰与从?
禅床今暂歇，枕月卧青松。
更尽闻呼鸟，恍来报晓钟。

改九子山为九华山联句

青阳县南有九子山，山高数千丈，上有九峰如莲花。按图征名，无所依据，太史公南游，略而不书。事绝（一本作“出”）古老之口，复阙名贤之纪，虽灵仙往复，而赋咏罕闻。予乃削其旧号，加以九华之目。时访道江、汉，憩于夏侯回之堂，开檐岸帻，坐眺松雪，因与二三子联句，传之将来。

妙有分二气，灵山开九华。——李白

层标遏迟日，半壁明朝霞。——高霁

积雪曜阴壑，飞流喷阳崖。——韦权舆

青荧玉树色，缥缈羽人家。——李白

秋浦感主人归燕寄内

霜凋楚关木，始知杀气严。

寥寥金天廓，婉娩绿红潜。

胡燕别主人，双双语前檐。

三飞四回顾，欲去复相瞻。

岂不恋华屋？终然谢珠帘。

我不及此鸟，远行岁已淹。

寄书道中叹，泪下不能缄。

炼丹井

闻说神仙晋葛洪，炼丹曾此占云峰。

庭前废井今犹在，不见长松见短松。

望九华赠青阳韦仲堪

昔在九江上，遥望九华峰。

天河挂绿水，秀出九芙蓉。

我欲一挥手，谁人可相从。

君为东道主，于此卧云松。

②梅根冶江面(1首):

望九华赠青阳韦仲堪

昔在九江上,遥望九华峰。
天河挂绿水,秀出九芙蓉。
我欲一挥手,谁人可相从。
君为东道主,于此卧云松。

71.李白部分秋浦诗注析

(1)《闻谢杨儿吟〈猛虎词〉,因有此赠》

同州隔秋浦,闻吟猛虎词。
晨朝来借问,知是谢杨儿。

李白曾与张旭于溧阳(在苏南与皖南宣城界,李白称此为吴关)的酒楼上作过一首《猛虎词》,同时代的其他诗人也作过《猛虎词》。李白在其他作品中也几次提到《猛虎词》。《猛虎词》,又作《猛虎行》,属古乐府《相和歌辞·平调曲》,是一个较流行的题目,不是他个人的独创。“同州隔秋浦,闻吟猛虎词”说明李白当时在秋浦河畔,谢杨儿在河的另一边,但李白听到歌声不知道吟唱者是谁,这说明李白对谢杨儿不熟悉。有两种情况:一种是,歌者为当地好歌手,李白未闻其名,凭美妙的歌喉即知此人必非一般,故一听歌声即想见其人。于是便有了“晨朝来借问,知是谢杨儿”的诗句。

从现存的李白诗看,赞美歌者的不多,但却有两首作于秋浦境内,另一首便是《闻殷十四夜泊黄山》。这不是偶然。大家知道李白早年酒隐安陆十年,接触歌儿舞女不少,遗憾的是他并没有留下歌者的诗。但他受民歌的影响是巨大的,他早期创作的诗歌就是对汉乐府和江汉一带民歌的改造,尤其是受南朝西曲影响较大。

李白是个多血质的人，这种人往往精力过人，适应环境和模仿学习能力极强。安陆期间，他把乐府学得纯熟，渡江以后又对吴歌产生了浓厚兴趣。而秋浦离南朝首都很近，为京畿范围，属吴歌区。此地一直民歌很盛，农夫渔妇，山樵野叟，莫不能歌，至今不衰。耕者歌其事，如《插秧歌》《耕田歌》《采茶歌》等；男、女歌其情，如《学打铁》《洗菜苔》等。及于近代仍遗存著名的民歌之乡罗城（贵池区墩上乡）。这种民歌氛围使本来就喜爱民歌的李白深受影响。他在秋浦流连忘返数年，听过大量的民歌：贩者歌，“客有桂阳至，能唱山鹧鸪”；冶者歌，如《秋浦歌》（其十四）；丹客歌，“昨夜谁为吴会吟，风生万壑振空林。”（《夜泊黄山闻殷十四吴吟》）；村人歌，“羌笛梅花引，吴溪陇水情。”（《清溪半夜闻笛》）；隐者歌，“清夜方归来，酣歌出平原”（《与周刚清溪玉镜潭宴别》）；歌者歌，“同州隔秋浦，闻吟猛虎词”（《闻谢杨儿吟猛虎词，因有此赠》）。这种情景使李白不能自已，于是便创作了他那不朽的诗篇《秋浦歌》《山鹧鸪》。他的一生对歌声特别敏感，尤其是歌的唱法，他曾在流放归来之后，将乐府民歌的唱法当成他作诗的秘诀传授给一个学诗的少年韦牟渠，可见，民歌的唱法在他心目中的地位非同一般（事实上，他的诗可能就是这样作出来的）。他曾经说过，作诗的人应该有一个体会：用嘴唱出的诗，用口吟出来的诗，以及用手写出来的诗，三者音节、语言风格明显不同，即使是同一个人所作，唱出来的诗与写出来的诗效果也反差很大。唱出来的诗，音节流畅，用词常出人意表，意境跳跃较大。我们看“张帝问答”应该有这个感受。听众提出一些古怪的问题，但张帝能用歌声巧妙回答。如果要求他以文字或讲话的方式来回答，嘴上不唱，心里也不唱，恐怕他的回答未必会如此利索而巧妙。吟出来的诗往往章节和谐，语言书面化，能兼顾可读性和可看性，但造意多平庸。故欲出好诗，必须苦吟，反复修改，将多次不同心境下的诗句萃于一首，以期产生跳跃、腾挪的效果。而李白诗飘逸奔放的语言风格的形成，应该说与他向民歌学习是密不可分的。

(2)《清溪半夜闻笛》

羌笛梅花引，吴溪陇水情。
寒山秋浦月，肠断玉关声。

梅花引：唐时流行的一首笛曲。高适《塞上听吹笛》："雪净胡天牧马还，月明羌笛戍楼间。借问梅花何处落，风吹一夜满关山。"又李白诗："黄鹤楼中吹玉笛，江城五月落梅花。"

吴歌是南北朝时流行在以南京为中心的江南一带的民歌，经梁代倡导而风行一时。秋浦古属吴歌区，民间习染至深。另，秋浦春秋属吴，故此地称吴地。其民以吴音唱民歌，也称吴歌。

陇水：这里指清溪，吴歌因声音婉转，拖腔较长，故声情凄婉。游子闻之，似闻汉乐府《陇头流水》。吴溪，这里指清溪。清溪是秋浦县境的一条河，故清溪之月谓秋浦月。

秋浦，古属吴歌区，其地南北朝时流行的江南民歌小调应是吴歌的组成部分，不能被分割。尤其是以六峰山为中心的附近村庄，有着深厚的社会基础，其民歌小调的流行有着深厚的社会基础。六峰山过去是重要的铜矿采掘冶炼基地，既有大批采矿的冶炼工人，也有一定数量的军队与管理人员。这些人中矿工应是大头，他们干着繁重的体力活，尤其是夜间干活须解乏提神，故唱歌便是最好的办法了。《秋浦歌》其十四中"赧郎明月夜，歌曲动寒川"便属此类，以至于采冶点及周边地区以及运铜水路沿线，村民也竞唱吴歌。一时蔚然成风，至今不绝（六峰山附近的清溪一带，从六峰山东的四岭水库而下梅根的九华河一带）。至今依然存有的两个民歌区：清溪河的里山乡，九华河的罗城。两地民歌内容基本相同，这证明了他们属一个文化谱系——建立在农耕文化基础之上的铜冶文化。

这种铜冶文化中的民歌，主要内容则是表达远离思乡之情（如商人经商）及男女情歌，或凄婉动人或情意绵绵。如《郎在河中撑竹排》："郎在河中撑竹排，妹在河中洗菜薹。一篙子撑来，拿起篙子打妹的水，打湿了红绣鞋。"又如《学打铁》："学打铁，学打铁，打把剪刀送姐姐，姐姐叫我歇，我不歇，我跟师父学打铁。打铁打到正月正，城里奶奶都来看……"所以无论是情歌，还是恋歌，均能激起李白思家之情。当他听到送别的笛曲《梅花引》，又听到那如陇水般呜咽的吴歌，想起在家的妻子女儿，还有如同孤儿的伯禽、平阳，他怎能不潸然泪下呢？

(3)《水车岭》

秋浦千重岭，水车岭最奇。
天倾欲堕石，水拂寄生枝。

古秋浦县域最重要的河流是秋浦河，而秋浦河最重要的支流是龙舒河。李白在秋浦县主要活动地之一的水车岭，在今贵池区梅街镇乌石村把口，龙舒河在此回旋成潭。潭边峭石壁立，危崖生树，古木斜出。微风鼓浪，虬枝拂水。

水车岭是李白精心选择的第一个炼丹地点。它四周环山，下临深潭。此地岩石非石灰岩，故水质较为清澈。同时，水运方便：于黄山岭采好铅料，可由其南涧船运入龙舒河，直抵水车岭。

另外，此地为三国吴虎林城遗址，人烟稠密，虽于炼丹有些嘈杂，但生活物资以及炼丹所需人力所得甚便。秋浦县城也在下游十五里处，方便与官员往来，为炼丹寻求经济和其他支持。

炼丹比较忌讳嘈杂的环境，《抱朴子》云："合丹当于名山之中、无人之地……"但李白偏选中了这个离村庄不过两三百米，附近也有白云寺的地方。从"水车岭最奇"这句诗，我们可以或许可以推导出选中选择水车岭作为炼丹地点的原因——他大概看中了这里的地形。这一带环境虽然略有些嘈杂，但于炼丹，地形条件太好了，天下很难找到十全十美的地方。当初，在敬亭山选址炼丹时，也遇到类似的问题。再说，"道存迹自高，何惮去人近?"真心炼丹，这里环境略有嘈杂的问题是可以解决的。权衡利弊，李白最终还是把炼丹地选择在水车岭。

李白在这首诗中提到了水。炼丹对水质要求较高，从陶弘景至葛洪炼丹，一般都是取井水炼丹，所以他们炼丹遗址多存有丹井。但李白炼丹活动过的地方，很少有丹井存在。在池州范围内，只有一个例外，他曾依葛洪在九华山遗下的炼丹井，结屋而居，很可能在此考虑过用该井水炼丹。

李白是不是用河水炼丹呢？这种可能性非常大。他曾经在两首诗中说过，如《入彭蠡经松门观石镜缅怀谢康乐题诗书游览之志》："谢公之彭蠡，因此游松门。余方窥石镜，兼得穷江源。将欲继风雅，岂徒清心魂。前赏逾所见，后来道空存。况属临泛美，而无洲渚喧。漾水向东去，漳流直南奔。空蒙三川夕，回合千里昏。青桂隐遥月，绿枫鸣愁猿。水碧或可采，金精秘莫论。吾将学仙去，冀与琴高言。”《过彭蠡湖》诗云：“水碧或可采，金膏秘莫言。余将振衣去，羽化出嚣烦。”

这两首诗大部分诗句相同，疑为两诗一事，且“水碧或可采”的意思也始终未变。这说明他对水的关注是有目的的。

从现存的李白诗文所涉及的可能炼丹地点，以及其诗文所描绘赞美的山川地貌看，李白偏爱非石灰岩地貌，尤其喜爱花岗岩地貌。这可能就与水质有关。石灰岩地貌，水质硬度高，含有大量碳酸钙，高温蒸煮，出现杂质较多。这些杂质不仅使药物成分不纯，还可能参与炼丹过程中的化学反应，使药物品种变异。

按炼丹之地须为悬崖且临水的要求，则宿松的小孤山应是个绝佳的炼丹场所，但小孤山是石灰岩，江水也不可用，故李白徘徊宿松一带很久，对江中绝岛小孤山则只字未提。不独如此，李白在秋浦期间活动于碧山、六峰山、江祖山一带，齐山夹在中间，是他往来必经之地，他也是只字未提。

在唐秋浦县辖地，李白细致描绘的只有五个地方，即江祖石一带、白笴陂一带、清溪水和石门高一带，再就是水车岭。

江祖山一带有三首：《秋浦歌》（其十二）、《秋浦歌》（其十一）和《秋浦歌》（其九），分别描写这一带的石与水之美，这一带为花岗岩地貌，水质较清纯。清溪蜿蜒其中。初见清溪，李白十分感慨地写下《宣城清溪行》，对水的清澈，作了由衷的赞美。

白笴陂源出石门高，属于秋浦河支流龙舒河上游，与清溪河一山之隔。石门高一带为花岗岩地貌，水质清澈无渣。李白将石门高当作理想的成仙之地，他写道：“桃花春水生，白石今出没。荡摇女萝枝，半挂青天月。不知旧行径，初拳几枝蕨。三载夜郎还，于兹炼金骨。”（《忆秋浦桃花旧游，时窜夜郎》）。石门水流至棠溪曹村，遇开阔地势，遂成一湖。当地人以一堤拦之，名曰“白笴陂”，面积千亩。李白在这里留下五首诗：《游白笴陂》二首，《秋浦歌》（其三、其五和其十六）。其中《游白笴陂》二首，就是赞美了白笴陂的水色山光。

李白之选大楼山作为炼丹地点，一半是看上大楼山的高峻，常常云遮雾绕，另一半是看上了它脚下的清溪水。大楼山是石灰岩地貌，但来自上游花岗岩地貌的清溪水洁净可用。大楼山下清溪回旋成潭，李白亲笔命名为“玉镜潭”，并写诗赞道：“回作玉镜潭，澄明洗心魂。”

龙舒河从上游石门高至水车岭段，虽以花岗岩为主，但也杂以石灰岩，故河水微有杂质。故李白于天宝十三载(754)七月在水车岭炼丹失败后，于天宝十三载(天宝三载正月朔改“年”为“载”)秋在龙舒河上游白笴陂徘徊一段时间之后，迅速转入清溪河流域，其活动地址在大楼山东侧之清溪河玉镜潭及清溪河下游之碧山。采铅黄山岭，以清溪水炼丹。一直到天宝十四载(755)冬，他先后几次在大楼山炼丹。这期间，他还于天宝十三载冬及次年春季、秋季在江祖山、莲峰山炼“假”金银，以筹措炼丹经费。炼“假”金银所需之铜就近采于六峰山。天宝十三载冬及春李白在六峰山附近的碧山炼丹，写下了著名的《赠黄山胡公求白鹇》《答王十二寒夜独酌有怀》。

碧山属清溪河下游支流白沙水，也称下清溪水。水源自六峰山东北太朴山，为花岗岩地貌，水质较好。

天宝十三载(754)，李白、高霁以及青阳县令韦仲堪，溯清溪上游经刘街越山岭去寻找葛洪炼丹遗址(在九华山北麓)，并在岭上隐士夏侯迥的堂前赏九华雪景联句，将九子山改名九华山。

总之，李白为炼丹对秋浦河和清溪河的水作了全面考察，分别在水车岭、大楼山、白笴陂、碧山作了尝试。在这些尝试都失败后，李白写下了著名的《秋浦歌》(其二)。

(4)《秋浦歌》(其一)

秋浦猿夜愁，黄山堪白头。
清溪非陇水，翻作断肠流。
欲去不得去，薄游成久游。
何年是归日，雨泪下孤舟。

秋浦：指秋浦河支流龙舒河；黄山：秋浦河（即龙舒河）与清溪河上游的分水岭之一，在今棠溪与刘街之间；清溪：发源于九华山西麓，西流至大楼山北折至江祖山后，归入平天湖，绕池州城、齐山脚，汇入白沙水（也称下清溪水）入江；薄游：短暂的停留。

这首诗应是李白在水车岭、大楼山相继炼丹均未如意之后，于天宝十四载（755）秋，再入大楼山，打算又起灶火前所作。诗人在这里既尝试了秋浦水，又尝试了清溪水，故李白云“秋浦猿夜愁”，“清溪非陇水，翻作断肠流”。他不明白，黄山之铅应是上好的丹料，而清溪水质又是这样清澈，为何就是炼不成丹？浪漫的诗人觉得，落得如此悲惨的结果，秋浦之猿一定会同他一起哀愁，清溪之水会为他呜咽，黄山也会为其白头。丹未成矣，何以归去？从这些诗句看，李白似乎与妻子宗氏有个约定，想丹炼成之后，举家成仙。不然，缘何不能归去呢？李白寄内的诗并不多，有四首写于秋浦。《秋浦感主人归燕寄内》《自代内赠》等都是表达自己滞留不归的深深歉意。

这年秋天是安禄山、史思明叛乱的前夕，安禄山、史思明极有可能派人来游说名满天下却不受朝廷重用的李白，希望他加入幕下。某种意义上，李白也算“胡人”。如果说安禄山对他有几分自然的亲近感，那也是情理中的事。再说，还可以假李白之名，聚拢一批人。对此，李白坚拒，并作《鹧鸪词》以自表。

自天宝三载被放逐，李白对出仕已不再抱有希望，一心只想炼丹“成仙”。这次拒绝入幕，也有专务炼丹的因素。

（5）《山鹧鸪词》

苦竹岭头秋月辉，苦竹南枝鹧鸪飞。
嫁得燕山胡雁婿，欲衔我向雁门归。
山鸡翟雉来相劝，南禽多被北禽欺。
紫塞严霜如剑戟，苍梧欲巢难背违。
我今誓死不能去，哀鸣惊叫泪沾衣。

这是李白学习秋浦吴歌的又一杰作。《山鹧鸪词》，有时又叫《鹧鸪词》，是流行于秋浦一带的民歌。不仅当地人唱，就连往来这里的客商也能唱。李白有诗句“客有桂阳至，能吟山鹧鸪”就透露了这一消息。《鹧鸪词》的大意是由鹧鸪的叫声类似“行不得也，哥哥”衍生出来。后来《鹧鸪词》经过李白的弘扬，便迅速传播开来，以至鹧鸪成为典故，为“行不得也，哥哥”的代称。晚唐，郑谷在江南一带活动，写下了著名的鹧鸪诗。最有名的一联就是“游子乍闻征袖湿，佳人才唱翠眉低”。游子在外，临行时父兄的劝告，旅途的艰辛，一句“行不得也”使他百感交集，潸然泪下。佳人思念远游在外的郎君，也被这句“行不得也，哥哥”触动，也不觉动容低首。正是这联写活了游子思妇的微妙心态，一时人呼郑谷为“郑鹧鸪”。经过郑的推波助澜，鹧鸪作为含有自警和劝告意义的文学意象就基本稳定下来。拜郑谷为“一字师”的齐已也反复引用鹧鸪词。至晚唐，由于朝廷衰落，兵祸相接，知识分子为求功名四方游历，使鹧鸪这一意象有了更广泛的接受群体。至北宋，人们依然用它来抒发羁旅行役之苦。南宋辛弃疾还用这一意象来抒写自己不能抗战杀敌的苦闷。

可以说鹧鸪作为一个文学意象被肯定和建立，李白是有首创之功的。这源自他对民歌的勤奋学习和认真钻研，同时也是秋浦民歌对中国文学的一个重大贡献。

对于李白写这首诗的动机，过去有几种推测：一种是王琦说，即“南姬有嫁为北人妇者，悲啼誓死而不肯去，李白见而悲之”；另一种是胡震亨说，有人劝李白北依而白安于南不欲去。我个人认为，胡说似近常理。李白在秋浦之前，曾去幽燕。而李白离开幽燕之后，“安史之乱”爆发。李白去幽燕主要目的可能是访道。因为这些地方毕竟是战国秦汉时期产“神仙方士”的地方。所谓海外“三仙山”之说就是来自燕齐。李白一面寻找神仙逸人，一面也探询神仙故土“三仙山”的位置。但这也不排除李白试图干谒安禄山等人。他的干谒心态应该是很微妙的：一方面是为钱财，希望别人为他寻仙访道提供财力；另一方面也不排除寻求别人重用他。从“南禽多被北禽欺”这句看，他当时大约碰了钉子，感觉这里不是南人所能容身的地方。“北禽”们多仇视和排斥“南人”，而像李白这种身份不伦不类的人处期间更是尴尬。从《山鹧鸪词》写作时间来推测，大约在天宝十四载秋，亦即“安史之乱”发生前几个月，安禄山派特使来邀李白。李白虽然断然拒绝,但内心斗争激烈而痛苦。一方面,他感念玄宗的“知遇之恩”以及玉真公主的恩典;另一方面,安禄山所从事的事业,对于致力于纵横术的李白,不能不说是施展才华的舞台。“苍梧欲巢难背违”,他最终选择跟朝廷走。下这样的决心是非常痛苦的,所以他说“我今誓死不能去,哀鸣惊叫泪沾衣”。当然,这种惊心动魄,也有来自外部强大压力的因素。

《颐山诗话》云:唐李白的山鹧鸪语意俱苦,至末句云“紫塞严霜如剑戟,苍梧欲巢难背违。我今誓死不能去,哀鸣惊叫泪沾衣”,当为永王南巡被胁迫时作,其情种种可见矣。他显然也注意到了李白当时作诗所面对的强大外在压力,李白随永王璘的情景比较复杂,但总体而言,也有自愿的成分。

据现有资料,唐人写《山鹧鸪词》者,李白之前即有。如曾赏识过李白的苏颋即曾写道:“玉关征戍久,空闺人独愁。寒露湿青苔,别来蓬鬓秋。”又,“人坐青楼晚,莺语百花时。愁多人自老,肠断君不知。”写的都是思妇之苦,是“行不得也,哥哥”的本义。但应者寥寥,并未形成气候。只能算是鹧鸪意象的源头。

至李白写“鹧鸪”,不仅运用了本义,更多的是对它象征意义的使用,使“鹧鸪”意象内涵得到丰富和拓展。他使鹧鸪意象在文学史上第一次真正地确立起来,引起了后继文人的广泛兴趣和追踪吟咏。郑谷《侯家鹧鸪》诗有“苦竹岭无归去日”之句。白居易《山鹧鸪》云:“畬田有粟何不啄,石楠有枝何不栖。”徐凝《山鹧鸪词》云:“南越岭头山鹧鸪,传是当时守贞女。化为飞鸟怨何人,犹有啼声带蛮语。”李涉《鹧鸪词》:“二女空垂泪,三闾枉自沉。惟有鹧鸪啼,独伤行客心。”又云:“鹧鸪啼别处,相对泪沾衣。”李群玉《九子坂闻鹧鸪》云:“鹧鸪啼处远人行……乞放今宵白发生。”罗邺《放鹧鸪》云:“好傍青山与碧溪,刺桐毛竹待双栖。花时迁客伤离别,莫向相思树上啼。”都是从不同的生活场景对鹧鸪意象进行强化和补充。

至晚唐郑谷的“游子乍闻征袖湿,佳人才唱翠眉低”,则是对鹧鸪意象在深度上进行的挖掘。总之,有唐一代,除李白外,鹧鸪意象基本限于亲情的范围。李白对鹧鸪意象范围的拓展至南宋为辛弃疾继承。他在《菩萨蛮·书江西造口壁》一词中写道:“江晚正愁余,山深闻鹧鸪。”借此意象表达了他壮志难酬的苦闷。

可惜的是由于文化氛围的改变,唐宋以后,鹧鸪作为一个凄伤优美的文学意象而渐渐被冷落。明代还有人偶尔使用过鹧鸪意象，如明胡奎《山鹧鸪词》："劝郎莫过洞庭湖，湘妃庙前啼鹧鸪。可恨九嶷山隔断，翠华无处问苍梧。江上有山复有山，鹧鸪啼处雨斑斑。一声两声行不得，南船北船朝暮还。"虽不愿行，而不得不行，内心苦闷彷徨而不得不前行。其象征意义似比郑谷更向前发展了一步。可惜，此后鹧鸪意象便杳无音信了。

(6)《古风五十九首(凤飞)》

古风五十九首(其四)

凤飞九千仞，五章备彩珍。
衔书且虚归，空入周与秦。
横绝为四海，所居未得邻。
吾营紫河车，千载落风尘。
药物秘海岳，采铅青(清)溪滨。
时登大楼山，举首望仙真。
羽驾灭去影，飙车绝四轮。
尚恐丹液迟，志愿不及申。
结霜镜中发，羞彼鹤上人。
桃李何处开？此花非我春。
唯应清都境，长与韩众亲。

九千仞：喻事。仞，尺。太白以凤喻己脱俗不群。五章备彩珍：章，文采。备，具备。言己才华出众。周、秦：代指长安。言己虽有才而未得展抱负。紫河车：外丹之一种，以铅汞为原料。营：炼。风尘：世俗，江湖。秘：深藏不显。青(清)溪：河名，在今安徽省池州市贵池区境，唐属秋浦县辖区。此言炼紫河车药物于深山海岳之中，故我来清溪采铅，于山中炼之。大楼山：在安徽省池州市贵池区梅街镇与梅村镇交界处。山峻，常白云缭绕，为李白在秋浦的重要炼丹处。此言炼丹求仙，故想仙真。"羽驾"句：《列仙传》言子明仙去后，黄鹤载其弟子安仙去。陶潜《搜神后记》云，丁令威化鹤归故乡。飙车：此言陵阳子明等已仙去矣，仙踪已不易寻。丹液：指紫河车。申：同伸，实现。此言，恐丹未就而人已老矣。徒：白白地。霜：白。鹤上人：指乘鹤之仙人。此言炼丹长期未就而年老发白，为仙人所笑。最后一句言，只有进入清都之境，方能与韩众等仙人共列仙班，长生不老。政治阅历的疏浅又使他厄运连连。现实与理想的反差，使他深受刺激。大抵而言，陈子昂的《感遇》、李白的《古风》皆是此类刺激背景下的产物。

应该说陈子昂的家乡射洪与李白的家乡江油相距不远，也许李白出于钦佩这位乡贤努力学习刻意而作的。陈子昂主张建安风骨，李白不仅深表赞同，还以自己的诗歌实践完成了子昂的夙愿，这已是一个公认的事实。李诗少有近体，除了性格使然，相当一部分原因可能还是跟这种刻意的复古有关。

唐诗在一开始就是沿两条路发展下去的。一条是近体，它经过皇室、御用文人的探索、创作经验的不断积累，体式格律不断完备，锤词炼句渐显功力，即使没有多少才华的人，也能勉强作出一首诗来。故它的创作群体和接受群体不断扩大，风靡文人圈，至盛唐而达巅峰，杜甫为集大成者。

另一条路就是复古，恢复“建安风骨”。这只是一种民间呼声，应者寥寥。不独是这样做不合时宜，还因为创作古体诗得有一定的才力才行，一般人很难看到成功的希望。及至李白出来，大作乐府诗。人们惊叹其“复古”大成的同时，也一下子看到“复古诗”的巨大潜力。总之，在这条复古之路上，王勃率先探索并倡导，陈子昂振臂高呼，李白登上巅峰。由于需要才气之故，一般人唯有赞叹而无法学习。李白的伟大，在于他的创作无人匹敌，可谓“作前无古人，后无来者”。然而，正如陈子昂叹息的那样，“多材信为累！”李白自认为“五章备彩珍”，能飞于“九千仞”之上，但终不免“空入周与秦”，落得“衔书且虚归”的结局，知者稀少，“所居未得邻”，于是一心求仙。

按：李白求仙炼丹，究竟炼的哪几种？据笔者研究，其共有三大类：

其一为炼黄白（假金银）。在道教炼丹中，黄白术一直较为盛行，是道教公开的秘密，并非为一般人所认为的那样是见不得人的事。相反，炼假金银能救济穷乏，还能作炼丹费用，故道教将黄白术载之于典籍。东汉时期，茅山派道教开山祖茅氏兄弟点化丹阳铜以救济灾民，活人无数，传为佳话。葛洪《抱朴子》一书载“黄白术”条，教人如何将铜点化为金银，以资炼丹经费。他还详细地告诉了人们炼就假金银之后如何使用：一部分投于街市，让过往行人取用；一部分祭祀山川之神；剩下的便可自己享用。隋唐时期，人们对假金银抱好奇和欣赏的态度，由于真正掌握此项技术的人并不多，故假金银在市场上的价值往往高于真金银。武则天曾将假金银当宝物赏赐大臣。本来有此道术的道人是引以为荣的，但唐太宗时，有一位道人精通黄白术，太宗听说就召见了他，不料这位道士的徒弟偷学了他的技术，为了独自领赏，遂将师父杀害。后来炼黄白术的道士，可能受这件事的影响，对炼黄白之事，守口如瓶。

关于李白炼黄白，除了笔者曾公开提出之外，还没有人敢于或愿意关注此事。推其原因，我认为可能出于两点：一是误认为李白炼黄白便是经商。若提此事，有损李白形象；二是现存李白诗文中难以找到直接的证据。要说明此事需要冒一定的学术风险。但我则认为一是研究李白和欣赏李白不是完全相同的一回事。研究是求真，欣赏是求善。在真与善不能相一致的情况下，研究者弃善从真，欣赏者弃真从善，各得其所，互不干涉。二是李白于诗文中尽管没有直接道破他在炼黄白，但他的许多行为却舍此无法解释。这些我们将在《秋浦歌》（其十四）再作深入讨论。

其二，李白炼内丹。李白早期拜谒的司马承桢就是炼内丹高手，后来李白师事胡紫阳也是炼内丹的。李白在《庐山谣寄卢侍御虚舟》中曾明确地说“琴心三叠道初成”。“琴心三叠”就是炼内丹术语。他还以药物佐丹，在《天台晓望》中，他说：“攀条摘朱实，服药炼金骨。”他对石楠和女贞的特别关注也证实了这一点（这两种植物都有补肾功能）。

其三是炼外丹，也就是通常所说的仙丹。李白炼的仙丹有几种？根据他自己的记录，在诗中的有三种称呼的仙丹：还丹，如“早服还丹无世情”（《庐山谣》）；大还（《草创大还赠柳官迪》）；紫河车，如“吾营紫河车”[《古风五十九首》（其四）]。

那么李白到秋浦炼什么丹？我认为是三丹皆炼。既炼内丹又炼外丹，还炼黄白。按道教炼丹，首先要认真选址。内丹于选址上的要求，可能主要偏重环境的选择，不嘈杂即可。外丹则不同，地形、朝向、丹房大小尺寸、门向，均有严格的规定，不得违反，否则难以成丹，可能还有灾祸降临。葛洪《抱朴子》里详细地叙述了炼外丹选址以及丹房建造的规定。

从李白在秋浦频繁活动的九个地点来看，这些地方与《抱朴子》关于炼丹选址的要求惊人吻合。这强有力地佐证了李白在池州的活动主要就是炼丹。《古风五十九首》(其四)尤其肯定了这一点。他说:“吾营紫河车，千载落风尘。药物秘海岳，采铅青(清)溪滨。”这里他介绍了自己炼的是紫河车，是一种外丹，这种仙丹是以铅为重要原料。而秋浦清溪边的黄山岭正产铅。

黄山岭在清溪河南岸，是清溪河与秋浦河的分水岭，所以黄山岭南边，为秋浦河。黄山岭有两条河，一条南流入秋浦河，一条北流入清溪河，入清溪者名楼华河。李白采铅黄山岭，以木排从岭涧楼华河运入清溪河，可直抵大楼山脚，李白曾作《宿鰕湖》称“鸡鸣发黄山……明晨大楼去……前溪伐云木”，直截了当地指出他的炼丹地是大楼山。李白在本首诗里也暗示了他炼丹地点:大楼山。他说“时登大楼山，举手望仙真。”选择大楼山炼丹有多重考虑，一则符合道教选址要求，二则采运矿物方便，三则大楼山海拔较高，常云雾缭绕，能给人以出尘世或脱俗之想。李白本首诗带有一种忧虑与恐惧，是担心自己未及丹成而老死。所以他告诫自己:“桃李何处开？此花非我春。唯应清都境，长与韩众亲。”意即凡人非桃李，能落而复开。只有丹成仙去，入于清都之境，才能长与仙人韩众驾游，达到与天地同寿的目的。

(7)《秋浦感主人归燕寄内》

秋浦感主人归燕寄内

霜凋楚关木，始知杀气严。
寥寥金天廓，婉婉绿红潜。
胡燕别主人，双双语前檐。
三飞四回顾，欲去复相瞻。
岂不恋华屋？终然谢珠帘。
我不及此鸟，远行岁已淹。
寄书道中叹，泪下不能缄。

楚关：池州于战国时为楚地，以陵阳之琉璃岭为郢关，关南为越人区。杀气：西方为金，主杀气。故称“秋天”为“金天”，称“秋气”为“杀气”。胡燕：俗称燕子。本地有草燕和家燕两种。潜：伏，匿去。谓秋霜至而木叶尽凋。淹迟：晚。此言岁已暮矣，燕尚能归故地，而我不能。缄：闲。此指将信封上。

蜀人与楚人大约相类，故乡情结重，又特别爱面子，讲究荣归故里。楚人项羽即使做到霸王的位置还说：“富贵不归故乡，如衣锦夜行。”楚人刘邦（沛县在战国中期曾属楚国）做上皇帝，也要回故乡炫耀一番，并对他的父亲说“今某之业所就，孰与仲多？”蜀人司马相如，当初出蜀路，过一道桥的时候，曾立下誓言：“如不能高车驷马，决不过此桥！”

李白二十五岁“仗剑去国，辞亲远游”，一去就再也没有回头。可能也有类似司马相如“决不过此桥”之意，早年没有混出个头脸的李白，很少有思念故乡之诗。出峡时，他英气豪迈，“此行不为鲈鱼鲙，自爱名山入剡中。”至于故乡，他只一笔带过：“仍怜故乡水，万里送行舟。”及至晚年，其乡愁方浓。于是，便有了动人心扉的《静夜思》。

李白一生结过几次婚，始娶于许，入于高宗故相许圉师家。这使李白很有面子，但实质上他可能很不幸福。许家大约是个富贵势利之族，这与李白那时想一心炼丹的意图相矛盾。所以他活得很痛苦。他被迫干谒如韩朝宗之流，以冀求个一官半职，但多半时光是喝闷酒，“360 日，日日醉如泥。”有段时间，还跑到桃花岩去炼丹。这就是所谓的“酒隐安陆”，其时是李白最苦闷的一段时光。这桩婚姻结束的原因，没有任何资料能给予一个确切的说法。但无论许氏已死或尚在，婚姻的结束对李白来说都是一种解脱。后来寻仙访道于山东齐鲁一带时，他又结了一次婚，大约也是一时兴起所致，此次婚姻很快就结束了。不久他又访道江东，移家南陵。这期间又与一个刘姓女人结了婚。对方大约既势利又尖刻，李白又是入不敷出的人，刘氏很快与他散了伙。

所谓“终娶于宗”，即指李白的最后一次婚姻，也是李白最幸福的一次婚姻。宗氏是故相宗楚客之孙女。当初李白也许是看中了宗家的门第——宗家尽管已败落，毕竟曾是相门。这桩婚姻后来给李白带来更多的情感慰藉。宗氏夫人不仅甘于贫贱，而且与李白同心向道，支持他寻仙访道。可谓是同甘共苦，同心同德。李白与宗氏结婚后，在梁苑客居过一阵子。在这一段时光内，他仍以梁苑为中心继续四处求仙访道。没有人催逼他去追求功名利禄。同时他在山东置有田产，安顿了前妻许氏所出的子女伯禽和平阳。这是李白一生中最幸福的时光，用他自己的话说，叫"鸣凤始相得"。所以，尽管他出门在外，但时时惦念着妻子，希望能找到一个仙山仙水的地方把家安顿下来。当他发现秋浦是一个"山貌日高古，石容天倾侧。彩鸟昔未名，白猿初相识"的仙境时，便起心动念"欲家焉"（康熙《贵池县志》）。其实，他曾在敬亭炼丹时也安过一个家，但并未将宗氏夫人接过来。"我家敬亭下，辄继谢公作。"在敬亭，一个偶然的机会，李白遇到一个叫会公的和尚，会公跟他说起了池州的陵阳，并对李白讲述了陵阳子明成仙的故事，这使李白产生了很大的兴趣。陵阳子明是《列仙传》里记载的一位神仙，李白当然是知道的。但由于宣城太平一带号称子明活动的遗迹甚多，李白弄不清真正的陵阳山在哪里。李白知道子明成仙服用的五色脂原料来自"黄山"，但这个"黄山"又在哪里？来江南后，李白一直在苦苦寻找。听会公这么一说，他顿觉心明。不久他来到陵阳，也在秋浦境内找到了"黄山"，即清溪之滨的黄山岭。而且他还在秋浦清溪之源九子山找到了葛洪炼丹遗井。秋浦河、清溪河有得天独厚的如仙之境，子明、葛洪在秋浦境炼丹遗址历历在目，这一切促使他心起移家于此、炼丹成仙的念头。

他先后活动于秋浦河畔的秋浦县城、乌石水车岭、黄山岭南的白笴陂和清溪河畔的碧山、大楼山、江祖山一带，只为选址炼丹。从李白诗歌所提供的线索推测，他在水车岭炼丹失败之后，夏末在铜陵五松山、清溪江祖山、莲花峰、大楼山炼黄白。其后，秋入大楼山正式炼紫河车。《秋浦感主人归燕寄内》这首诗就是天宝十三载（754）深秋写的。此时，已近寒冬，故云"远行岁已淹"。看到檐前将归的双燕，想到炼丹失败后资金紧缺不能立即移家秋浦，想到不知道怎么向妻子交代，想到怎样不让她伤心，李白不由得潸然落泪。"寄书道中归，泪下不能缄"——不寄书报平安，怕妻子担心；寄书又怕妻子失望。这信怎么封（缄）上寄出呢？

李白在诗中多次表达举家成仙的愿望，如在《避地司空原言怀》中写道："雪霁万里月，云开九江春。俟乎泰阶平，然后托微身。倾家事金鼎，年貌可长新。”在《题嵩山道人元丹丘山居》中写道：“拙妻好乘鸾，娇女爱飞鹤。提携访神仙，从此炼金药。”在《秋浦寄内》称：“江山虽道阻，意合不为殊。”李白共有20首寄内诗，其中8首是写给宗氏的，且基本都在安史之乱前后几年。其作品有《秋浦寄内》《秋浦感主人归燕寄内》《自代内赠》《别内赴征三首》《在浔阳非所寄内》《南流夜郎寄内》，足见他与宗氏的感情。

大约李白入秋浦之前已与妻子约好，俟秋浦炼丹成功即行返家。可是，现在事情发展超出他的意料：“欲去不得去，薄游成久游。”他在水车岭炼丹耗尽钱财后，旋即去了铜陵。返回秋浦后，便往返于六峰山（铜矿）、江祖山、碧山之间，炼黄白以筹措炼丹经费。夏末秋初去大楼。可见李白此时的经费没有其他大的来源。但这些事都不便细说，只是借燕为喻，云“我不及此鸟，远行岁已淹”。如此诗（书）不借燕，实在不好表达这说不出的苦衷。第三年，即天宝十五年（756），李白因经济困窘，只好将宗氏接到庐山，向李腾空学道。这样，一方面解决“夫妻同修、举家‘成仙’”的问题，另一方面又可让全家团圆，暂避战乱。

天宝十三载（754）秋末，李白在大楼山炼丹。他给妻子宗氏寄了一首《秋浦感主人归燕寄内》，表达了自己的思念之情。但冬季又回苦竹畈，徘徊于六峰山、莲花山、江祖山一带炼黄白。这期间他写下了著名的《秋浦歌》（其十四）及《清溪半夜闻笛》。还有一首《秋浦雪夜对酒，客有唱山鹧鸪者》：“披君貂襜褕，对君白玉壶。雪花酒上灭，顿觉夜寒无。客有桂阳至，能吟山鹧鸪。清风动窗竹，越鸟起相呼。持此足为乐，何烦笙与竽。”此时李白一面炼黄白（红星乱紫烟），一面想家（肠断玉关声），生活极为潦倒（披君貂襜褕，对君白玉壶）。同时，他还在碧山写下著名的《答王十二寒夜独酌有怀》。到了第二年，即天宝十四载（755）春，黄白可能出手了一部分，心情也较为舒畅。他还打算在碧山择一块地方，改在碧山炼丹。因为这个位置离六峰山较近（五六里路），既可炼黄白又可炼紫河车，也就是说筹措经费与炼丹可同时进行。于是，他一面去黄山岭采铅，一面同权十一等合伙在六峰山采铜。这段时间，他写下了著名的《黄山胡公赠白鹇》，自称“玩之坐碧山”；又写下了《山中答俗人问》，曰：“问余何意栖碧山，笑而不答心自闲。桃花流水窅然去，别有天地非人间。”还创作了著名的《秋浦歌》（其九）：“江祖一片石，青天扫画屏。题诗留万古，绿字锦苔生。”

72.小议“白笥陂”

在李白研究中,白笥陂一直没有受到关注,以致语焉不详。有人认为是地名,有人认为是山名,且均未予以论证。这里我们认为白笥陂是一水面的名称,其地理位置就是今天曹村的南山大畈(在安徽省池州市棠溪镇曹村境内),现在我们在这里提出来,向各位方家求教。

“白笥陂”是不是指水面名称?首先我们来看一下“陂”。现在,这是个冷僻字,在这里念“bēi”。因为不常用,许多人可能误读为“坡”或“波”。《说文解字》注“陂”确有“坡”的含义,云:“陂,阪也。”又“阪”条云:“坡者,曰阪,一曰泽障,一曰山胁也。”但是这个字含义后来出现了增衍,即由“泽障”之义延伸出堰坝,继而延伸为“陂塘”,即人工湖或人工池塘。如楚相孙叔敖曾修过的“芍陂”,便是古代著名的水利工程。唐时,长安南有渼陂,杜甫、岑参都写诗赞美过渼陂之水。杜甫诗云:“波涛万顷堆琉璃。”(《渼陂行》)。又《后汉书·樊宏传》:“陂渠灌注。”可见“陂”水不仅可指较大的水面,也可指不大的水面,而且多半用于水利灌溉。这种作水利的“陂”在贵池境内也有不少,如石陂堰、古游陂、桃胡陂、罗坦陂等(嘉靖《池州府志》)。

今日去曹村,白笥陂附近并无陂塘,只有一平坦如砥的大田畈,名曰南山大畈,数千亩。这样大的面积却如此之平,只能说明此畈古时必为一巨大水面。因为在皖南山区,只有湖床淤积抬升,方能形成如此广阔平坦而肥沃的田野。龙舒河从石门高村而下,荒滩甚多,但皆布满乱石,难以垦田。溪河成田有两种情况:一为河边坡脚,垦作稻田,是为梯田,秋浦河上游石门高村、百安村一带河边多为此田;一为陂塘淤泥成田,是为湖田。如涔溪(清溪河上游)流域荡里姚村以东的田畈和清溪河下游的原东南湖农场田地,曹村南山大畈应当属于此类。

但唐时之陂塘缘何成为今日之田畈?在宋代曹村一世祖曾任彭泽令的曹清弃官隐于此的时候,白笥陂仍然还是一片水面。曹清曾作《秋浦行》写道:“黄山岭上云,白笥陂中月”,盖陂中月即水中月也。至今曹村还流传一句民谚云:“头戴铁冠帽,脚踩烂泥塘。”所谓“铁冠帽”指畈东边最高一峰。所谓“烂泥塘”者是指南山大畈过去为“烂泥塘”。这个民谚是用来形容曹家所占山场、水面之多，故起源应不早于曹氏祖先来此地之前。因而至少在宋代以前这一带还是水面。从今天的大畈来看，古时湖水并不深，有利于菱藕生长。夏秋时节既可采莲、菱，又可捕鱼。在人口不多的情况下，还能满足生活需要。这种状况可能在曹清来之后还持续了若干代。后来因曹村人口增加，需要粮食，所以围湖垦荒，筑堤，将龙舒河水撇开，才成一田畈。

白笥陂为一水面名称，我们还可从李白《游秋浦白笥陂》（二首）中能找到最明显、最直接的证据。我们先看《游秋浦白笥陂》（二首）：

何处夜行好？月明白笥陂。
山光摇积雪，猿影挂寒枝。
但恐佳景晚，小令归棹移。
人来有清兴，及此有相思。

白笥夜长啸，爽然溪谷寒。
鱼龙动陂水，处处生波澜。
天借一明月，飞来碧云端。
故乡不可见，肠断正西看。

在第一首中，李白称明月下的白笥陂最好夜行。但靠什么夜行？从第六句“小令归棹移”中，可见李白夜行白笥陂是“乘船而行”，如不乘船，何须用“棹（一种小桨）”？其二中也称白笥陂中鱼龙跳动，生出一圈圈的波纹。这些都说明，白笥陂确实是水面。不仅如此，而且水面很大。因为他说“但恐佳景晚，小令归棹移”。如果水面小，水路不长，怎么会急着将船往回划呢？在第二首中，李白还称，在白笥陂中长啸①，唯有湖面阵阵寒意袭来②。为何没有回音？盖湖面开阔也。

---

① 今白笥山有石刻“太白长啸处”称李白在此长啸。不管真假，都不妨碍你感觉他在白笥陂长啸的真实。
②溪谷，白笥陂水来自上游龙舒河，故称溪，又白笥陂处众山之中，故为谷。

此陂所以用“白笴”作名，析其原因可能有二：其一，因其拦水坝在水口白笴山附近，因山而名；其二，可能因为拦泄水口的坝用到白笴竹，以起“既泄水又拦鱼”之效，故此坝可能被称为“白笴堰”。湖因堰而得名“白笴陂”。

（2008年10月17日）

73.池州文化的九大内涵

（1）两江古城

中江沿岸：有东流、太和、晋阳、南太原郡、北江州、石城；

南江沿岸：秋浦、南陵郡、南陵、春谷、虎林城、陵阳、定陵、临城、石埭。

共十五座古城，计二十五处遗址。

（2）秋浦诗路

六山六河一村：九华山、齐山、万罗山、黄山岭、梅山、大历山；清溪河、秋浦河、南流河、临城河、黄溢河、尧渡河；杏花村。

（3）古风民俗

民歌：罗城民歌、采茶歌等。

俗戏：青阳腔、目莲戏、鸡公调等。

俗祀：傩事等。

（4）千年铜冶

梅根冶、永丰监等。

（5）春谷农耕

两千余年的稻作文化等。

（6）古茶池韵

①以九华山为纽结点的金地茗、闵园茶、黄石溪茶等；

②以七井山为纽结点的贵池粑茶、霄坑茶、铜陵坡茶等；

③以仙寓山为扭结点的两亩半茶、马坑茶等；

④尧渡河西南的木塔、官港茶等。

(7)古刹名山

九华、齐山、杉山庙迹，大历山尧舜遗迹、南泉遗踪等。

(8)镇世池纸

历代贡纸：唐宣纸、白麻纸、澄心堂纸；宋马牙纸、池纸；明灵芝纸等。

74. 李白上九华之顺序

第一次：天宝十三载(754)冬，李白由泾县入陵阳，游陵阳山子明仙迹，登天柱石。其《至陵阳山登天柱石酬韩侍御见招隐黄山》告知其真正的陵阳山和黄山在青阳县和秋浦县，而非宣城之陵阳山和徽州之黄山。

韩众骑白鹿，西往华山中。
玉女千余人，相随在云空。
见我传秘诀，精诚与天通。
何意到陵阳，游目送飞鸿。
天子昔避狄，与君亦乘骢。
拥兵五陵下，长策遏胡戎。
时泰解绣衣，脱身若飞蓬。
鸾凤翻翕翼，啄粟坐樊笼。
海鹤一笑之，思归向辽东。
黄山过石柱，巘崿上攒丛。
因巢翠玉树，忽见浮丘公。
又引王子乔，吹笙舞松风。
朗咏紫霞篇，请开蕊珠宫。
步纲绕碧落，倚树招青童。
何日可携手，遗形入无穷。

第二次：天宝十三载(754)，过老田吴宿无相寺，寻葛洪井，听说葛洪诸人于此炼丹，信心大增，作《宿寺诗》《葛洪井》。上化城，相中今“李白书堂”处，意欲建屋炼丹，于该年秋作《望九华赠青阳韦仲堪》。

第三次：天宝十三载(754)冬，为建炼丹屋(今“李白书堂”处)，李白邀韦权舆、高霁于夏侯迴之堂望九华并联句，作《改九子山为九华山联句》。

第四次：天宝十四载(755)春，韦权舆建李白书堂成，李白于秋浦碧山炼丹未成后，欲住此炼丹，因滞留庐山，未开炼，也未果。

75.《秋浦歌》十七首，一幅完整的寻仙图画

李白寻仙来池州，留下了著名的《秋浦歌》十七首，它给出了一组李白秋浦寻仙完整的信息图。

图之一：苦闷的寻仙者形象。

当年李白为寻陵阳窦子明、葛洪等人的仙踪而踏入秋浦，后来发现秋浦产铅、锌、铜，且千峰夹水，是个上好的炼丹之所，于是滞留不去，采药炼丹。也许是技术或资金上的缘故，多年未成，贫病交加，心中充满愁苦。

“秋浦长似秋，萧条使人愁。客愁不可度，行上东大楼。正西望长安，下见江水流。寄言向江水，汝意忆侬不？遥传一掬泪，为我达扬州”(《秋浦歌》其一)。李白曾仰慕古仙人阴长生，当年在扬州仿效其行事，散金三十万，广济穷困，然而，除了变成一无所有之外，成仙的事连影子都没有，这怎能不使他伤心落泪呢？采铅黄山岭，丹却久炼不成：“秋浦猿夜愁，黄山堪白头。青〔清〕溪非陇水，翻作断肠流。欲去不得去，薄游成久游。何年是归日，雨泪下孤舟。”(《秋浦歌》其二)本打算丹成即去，但却遥无归期。穷老交至，更使李白愁起万端：“两鬓入秋浦，一朝飒已衰。猿声催白发，长短尽成丝。”(《秋浦歌》其四)“醉上山公马，寒歌宁戚牛。空吟白石烂，泪满黑貂裘。”(《秋浦歌》其七)穷愁之极，他吟出了千古绝唱：“白发三千丈，缘愁似个长。不知明镜里，何处得秋霜。”(《秋浦歌》其十五)那种急于成仙的愿望与眼前现实的强烈反差，形成巨大的情感瀑流，一次次地撞击李白的心肺，让他霜染白发心欲碎，也令读者无不为之动容。其实，“尚恐丹液迟，志愿不及申”的愁云一直笼罩李白秋浦寻仙

的整个旅程。当炼丹真的不成时，李白心中愁绪上升到极点，便突然喷发而成《秋浦歌》(其十五)这传世佳作。

图之二：仙山仙水仙世界。

贵池的秋浦、清溪，尤其是清溪，在李白眼中无疑就是人间仙境。总览《秋浦歌》十七首，主要集中写了偏重清溪一侧及秋浦支流龙舒河的景色。大约围绕三个中心：黄山岭一带，包括曹村、石门(其二、其三、其四、其五、其十、其十七)；大楼山一带，包括桃坡、乌石、水车岭(其一、其三、其六、其七、其八、其十七)；江祖山一带，包括六峰山、莲峰山、苦竹畈、平天湖(其九、其十一、其十二、其十三、其十四、其十五、其十六)。这大抵也是李白在秋浦炼丹活动频繁的三个中心。诗人在黄山岭采铅，在六峰山采铜，在江祖山、莲峰山、大楼山一带合药炼丹，希冀有一天能“羽驾灭去影，飙车绝回轮”，像子安一样随子明仙去。

在《秋浦歌》十七首中，李白两写白猿(其五、其十)、白鹭(其十、其十三)，一写白鹇(其十六)、女贞与石楠(其十)。这些看似不经意的描写，如果与《史记·封禅书》和《列子·汤问》中的两段文字对照来读，则颇耐人寻味：东海有蓬莱、方丈、瀛洲三仙山，山上“诸仙人及不死之药皆在焉，其物禽兽尽白，而黄金银为宫阙”(《史记·封禅书》)。《列子·汤问》亦云：(三仙山)“其上台观皆金玉，其上禽兽皆纯缟，珠玕之树皆丛生。”这两段对仙境的动、植物作了具体的描述。动物的颜色都是白色，所以秋浦的白鹭、白鹇，尤其是从未见过的白猿，引起了李白的格外关注；至于石楠、女贞就仿佛是仙境中的珠玕树，不仅丛生，四季不凋，而且朱实离离。从中药药理上看，女贞子亦确有滋养内丹之效。“千千石楠树，万万女贞林。山山白鹭满，涧涧白猿吟。”在《秋浦歌》(其十)中，李白用白描手法以秋浦实有风物勾勒出一个“神仙之境”，表达出内心的向往。

在李白眼里，生活在秋浦的人们如仙人般地生活：渔家夫妇过着恬淡、从容、和美的日子：“秋浦田舍翁，采鱼水中宿。妻子张白鹇，结罝映深竹。”(其十六)，“渌水净素月，月明白鹭飞。郎听采菱女，一道夜歌归”(其十三)；山僧有着禅者特有的静默：“桃波一步地，了了语声闻。黯与山僧别，低头礼白云”(其十七)；冶炼工人有如炉火一样的激情：“炉火照天地，红星乱紫烟。赧郎明月夜，歌曲动寒川”。睹此境，看此中人，怎能不让李白神往，以致“耐可乘明月，看花上酒船”了。

秋浦之境虽美如仙，但如仙之境就是如仙之境。它不是仙境，也永远不可能变成“仙境”。因此，寻仙者李白久久徘徊于秋浦大地并反反复复寻觅的结果，依然“竹篮打水一场空”。但其寻仙一路，却生产出了那流芳千古的文字——《秋浦歌》十七首。

这种结局正如窦子明陵阳垂钓一般，钓鱼竟然得龙！

（此篇发表于2007年8月10日《池州日报》）

第五章　南山谈艺

1.何谓诗

诗者，吟咏性情也，有所心动则歌之。劳者歌其事，饥者歌其食，岂暇及他？俗人不知，唯在平仄用韵上做功夫。可叹也夫！

2.玩玩

做什么事，我都是抱玩玩而已的心态，只不过玩得挺认真，聚千钧于一瞬，人不解。

3.中国画的本质

中国画是意念的一种表达手段，亦如意念之于诗、文、乐器、舞蹈、歌唱也。围绕特定意念，画者选择适合表达的物象而图之，称之为构思。物象取舍、色线布局、画面的分割虚实等为构图。故无意念则无构思，无构思则无构图，即无画也。换言之，即无意之作不能称画。故赏画者，宜舍画面物象而得其意，所谓看山不是山也；然后返观其画面，方察其构思构图之用心处，所谓看山还是山也。擒贼先擒王，观画先究意，故定画品先察修养也。

4.《松风白云》序

予自少年学诗，积于今三十余年矣。予之为诗，率性亦已。以为诗者，性灵也。继而又以为性灵非为唯一，须兼以学识性情。夫摩诘如不能画，焉能诗中有画？如不能诗，画中焉能有诗？盖学识性情者，诗之又一要义也。

予继以为，作诗当以意境浑成为第一，又以浑成而能脱俗者为最高。予少年作诗重声律，以为不合者，皆劣之也。及青年，重警句、豹尾，无此者，尽弃之。中年以来，始悟意境圆融者为上。盖严羽之所谓“羚羊挂角，无迹可求”也。

予与晴烟(鲍然)相识也晚，然沂水之曾点，仲尼颔首；竹林之阿咸，阮籍让步。然之言曰：“期之岁月，尔老矣，而我尚有为。”孔子云：“后生可畏。”岂斯之谓欤？

丁酉四月，晴烟与予谋之曰：“吾二人近年之作合为一编，可乎？”予应之曰：“善！”遂以近三四年所作二百篇付之。晴烟也计有八十篇。合为一辑。名之《松风白云》。

嗟乎，晴烟之负才性者，佳辞丽句，间或逸出，气势开张，非凡夫可比。尤长于赋，奇崛突兀，出人意表。每有所作，令人拍案。抑鲍明远之苗裔乎？

是为序。

(秋浦丁酉四月丙午日作)

5.风尚

风尚者，风扇也。言扇风之意也。夫扇者执其意而扇之，风则起也。众皆不知意而从之，谓之跟风。从者众而动世俗，谓之风尚。世尚之风起，则所向披靡，人莫能挡。今世之风尚一来，举世从之而不疑。常时移，又一风尚起，又举世从之而不疑，昔之所是，今之所非，岂不悲哉？古有风而无风尚。得利者喜，瓜瓞绵绵；失利者怒，坎坎伐檀；怨者悲叹，交交黄鸟；劳者徒咏，九月授衣；

义者歌与子同袍，情者吟白露为霜……是颂为利足者之风，雅为利少者之风，国风为失利者之风。众风并发，各从其类。上以风化下，下以风刺上。圣人总得之而和焉，谓之治世。故世不可无风，不可有风尚，不可有墙倒众人推也。岂不可诫乎？

天地万物，目遇之成色，耳得之为声，手触之为形，万象无处不在，无时不来。识之者有，执之者存。有而不存，是为“真人”。而今世之人也，万象俱来，难识一象；既而识之，则欲执之而不舍，放大无穷，以为至理。此非刻舟求剑，戴盆望天者乎？夫文者之选章炼句，也如是耳。

杜子美云：文章千古事，得失寸心知。其得失在毫厘之间，他人难察，唯我心审之。得则莞尔一笑，自谓金丹换骨，不足为外人道也。

6. 时异

蝉鸣桑叶空，此前人诗也。今已不养蚕，故四月已无人采桑，殆六月蝉鸣则桑林茂也。若今人作此句意，则无病呻吟也。

7. 画梅

省林科院胡一民师嘱予画梅，予惧焉，不知梅骨之所在也，故期年不成。予以为梅之品，骨为第一，花其次，香又次之。图物之难，可想而知。今期年而后得，是以记之。

（时壬寅正月十六）

8. 皴法

近世之皴法者，宾翁、抱石各得一绝，再往前溯者，八大山人朱耷、石涛公望而已，余不足称。

9.载道

予之字，殆最无教养，盖无一笔一画有来历也。方家视之，谓曰江湖体，予自得乐焉。吾为书十余载，常心不在字，非为书而书，书以载道也。非书格物即书格人，非书格事即书格文，岂徒书哉？待他日有暇，方以书体道也。

夫作诗，能成韵，欣欣然曰，吾诗人也；作画，能成色，欣欣然曰，吾画家也；作文，能成句读，欣欣然曰，吾文人也。所不知者，诗言志，无达其志，何谓诗人？画以形意，无达其意，何谓画家？文以载道，无载其道，何谓文人？夫肩道义者，世间各业也。各守其所守，各持其所持，是谓人类进步。

（辛丑十月记）

10.琴棋书画

古之文人，诗棋书画琴剑者必备，余能有几？故不得称文人。五谷能分，四体不勤，吾不能称农夫；虽识器用而不能制，吾不能谓工人；虽辨贤而不能行之，吾不能为儒；虽贫而不能乞，吾不能为丐。故吾辈非文非农非工非儒非丐，实世上之朽木，人间之敝屣也。庄子云，无用之木，方可全天性，又焉得不自喜耶？

11.率性

吾为书率性，为画率意，为诗率情，为玩尽趣，为人止于至善。故数年来，书不足观，谓之江湖体，盖无一画有来历耳；画不足赏，盖无一笔有技巧也；诗不卒读，盖无一字有锤炼也；玩不足品，盖无一物能惊世也；人不足交，止得一二人而已。悲也乎？喜也乎？吾常行以为乐。

12.学书

钟繇小楷至绍京而大，成绝响也。鲁公之书似杜甫之诗，人皆学之，所谓刻鹄不成尚类鹜也。是知其俗书也。

13.道者

走来时路，到去处处，不独得道者如此，百艺之人，莫不如是。

14.书法衰落的原因

中国书法随世家的衰落而式微，证实其乃为口口相传、手手相授而得，非徒苦练而成，此不刊之论也。

（庚子三月记）

15.爱好乃自娱

作诗作画作书作盆景诸样，只为娱己，无意悦人。如渊明弹无弦琴，只弹与自家心听，不须管他人闻与不闻。

16.因言观势

居上等势的人往往说弱势的话，居下等势的人往往说强势的话，譬如杜牧、杜甫。牧之云“平生五色线，愿补舜衣裳”，和婉至极也。盖豪门之家，作强势语者，易犯帝忌耳。子美则云“致君尧舜上，再使风俗淳”，其语极其强势，盖其门第非豪门也，故语势强而不及祸。

17.蔷薇如人

夫蔷薇,为花卉则色寡而芳少,为果木则实小而刺繁。喻之如人,无德而嫉贤,无才而损人,无能而怀奸,弃之可也。

18.论梅

俗语云,梅无仰面花,含谦虚之意。其骨在凌寒而能放欤?今北土少此物,盖知其物有耐寒之名而藏惧寒之实。故其骨不在斯也。予谓梅之骨在其枝,每至梢而能一以贯之,心无旁骛,虽临歧而不改其节。夫梅之气,不以浓妖示人。故其虽非君子,已近仁人也。

19.东坡画竹

东坡之爱竹,云:宁可食无肉,不可居无竹。盖其表兄文与可善画竹,东坡从学,得其精妙。其喜竹,实由画而起,非后世所云之气节也。

20.道义

道义之在人,利当前,不以私为先,以济世利物为先,或曰:以百姓为刍狗,即无用之人是也;道义之在物,处众物之所恶,食众物之所弃,庄子所谓无用之物是也。

21.何谓文人

文人不能就是能写文章的人。非独有文人风骨和文人趣味者,不可称为文人。

22. 线条

傅抱石作线，虽枯而辣；范曾作线，虽强而死矣。故抱石似老秋，范曾为死藤也。齐璜老作线如婴儿，柔而有力；徐文长作线，如二八好女，婀娜而腴。二者皆生意无限也。

23. 我的绘画缘起

我的绘画始于壬辰年七月底。我与汪锦林兄去九华后山朱备镇去寻僧妙虚。我以前并不认识他，因锦林兄导师汤书昆来池讲学，在一起吃饭认识的。我们去的时候，他在一个旧村部(有人说是民国易国幹[①]宅)，是买的还是租的，不得而知。遇上我们，他不高兴地说："来要先打个电话，我一般都不在。"这话说得俗气，我也不高兴，就回了一句："佛家讲缘分。相遇凭缘，你不在就下次再来。"他领我们参观了里外，院子不大，养了几盆梅花。像食堂一样的村部，就是他的画室。空荡荡的，四壁悬着他的画，画桌靠东边的墙。坐下聊天的时

① 易国幹，字先城，皈佛后自号"无住头陀"。湖北随县人，清末优贡。科举废后，夫妇同往日本留学。夫人某氏，号"无净居士"，名门闺秀。二人对佛学特有研究，言佛学是哲学也是科学，是最平等开明的两科合一之学。

易国幹擅骈散文字，辛亥武昌起义，入黎元洪幕府，草檄露布，曾有"标准秘书"之称。用古典写字的文电，有"四亡哭""十害""三危"等。

1913年，黎元洪北上，国幹便往九华山，参谒智妙和尚，摩顶受戒。其于《圆觉经》中25种修持之法，更深有领悟。

秋浦许静仁先生，巡按福建，邀易前往。1914年，委他署理"长乐县知事"。在任一年，百废俱理。其时县府，仍清代知县衙门作风。书差皂快，欺官虐民。易上任，确定新规：案子当堂收呈，随到随办随结；书差须考试合格，不及格便撤补；差快对刑名钱谷案件，如有遗误，则责打开革。

长乐滨海，素称繁剧难治。梅花、后山两乡，因争蛏埕，自清代乾隆年间起，不断械斗。其搬来全卷，穷几夜之力，订下共守约例，传两乡父老到署，作公平合理解决。百年悬案，永息争端，民众讴颂。第二年，袁世凯称帝。知"李厚基称臣"，易叹道："好不容易改成共和政体，怎又恢复起帝制来？我不能干了。"遂即辞职。县里绅民，依依惜别。他作诗："而今始觉吾丧我，世事宁论假与真！余痛不忘到儿女，夙缘无住了天人。证知庭柏西来意，印可雪泥过去因。他日深山访行脚，诸君莫认宰官身。"长乐的竹林寺是该县名胜，他在官之日，无暇往游，因作一首示意："城南古县竹林寺，无份来参玉版禅。笑我一官来走俗，何如五岳去寻仙。"(作者未详，文字微删)

候，我半开玩笑地说：“你天天画，怎不送我一张？”他语气平和地说：“我的画价两万一平尺，他们还在骂我把价格压低了。不过，我们是朋友，就5000一平尺。”他说的也许是实话。据说他以前是专攻绘画的，画艺总徘徊不前，一气之下出了家，以期有所进步。又听说他是第一个在人民大会堂办画展的和尚，也颇不易。我本是半开玩笑，没料到他竟如此地不客气，也就有了一个逼自己一把的心，便带点玩笑的口气回了一句：“我用买你一平尺的钱买宣纸，画完了，还不及今天的地步，从此既不看画，也不藏画，与画无缘。”我以前只是赏过一些画，但从未画过画，甚至没碰过宣纸，我不知道我说话的底气从何而来？这也许就叫无知者无畏吧。第二天我就真的买了笔墨纸砚开了工。也许是老天帮忙吧，我从不投师，也不临摹，摊开一张白纸，总是能看到纸上有东西，动物或植物，每次都不一样，而它们也不是心中所想之物。譬如我想画一株兰，那纸上分明是一只鸭，我只好依着描下去。这种状态持续了两年，直到我能独立作画为止。由于我是自己作主，故下笔果断，即使是造型不准，也一样地毫不犹豫，也从不打草稿。如果总结一下，下笔无滞恐怕是我的第一个特征。这也会带来一些效果：画面上无优柔寡断的线条，拖泥带水的布局，也无点染，这与我的艺术主张有些不一致。我想努力地改变这些，达到既在意料之中又在意料之外的效果，即处于在意不在意之间，以达到人意、天理、笔意的合一，即顺其自然、天人合一之境界。斯为画道之所在，当终身执之。一晃十整年了，中间得过省电大和中央电大的书画奖，能走多远。唯努力而已，不负苍天。但我还是要感谢妙虚给了我一个开启绘画天窗的契机。

24.携笔游兰亭记

丁酉暮春，余携此笔过会稽山阴之兰亭。时游人已去，山空水流，暮霞在天，修篁四立，横柯交映，而山鸟时鸣。余独坐兰亭，碧水澄心。遥想千年，群贤毕至，曲水流觞，何其盛也。梓泽丘墟，不胜其感。今之视昔，犹后之视今，岂虚言哉？当是时，斯笔与吾同在，岂有感乎？壬寅正月世民补记。

25.诗

诗之魂在韵，诗之骨肉在意境，诗之肤发在修辞。骨肉匀停、肤发茂盛者为诗之美。

26.形神在毫厘之间

夫画者，若论形神，每在毫厘之间。得之则生，失之则死；缺之则生，足之则死。性灵者常得而知之，性愚者常失而不觉。其虽死而不悟，可悯乎哉？不悯也。万事莫不尽然。

27.吾之画

吾之画，不沾带于物，意在画外，理在言外，所谓得其环中也。执于物象者谓匠人；执于画意者谓艺人；执而不执，得鱼忘筌者谓逸人。

28.《富春山居图》

王希孟之《千里江山图》，黄公望之《富春山居图》，潘天寿之《雁荡山花图》，皆穷通画理，共得一美之作耳。王惜少韵，潘伤多秀，独黄情韵俱佳。三人者，人之杰也，才不世出，幸遇于当世之人，几人惜哉？

29.乌渡湖汪律本画事记

乌渡湖（见图5-1），也叫乌头湖，现在改称天生湖，在今池州市贵池区涓桥镇桂畈村与洪桥村之间，贵池城西十五里处。乌渡湖因与黄宾虹的关系，已成为中国绘画史上极为重要的地名之一。它本是秋浦河的一个大河汊，面积和白沙湖(即现在所谓平天湖)大致相当。1915年,歙县汪律本等数人合作欲于此养鱼,于是筑一堤将秋浦河隔开。湖围成了,汪氏等人便选择湖面最开阔的北垞一个山嘴(今涓桥镇桂畈村第三村民组何信周宅附近)筑室定居。

立于汪氏旧宅地向西南眺望,对岸也是一大河汊,水面辽阔,有烟波浩渺之势。古人云,亭台楼阁是湖山之眼,站在这里你不能不佩服画家宅主选址的眼光。

天生湖周围,河汊纵横,岗峦绵延,杂树丛生,松荣竹茂,良田美池,邻村相望。渔夫农妇,樵山种水,绩麻获稻,出入烟岚图画之中,劳生碌碌,可歌之事甚多,今仅择数人数事以记之。

图5-1　乌渡湖

30.汪律本传

汪氏一行是天生湖的缔造者,又定居于此,影响甚大。汪律本与著名画家黄宾虹既为老乡、画友,又是同志,且还助黄老在天生湖畔营宅(即著名的池阳湖舍)造田合伙养鱼。汪氏本人除偶去上海之外,长居天生湖。从民国四年(1915)至民国二十年(1931)逝世,其与湖结缘十六载,不特书一笔,于湖于人有失公允。

关于汪氏的传说甚多,访之野老,择其二三,叙之于此,以待有识者。

(1)苹蓬花馆

这是汪氏留下的带有一枚印章的印文。这位馆主超凡脱俗,不愿结交达官贵人,精心打造宅院,自娱自乐。据当地老人回忆,汪宅宅院里广种花卉,如同花园,禁人采摘。他在一间房子地下埋了口径不等的七口大缸,缸口上铺上木板,并盖上极薄的青砖,在那间房子里走路,就如同在演奏乐器。他家的厕所滑道特长、特深，蹲位上设有扶手，如厕时，浊气全无，一身轻松。

(2)闭门终日坐高松

相传汪宅后院有一棵古松，有数抱粗，汪氏甚爱此松。松下特设一榻，日日坐卧其下，摩挲观赏，丹青临写。后来，这棵松树枯萎了，有人说是被他画死的。汪氏一生画松，逝后，尚有一幅松画，留存于桂畈民间。1990年汪氏侧室尚在，笔者咨及此事，答曰："已弄丢了。"说明实有此事。

黄老赠吾叔祖父中堂画上有诗云："竹杖纶巾避俗翁，闭门终日坐高松。抱琴却是无弹处，流水高山一万重。"联想到黄老与汪氏相得甚欢，实疑该诗为此翁而作。

汪氏曾遗书数架，1954年为大水漂没。今日可见遗物尚有自画像一尊(陶制圆形)，画案一张。

(3)流水高山一万重

汪氏与黄宾虹称为莫逆、刎颈均不为过。在汪氏的邀请下，黄宾虹数度游览乌渡湖，竟萌生卜居之心。

在汪氏的帮助下，1929年黄氏于乌渡湖东南角围湖造田约百亩(现名坂徐小圩)，1930年又于乌渡湖畔王家坨造屋三间(与汪宅隔山相望，毁于日寇兵焚)。

1931年中国画会成立于上海，黄氏任监察委员。也在这年，汪氏股生一疮，去上海治病，最后病逝于上海。黄氏痛失知己，退居无伴，遂将坂徐小圩委托吴记铁铺老板吴玉成管理，"老屋王"的房子委托长工看管。从此黄老真的是"抱琴却是无弹处，流水高山一万重"了。

31.《寒食帖》

东坡之黄州寒食帖，非黄山谷跋其后，其谁知之？盖世之知之者，往往而不言；言之者，往往而不知。一帖之明于世者，与人之遇与不遇于世何异哉？幸而明于世者，岂不深得于识而能言者哉？

(庚子冬记)

32.吾之皴法

吾欲化傅抱石之大乱柴为小乱柴作山水，取其易变也。盖江南之山多茂密，师古法者易于琐碎，少有丰荣之感，与物不相称也。宾虹之法，虽亦起于池之山水，然其烦琐费时耳。辛丑正月世民谨记。

33.诗三境

诗有画境、情境、意境。吾之诗，其半为画境，余者为意境、情境。夫画境之诗，意随句尽；情境与意境之诗，辞已尽而意无尽也。

34.何人扬我池州名

扬我池州之名，实始李杜两人。后人追风思慕，遂成池州文明，曰：千载诗人地。

唐天宝十三载(754)，李白“灵山开九华”。向慕李白之名而隐者、游者、咏者，无以计数。名人咏者数十辈。在唐，有刘禹锡、杜牧、费冠卿、杜荀鹤、殷文圭；五代，则有伍乔与汤悦；在宋，有梅尧臣、王安石、苏辙、杨万里；下逮元明清，有元文宗、萨都剌、常遇春、解缙、王守仁、汤显祖、董其昌。至于无名小辈，不遑罗列。

试问：九华是不是一座诗山？

自天宝八载(749)，李白到池州，一睹秋浦芳容，不假他手，一组《秋浦歌》便使秋浦、清溪扬名天下。其后，大小文豪，附庸风雅，也是数不胜数，略举名人即有刘长卿、白居易、杜牧、罗隐、苏轼、黄庭坚、杨万里，至于王十朋、周必大之流皆在忽略不计之列。

试问：清溪、秋浦是不是诗河？

池州的飘逸时代启于李白，池州的风流时代肇于杜牧。

一座诗山被杜牧炒得声名鹊起。会昌四年(844)杜牧守池州，一首《九日齐山登高》便使小小齐山誉满江南。

其后名人如潮水般地涌向齐山，张祜、陶守立、梅尧臣、司马光、王安石、包拯、岳飞、张孝祥、朱熹、刘过、萨都刺、王守仁、汤显祖、方以智、吴应箕、施闰章、刘大櫆、袁枚、黄宾虹，忠的孝的，文的武的，为官的归隐的，写诗的作画的，熙熙攘攘，热闹非凡。一代书画巨匠董其昌仅凭一句"江涵秋影雁初飞"就一眼认出了以前从未谋面的齐山，可谓是才子解读才子，诗人共鸣于诗人也。风流与共，这也许是齐山热闹的根源吧。

"九华可望不可登，齐山可登不可望"，但这一高一矮并没有妨碍他们的名望。正所谓："山不在高，有仙则名；山不嫌高，有灵则往。"

还有那天下第一村的杏花村，竟也缘起于这位风流太守的鼓噪。

如果说齐山是诗画之山，杏花村便是诗酒之村了。来到这里，作诗的饮酒，饮酒的作诗。诗有多少，都已载在《杏花村志》里；酒有多少，有平天湖作证。

但这里有一位特殊的酒徒，没有留下任何诗句。他是一个潦倒的孤儿，一位穷愁的诗人，总在这一带徘徊。他寻找着他生父昔日的影子，踏着他曾游历过的小径。对生父亲手缔造的名山、名村，心中充满敬畏，不敢乱发一言。我们在他的《唐风集》里，找不到一首有关齐山、杏花村的诗，而他就隐居在杏花村旁的杜坞，离杏花村二三里，离齐山七八里。是他没有去过吗？这绝对不可能！但他一首诗也没有留下，这却是真的。在生父的影子里寻找慰藉，在渔樵的杜坞山中延续他的生命，大概他已经很满足了。他叫杜荀鹤，做过几天翰林。

饮水思源，食果望树，池州之有今日之名，全仗李杜两人的面子。诗山，诗河，诗村，诗人，是池州的骄傲，也是池州的名片，青铜做的名片，古老、厚重。

35.公望《富春山居图》

公望之《富春山居图》技法迥异于他图，何哉？公望中年始学画，观其所作，似有所学；余中年始画，与其不同者，余无所学。及至其作《富春山居图》，盖弃其所学，而具自家面貌者；余如执之，得无达公望者乎？

36.赵孟𫖯字

世间多赵孟𫖯字，然予素不喜其字，以其过于俗媚；然亦不喜颜真卿字，以其过于执着；亦不喜柳公权字，以其过于刻厉；亦不喜欧阳询字，以其过于险峻。世间字，篆则有二李（李斯、李阳冰），堪称玉箸；隶则有张、蔡（张芝、蔡邕），可称缓带；行则有二王父子，可称顾盼生姿；楷则有钟、虞（钟繇、虞世南），可称正则有情；草则张、怀（张旭、怀素），可称飙风舞带。余则虽有所长，然不足称也。

37.篆体字

篆体之难，不在匀称，其难在于匀称之上的劲道。古今谙于此道者唯李斯、李阳冰也。古人以“玉箸”形容之，盖指其虽外表圆润，而内含刚劲也。后世书者，得其匀称而乏刚劲者众；得其刚劲者稀，如吴昌硕、邓石如辈，而又惜其失匀称也。

38.书以写心，画以写意

书拘于形状，画拘于形色者，匠也；唯书以写心，画以达意者，可以为师也。

39.清谈与王谢诗书

谢安初以清谈闻于江东士族，颇有王导之风范。然王氏多以书闻，谢氏则多以诗名。今传《兰亭》《伯远》诸帖，皆王氏子弟之作也；而六朝名诗人则谢家子弟间出。今细观其诗、书，始悟其以玄理为骨，不脱乃祖清谈风流，盖其以诗、书为清谈耳。后人无骨，徒学古人皮相，乃以诗人书家自号，实可笑也。

40.文体的兴盛

某种文体的兴盛，大道理上是文学发展到一定阶段的产物，实则跟各朝代帝王喜好有关。汉高祖好楚音，故汉赋借楚辞而壮大；曹孟德好悲歌，故七子多慷慨；曹子桓好骈，六朝多骊；李世民羡杨广诗才，故唐诗蔚然；赵光义妒李煜词情，故词盛焉；元代游牧好戏曲，故元曲大行；朱元璋起于草莽，喜听书，故评书（章回）兴焉，流风余韵，逮至康乾。万事非无源之水、空穴来风，岂如是哉？

41.《九华诗集》

宋陈岩作《九华诗集》，所述九华之景物，印之今日，十丧六七也。予欲复掇前事，数谋不成，其机缘未足也欤？

42.味淡情深

能写出“陌上花开，可缓缓归矣”的，在唐代仅王摩诘、韦苏州耳。所谓“万壑树参天，千山响杜鹃”“山空松子落，幽人应未眠”之类，可谓味极淡而情极深。

43.《诗经》和《楚辞》——中国文学的初始意象群

《诗经》和《楚辞》为中国文学构建了最原初的意象集群，后代文学的主体意象都是由此延伸而来，层层渲染，不断加深。它们为中国人共同话语初始语境之主体，理应成为中国人必读之书。

44. 南山意象

始于《诗经》，其数言南山，"幽幽南山"摹其高峻幽深。至六朝陶渊明，南山则一变为幽深而安逸。至李唐王维，南山已演进为隐逸之所也。其云"下马饮君酒，问君何所之。君言不得意，归卧南山陲"。

45. 鹧鸪意象在唐代的发展

鹧鸪意象至李白才始大，其有《鹧鸪词》云"我今誓死不能去，哀鸣惊叫泪沾衣"，取不能行之意；至李群玉《九子坡闻鹧鸪》云"落照苍茫秋草明，鹧鸪啼处远人行"，也用李白之意而有拓展，有"行而悔之"之意；至郑谷《鹧鸪》云"游子乍闻征袖湿，佳人才唱翠眉低"，则有"虽知之而不得不行之"的无奈。

46. 夕阳意象

《诗经》云"日之夕矣，牛羊下来"，此为"落日"意象之始。至唐李商隐《登乐游原》而至极也。落日意象尤为农耕社会重视，此意象至今仍沿用。

47. 明月意象

《诗》云："月出皎兮"，寄明月于美人；至张若虚《春江花月夜》则寄明月于宇宙；若李白，最喜月，则其寄月如我也。

48. 秋风意象

此意象源于宋玉《九辩》，至汉武帝《秋风辞》、曹丕《燕歌行》而宏。至李唐"落日心犹壮，秋风病欲苏"，壮之哉。

49. 中国画和西洋画

张大千云，中国画、西洋画到了极致都一样的。这句话如果指的是同一个人用西洋画或中国画的工具和技法画到最后，效果一样，这我是赞同的。这只是说一种审美和思想用不同的工具和技法表现而已。但如果是西方人，即使用中国画的工具和技法，它仍然是西洋画。话说回来，中国人只有用中国画的技法和工具才能充分表达中国式审美和中国人的思想。

（壬寅十月识）

50. 君子图

予阅画甚夥，而独爱陈曼生小品，清新别致，真文人清玩也。

51. 留白

画之留白者，有形外之留白，有象外之留白，有意外之留白，有境外之留白，有数外之留白，凡五者。形象之留白，人皆知之；意境之留白，人鲜知之。至数之留白，非悟道者不识耳，岂独画然？参禅、言语、诗文、书、乐、茶、武、园林、建筑、舞蹈百艺及诸业，莫不如是也。

52. 诗人之巧

夫诗人之巧思，不独于立志取喻处看，也于破绽处看。如东坡《前赤壁赋》云“白露横江”，白露焉有横江之理？疑其草稿为“白雾横江”，此虽在理而无气势。“白露横江”者虽无理而气象沛然也，故用雾不如用露。非东坡之才性高蹈者不得为此。古今诗人唯李太白天才卓异，无须弄此小巧。如“秋水明落日，流光灭远山”不独力透纸背，也飘逸至极也。古今达此境界者似无。

53.何良俊读书

何氏良俊作《四友斋丛说》，自言读书四十年不下楼，虽董仲舒也自愧不如也。今观其书，皆琐碎之说，盖知其为学而不思之徒，是一读死书之人也。乃至奉“一年几见月当头”为绝好佳句，反复咏叹，足见其才性也平平而已，止增笑耳。

54.《南山耕余录》

余之《南山耕余录》终于可以宣告完稿。书共四十余万字，内容极其驳杂。大体分南山樵采、南山闲居、南山悟道、南山寻古、南山谈艺等。囊括百科，欲究天人之际。凡所知之，几欲道之。亦陶南村之瓮叶，吾人生之归藏也。时壬寅岁。

55.画中有诗

画中有诗，不独画内由物象而成意象，其意象之间可构成诗之意境，更重要的是要以物象表达画外之物象以至意象。调动画内一切之意象，以表现一个有张力的意境，而使读者尽可能地展开想象，由画内之诗境而及画外之诗境，进而启人思考，拓展其思维与想象的空间。故画内物象之间既关联又不关联，从而让渡想象权予读者，此谓之想象留白，或曰空间张力之一种；物象某特征的刻意表达或其之间的既相关又不相关内容，乃思想留白，或曰思维张力；画当取其表达意象之物象局部，其余留与读者以想象权，此亦为空间张力表达之一种。吾之画，构图不究势，笔墨不求精，往往一挥而就，然才性不足，是其病耳，他日当渐改之。每观黄公望、黄宾虹、颐者（潘天寿）之画，王羲之、张旭、怀素之草，皆求物象之律动，此亦为尺幅内求物象关联之美耳，可学但不可全学。

（壬寅年腊月二十八记）

56.书法之法在于悟道

书法之法，在于悟道，非徒笔墨之技巧而已。羲之高妙，后世无可及者，乃其体悟玄理之至境而达于笔墨者也。其非书也，乃道运行之迹耳。空而不虚，板而不滞，灵动而不浮薄，如蛟龙入云，见首而不见尾，非道而何？奈何后世以书视之，左临右摹，不亦悲乎？视羲之墨迹，后世嚣嚣于点画者又岂能望其项背哉？

下篇

南山耕余

第六章　南山幽幽

1.赋

(1)池州赋

星分斗牛之际，孙休故地[1]；区列吴越之邦，萧统遗风[2]。四面环山，三溪弦弓[3]。九华东引，穿云表而逼南斗；江水西来，奔天门而乘长风[4]。平天二婆[5]，抚万罗而无声；清溪双塔，镇流坡以不动。白云晴岭，淙淙涧壑之水；树头初日，苍苍岗峦之松。一开菡萏，四溢香风。幽幽南山，生清秋之昊气；萧萧北风，送朔方之飞琼。

旧燕新鸿，今朝人物始识；来牛去马，他日英雄尽忘。舜耕历山，农人不侵池畔；尧渡前溪，贤士还隐山间[6]。吴楚争割，朱陈大战[7]。江山不改，岳飞倚马以歌；王朝屡易，洪武登城而叹[8]。大楼无炼丹之客，谪仙去矣[9]，九华有佛法之光，地藏在焉。江涵秋影，杜郎之菊花满头；藤绽春花，包公之隶书齐山。篱落疏漫，渊明种菊；溪头浪白，荀鹤归航[10]。临流赋诗，宾虹操丹青之笔[11]；对景嗟叹，华岳握除奸之棒[12]。词同三峡之水，楚宾为文；门悬八卦之赋，伍乔作场[13]。烈烈勤王之义，黄观兴师；荡荡国殇之魂，应箕赴难。嗟我池人，才逼江水，浩浩不竭，义薄云天，峨峨难仰。

四时不歇，古今略同。一二闲亭供临崖，杏花初放；三五人家在伊岸，江雾渐浓。呼亲唤友，引伴招朋。寒川之歌彻溪谷，郊野之踏尽春风。获稻西田之时，刈尽黄云；伐薪南山之中，踏遍青冈。闾阎辐辏，楼台林立。人流熙熙，车声隆隆。马不停蹄，奔走经济之途；人不歇肩，竞摩贸易之踵。变化之天翻地覆，生活之日火月红。

落日镕金，新月砑玉，独立苍茫，援笔作赋，以志池之不朽也。

【注释】

[1]孙权封子休为琅琊王，居春谷县虎林城(其城初在贵池桃坡乌石，后移至今贵池城东20余里处为春谷之县城)。历四月而去。

[2]民间传，萧统死后，上帝封之于池，上管天神下管地鬼，福庇池人。故池人尽祀之。

[3]三国吴琅琊王孙休镇虎林，池州，南朝梁南陵郡故地。秋浦河、清溪河与白洋河共构成一张弓的形状，城在弓内。

[4]长风：长江贵池段江面沙洲(今属枞阳)。天门，即天门山，马鞍山与芜湖交界处。

[5]贵池东有太婆山(今称太朴山)，西有檀婆山(今称陀弥山)，并为夹城高峰。

[6]东至旧传有尧舜遗迹。

[7]贵池在春秋时期为吴楚相争之地。元末朱元璋与陈友谅曾大战于此。

[8]岳飞登翠微亭诗云：好水好山观未足，马蹄催趁月明归。民间传说：朱元璋曾登贵池城而望曰："好一朝人物。"刘基曰："我主改口。"朱元璋笑曰："我有你也有。"

[9]李白曾于贵池大楼山炼丹。

[10]杜荀鹤曾隐于杜坞山，渔樵为生。

[11]国画大师黄宾虹曾筑池阳湖舍于贵池天生湖(原称乌渡湖)，往来齐山、杜坞、天生湖一带写诗作画。

[12]华岳：南宋贵池人，曾筑室齐山。

[13]唐诗云：前有胡楚宾，后有李翰林。词同三峡水，文值万黄金。胡楚宾，贵池杉坞坑人，唐高宗时为崇文馆直学士。汤悦(一说为伍乔)，贵池人，本姓殷，宋时易姓汤。南唐时以八卦赋登第。诏悬国门，供士子观摩。

(2)杏花村赋(未完)

杏花村,附郭之村也。飘江流之一叶,渺秋浦以一村。轴以昆岗,迤以水琛。云天共色,江霞线生。六朝附南陵[1]之郭,七代依池州之城。二水名枢,山河险固。西望长沙[2]石牌之齿[3],破舟千万;北顾池口,江州之城,败甲一宵。

村之广袤,东起白牙塔[4],西断乌渡湖[5]。贵池[6]之渺绵,纵贯六十里;长岗之蜿蜒,东西二千步。表秋浦兮里清溪[7],草芊芊兮挹玻璃。白浦荷风,吹皱平天春涨;铁笛玉涵,浃尽松下风凉。茶田麦浪,杜坞之牛前经过;西庙霜枫,梅州之雪后凋零。柳岸行春之杜牧,踏青沽酒,绿水巡航之李白,看花上船。白浦牙岸,竹筏兮蚁聚,黄公酒垆,商贾兮鱼连。

唯我大唐乾符六年四月,黄巢贼池,城墙土崩,村庄瓦解,杏村一蹶,元气千载不复,也何哀哉!荒村夜笛,明月在天;庙狐社鼠,秋蝉鸣野。

【注释】

[1]梁设南陵郡城于杏花村。

[2]长沙,指长风沙。今安庆长风一带江面。

[3]指太子矶一带十分凶险。

[4]城北白牙山上之塔,明代建。

[5]为秋浦河一支流,民国初年汪律本筑为湖。今名天生湖。

[6]指贵长池。

[7]指秋浦河与清溪河。

(3)山居赋

夫人生何求哉?有屋数椽,能蔽风雨,有塘一口,种菜养鱼。庭院内饲鸡养犬,柴门外栽花牧猪。

俯陂水以窥青天,摘园花而插春瓶;踞岗峦以下视人寰,抚丘壑而仰观夏云;喜西风兮摇绿竹,倚疏篱兮听秋声。横前溪兮观寒梅,曝冬日兮偎墙根。

山径仄仄,烹我茶兮扫落叶,墟烟依依,插我田兮荷青秧。玄燕之营草梁,蜘蛛网结,子规之啼溪壑,牧童笛乱。开场圃而割春韭,无酒之招近邻;驱鸡犬而迎篱门,有朋之来远方。丁丁之音悦耳,伐木南山;炎炎之日灼人,获稻西田。娱言一室之内;吟啸北窗;笑谈万古之间,高卧草堂。有隐士一床之书,松窗展读,悬游仙半壁之画,柏几把玩。倦则读书,静则悟道,闲则作字,兴则游山,风声来于林下,琴音动于梁间,似无一刻之憩,实为终日之恬。

其居士也,无富者之积贮,有贵者之雅闲。得之哉,奚乐何如?

2.怀古

壬寅十一月,疫情汹汹,访问昭明遗迹于张溪。予谓昭明乃通神,能镇一切鬼神,有何惧哉?

我等去寻昭明,渠能愁杀鬼神。
天地通神在此,河山清肃太平。

壬寅十一月仲冬张溪寻梁南太原郡故城

川原迷旧国,流水向青山。
今访六朝地,沙前对碧潭。

明世吴佯钓歌

壬寅余访张溪昭明古钓台,以一竹竿拟之,聊表追慕先贤之意。作诗以记之。

古有昭明真钓,今有世民佯钓。
但得快意便足,真佯并不重要。

壬寅十一月访张溪香木潭昭明钓台,盖其为梁设南太原郡之物也

烟村原畈岭重重,流水向西[1]人向东。

香木潭清太子钓，山深水碧沙前空。

【注释】

[1]张溪河向西流。

壬寅五月一日游九华后山翠峰寺

古是修道之地，后为佛氏所用。明汤显祖曾游也，有诗一首。

华严今作场，丹灶昔为房。

义仍曾经处，作诗三两行。

五月二日再寻韩当石埭场。石埭，山越名之也，仓子坞韩当名之也

石埭仓坞皆旧名，韩当昔领解烦兵。

遥思壮士击山越，山涛入夜似军声。

壬寅仲夏，予再寻汉春谷县旧址，略得眉目，喜赋

平畴绿野尽，春谷水中央？

五里三阁老[1]，石疑故垒墙。

【注释】

[1]土人云，此地旧有三阁老，所谓乔阁老，唐阁老，云云。乔阁老者，疑周瑜之岳父也。

过昭明文选庙遗址

霜枫小路黄菊西，寒雨荒烟入凄迷。

庙残柏树断墙列，零落人家野菜畦。

当代作窑烧缸瓦，于今弃物乱东西。

文选哪分今古事，要除罪孽岂可期？

池阳湖舍[1]

渔采观荷桨声歇，农耕读夜檐风生。
悠悠山道连峰远，村舍闲眠一梦清。

【注释】

[1]宾虹之旧舍也，在乌渡湖王家坨。

苏州祖地怀古

夫差旧山青，春风阖闾城。
水国万里意，夕照棹孤征。

虎丘有感

丘山独立心茫然，月落姑苏水意寒。
天助夫差成霸业，奈何又教仁人亡[1]。

【注释】

[1]夫差仁人也，奈何天亡之。

仲春微雨，访齐山徽家冲战国青铜窖藏遗址处[1]

春雨零蒙湖面风，傍渠依水缘山穷。
试问窖藏千载事，藤花满树似笑侬。

【注释】

[1]此地曾出土青铜器57件，有鼎、铲、镰、斧、锛、戈、矛等。

至梅龙，寻梅根冶

钱溪何处是，梅冶已无烟。
望尽愁江树，飞鸦栖暮田。

春雨寻春谷县旧址[1]

濡露沾花披草棘，残砖断瓦尽苔衣。
周郎春谷关甚事，令我鞋犹昨日泥。

【注释】

[1]汉元封二年设春谷，治在府东20余里。至三国周瑜黄盖等为春谷长，因兹有名。城存600年。去冬今春，余寻访数次，未知其处。今春雨，寻之有感。

庚子十二月，于九华河石屋咀寻汉春谷县遗址不得。三国吴春谷长有周瑜、黄盖、周泰辈，皆猛将也。城下距吴梅根冶只十数里

草木尽枯冬日晴，直临野水想荒城。
周郎往事千年后，春谷风寒费找寻。

过石台七都

七都[1]风物忆韩当，坞里腊梅香断肠。
山越孙吴多少事，水声山色对斜阳。

【注释】

[1]七都：石埭场属地，为孙吴将韩当所领。其地名皆某某坞也，为韩子弟兵家属从北方携入之地名也。

再访古城莲花村[1]

又见古城遗，再访沙岸隈。

七朝事已往，瑟瑟芦荻稀。

【注释】

[1]三国石城旧址，在贵池晏塘新河坝。孙吴将诸葛恪移城于此(有嘉禾五年铜镜出土)。其后宋齐梁陈皆城焉。

登金陵城怀古

望断钟山城上头，满天秋色长烟收。

徒忆风流千古事，斜阳江水一扁舟。

秋尽龙盘山色横，聊依斜日上荒城。

六朝草树今犹似，衣冠何曾论古今。

杜坞荀鹤草堂[1]

五柳堂下柴扉静，檐后松竹发故青。

篱外池荷香午昼，渔歌前浦南风薰。

平林明月照溪来，夜半空山鸟鼠乖。

崖上清风沙径暗，临湖灯火倚船开。

【注释】

[1]草堂在秋浦河边杜坞，与梅里洲相对。

过九江湖口

红叶林寒山鸟瘦，清风波净浦帆肥。

芦荻半伏倚流水，迁客渡头指雁飞。

秋浦忆罗隐

梅根冶里春惆怅，秋浦舟中晚送晴。
唯有罗邺兄弟好，十年不第叹凋零。

兰亭晚霞

冬日过会稽山阴之兰亭，因感羲之兰亭事

谷口修篁林鸟鸣，徘徊山径晚霞生。
鹅池树影今犹在，曲水流觞不见人。

过镜湖

过镜湖问贺知章故事，土人皆不知贺知章为何人。

宦尽南山老大回，那堪镜水贺癫醉。
如今儿女不须问，水底青山风里碎。

杏花村居过昭明钓台

避地杜坞褴褛衣，一颦一笑白鸥飞。
空寻帝子钓矶在，荒草离离接远溪。

宿升金湖，古雁汊也，晨望有感

红桃点染乱山春，一水中横是古津。
多少前朝雁汊事，都随雁去春来声。

春过雁汊黄湓

冰消山瘦桃初蕾，雁汊[1]春回雁高飞。

五百年前黄湓事，而今故垒唯石堆。

【注释】

[1]雁汊，即今日之升金湖，为群雁聚散之地；黄湓，雁汊出口连江处，旧日商旅聚散地也。明设市舶司之所。今人去村空，春日，余过而赋。

九华后山寻费冠卿书堂

何处先生第，我来五老峰。

山空不见人，万壑唯岩松。

西庙遗址有感

西庙霜枫久已凋，而今无物辨前朝。

昔时罗隐赋诗处，鼠兔狐蛇满荒郊。

雨中过东流

浞浞蚕眠生夏寒，雨中楼隐雾里山。

遥想千载东流事，元亮种菊待后贤。

咏九华

松峰高立带斜阳，云去云来鸟自欢。

多少世间烟火客，青山红庙两依然

五月过庐江，因感周郎事

誓死曹贼不共生，火烧赤壁走连营。
苍天不予汉中地，合是洞庭陨将星。

昔登岳阳楼感湘妃屈原贾谊杜甫刘禹锡柳宗元诸贤事而赋

湖南逐臣地，潇湘依旧流。
万里风烟净，楚臣辞赋疏。
三载长沙水，十年朗州愁。
斑竹千竿泪，荒城九回眸。
群玉鹧鸪客，魂断亦故丘。
缅怀千古事，洞庭叹孤舟。

访贵池峡川清初刘城故居遗址

落叶去纷纷，空山唯鸟鸣。
垣残君已去，斜照落荒村。

人生

崔湜生平田垄上，范滂事业奔走中。
梁鸿不当歌五噫，宜向相如桥边逢。

秋浦文选阁旧址

绿畦荒草冬日斜，残垒断垣荆棘间。
劝他山雀频来此，最是枫霜茅白天。

古仙山旧垒

庭荒桃李花相争，败户残垣野树生。
唯有阶前书带草，春来还发故时青。

谒司马悔庙有感

司马者，承祯也，庙在天姥山中。
何预人间事兴废，长安车马几度回。
檐风不扫过桥叶，采药篓中半是灰。
黄叶溪桥树，空山落照烟。
先生今在否？天姥阖流连。

去彭泽，因念陶令事

草木欣欣夏向荣，彭泽欲往岭千重。
小衙县大四百里，独有渊明抚孤松。

予三寻石城秋浦旧址至秋浦江村仓埠潭，山水秀绝，因赋

水如明镜夹天长，布谷声声仓埠潭。
峭壁巉岩单舸出，一棹击破水中天。

过东山怀谢安石

事往时移已千年，江南曾是王谢天。
东山君去今何在？起济苍生若等闲。

己亥秋过嘉鱼池，汉陵阳子明钓得白鱼处也，昔李太白往追寻焉

昨日坐苍潭，子明垂钓处。
晴光照细沙，秋蔓挂斜树。
太白后来迟，灵仙昔往复。
菖蒲依旧石，可识不可悟。

昭明钓台

杳花村内之旧钓台，盖南陵郡城之所在。为太子食鱼于此，垂钓于此之真迹也。
临帝子之长川，食天人之贵鱼。
唯旧事之流水，实一钓之多余。

秋日篱菊忆陶令

欲采东篱菊，还看渊明山。
未到重九日，柴门自挥觞。

秋浦杜坞怀古

东风拂尽浅蒲水，子规啼破绿杨烟。
总是春风等闲地，牧之父子何流连？

庚子仲春，寻韩当之石埭场仓子坞而时雨放晴

三国石埭雨晴初，万古消磨春色愁。
试问韩当今在否，沙滩唯有古砖头。
春云浩荡动春愁，也入深山探古幽。

何处寻得仓子坞，唯见石埭砥中流。

至东流陶公祠

临水栏杆尧渡河，松竹犹在故山阿。
沧江至此东流去，陶令遗菊依旧多。

十寻春谷(辛丑四月十九)

徒登高台望，见草不见树。
台下野水平，疑为饮马处。

读王维《山中与裴迪秀才书》

白石濑上辋川草，每向秋来发更青。
莫问涟沦流水意，留得夜月伴春声。

谒陈独秀墓

生于庚辰前，墓在龙山西。
要谙中国事，方可举大旗。
惜哉时已往，焉能恨天低。

吊陈独秀墓

冢前荒草在，秋风夕阳低。
江山摇落处，谁举霸王旗！

七月十六日过虎丘，叹阖闾公

阴阴夏木立山陬，万里水国一虎丘。
正是霸王挥剑日，鱼肠却在此中留。

咏费冠卿旧居[1]

不知先生旧行径，一度访山到白云。
涧水声添松风劲，苔衣色是野草薰。
道逢人家青峰下，却旁野树话山耕。

【注释】

[1]费冠卿：九华山人，唐元和进士，朝廷征谏官不起，传其学仙云。其书堂在少微峰下。

登南京阅江楼

一拳突起压江皋，台可阅江楼自高。
曲径初惊洪武马，平台乍忆中山樵。
中原北望连青障，江水西来接海潮。
夷甫诸人今在否，江山兴废岂南朝。

胭脂桥[1]

有客行商贾，慈母为心焦。
果然噩耗来，游魂不可招。
岂知母心苦，哀哀化为桥。
往来名利客，暮暮又朝朝。
或嗔桥未阔，或怨桥身高。

俗人不足言,天意自公道。
风雨四百年,岿然俯清潦。

【注释】

[1]胭脂桥:桥在贵池棠溪镇花庙村。

春登翠微亭怀古

白鸥绿树日初红,城郭茫茫江雾中。
旧燕新鸿皆相似,来牛去马不复同。
沿江孙策初逐鹿,问鼎明皇始屠龙。
我举一杯酹草莽,江山万古青蒙蒙。

游齐山杏花村,因念杜牧之,无此翁,则池州无此二胜境

不见秋时洗笔人,清溪堤上婉婉春。
城中风物不必数,游尽齐山杏花村。

壬寅正月过清溪江祖潭苦竹岭百炉庄,感李太白事

水车岭下一败丹,至此李生财尽亡。
计穷贫居苦竹岭,心伤频来百炉庄。
炼得鍮石好起灶,偶坐石上钓鱼餐。
清溪主人夜置酒,三杯始觉暖回肠。
夜半寒山秋浦月,令人树下独思乡。

雪中寻李白遗踪

乱花纷谢迷人眼,照雪千山高复低。
村寨遍寻何可得,蜀客一去无消息。

寻牛头山镇姥山村相思红豆木，百年树也。

过石台剡溪陈村

初冬可处行，固源桥右村。
合村皆陈姓，文物多元明。
古木难知岁，山花不辨名。
藤枯古画壁，坡上低垂云。
园菜田畦绿，连青入远岑。

访杜荀鹤墓

在石台县仁里镇贡溪新田畈茶山

贡溪山水荀鹤坟，草绿树丹丘壑深。
溪花不识岁月改，四季常开笑天真。

书宾翁湖舍遗址

在秋浦河滨乌渡湖王家嘴

家住湖边春，风急浪白唇。
湖阔隐烟树，无愁也酒醺。

3.咏史

悼当代神农氏袁隆平

5月23日，欲葬，天雨，长沙万人涌巷。借陈子昂句。

夹巷万人哭，欲去天亦泪。

圣人不利己，功业盖千岁。

谨以此悼毛水清师

南宁青山古，邕江日夜流。
毛师驾鹤去，太白与之游。

初冬过呼和浩特，吊昭君墓

阴山阵云千里横，独吊青冢又黄昏。
明妃应笑九泉下，多少单于无处坟。

过诸暨，望若耶溪，因咏西施

玉手纤纤解浣纱，回栏响屐带风华。
年年山下越溪女，犹忆滩前红藕花。
本是农家女，浣纱若耶中。
乍来馆娃处，衣带似芙蓉。

咏陵阳仙人窦子明

忽遇陵阳山上客，倒着足履开柴门。
大呼仙鹤子安死，黄鹤楼前月华清。

陶渊明

渊明生乱世，生意把菊欢。
篱径但倾酒，南山不可攀。

九日忆陶渊明

王弘不送酒，笑煞采菊人。
醉卧东篱下，归来月正清。

读杜牧《清明》有叹

浮云世事走风马，都在推杯换盏间。
设使牧之今又过，滩前岂有放牛郎。

杜坞杜荀鹤草堂

子规啼血燕麦黄，暮雨潇潇竹西边。
渔火一星依柳岸，草堂浦上夜风凉。

羲之圣迹

丁酉，予过山阴之兰亭，感古今之事
今视昔犹后视今，流觞又把笑浮生。
空山流水鹅池在，碌碌何堪昔视今。

咏李太白

三到长安终不留，羽衣道冠去仙游。
一生恒被儒生误，故作风歌笑孔丘。

咏姜尚

宰割天下如衡量，屠隐朝哥混商氓。

窳劣岂知龙虎变,西来渭水钓文王。

咏唐太宗

火燎火急叹杨广,千秋帝业隋已亡。
若逢地下隋炀帝,应笑贞观尔空忙。

赵光义

半是仙谣半斧声,陈抟西去华山青。
暗移九鼎自欢喜,岂料徽钦北地魂。

赵匡胤

丁酉十月,予过开封,因咏赵氏兄弟

兵变陈桥意气生,自谓朝日驱残星。
若非江南怜旧义,半壁江山岂可存。

咏始皇

销镝融金十二尊,事平犹自用商君。
大泽九百人齐吼,万里江山一夜崩。
横扫六合天下平,混一四海谁与伦?
长城万里今犹在,绝后空前止一身!

叹梁鸿

溪光照影自徘徊,白首青衿归去来。
帝里云山连不断,焉歌五噫费人猜?

咏霸王

灭秦扛鼎宴鸿门，唯有霸王器量深。
仁义奈何世已毁，乌江拍岸夜潮惊。

咏季札公[1]

腰系千金剑，为国暂不赠。
归来君已去，犹挂故人心。

【注释】

[1]吾祖季札，轻财好义，以让为德。过徐，徐君爱其剑，公因使鲁，剑为礼仪之物，未便相赠。及使命毕，再过徐，徐君已逝。因哭其墓，脱腰间剑，挂徐君墓林而去。

咏苏轼

儋耳惠州已垂老，黄州赤壁最寂寥。
一生风雨付一笑，竹杖芒鞋嘲孟郊。
赤壁文章雄四海，雪山流水蜀中来。
可怜南海晴夜月，犹照惠州常州回。

咏王安石

赏月州桥心有余，安邦济世一鸿儒。
大贤寂寞由来古，此子行藏任卷舒。

扬州隋楼

炀帝扬州烟雨楼，淮南江北海西头。

何人知会此心意，万古事功一代谋。

孔子陈蔡之厄，是君子误入无赖之国

本为苍生起，大爱古今同。
陈蔡荒淫地，仁人安可容。

读庄子

浮云水阔任东西，拟若星槎河汉低。
载酒随波唯尽意，菱江藻海何须楫。

读《越绝书》叹范蠡，千古之下唯张子房知而师之[1]

遥怜范蠡楚乡日，学犬唯他文种知。
异日功成拂袖去，苦心一片子房师。

【注释】

[1]范复徐仇，张复韩仇，皆仇报而身去。

读史，叹子房、孔明久之

张良深山赤松子，诸葛秋风五丈原。
时势不同隔代异，英雄归处莫多言。

经梅根冶，叹罗隐

江边芳草别经年，为问信潮几上来。
曾共渔夫钓晴渚，雪夜芦花烧暖柴。
路在侯门总不悟，年来春试每与乖。

种耕江上六七载，科举误田长蒿莱。

读罗隐梅根诗，有“火耨刀耕六七年”，百感交集，因赋

年年遇腊入长安，总期春来折桂还。
岁岁可怜孙山后，江田总是季季荒。

观罗隐《甲乙集》

近日闲观罗隐集，一诗能傲王侯樽。
江东才子梅根苦，每忧江田二月耕[1]。

【注释】

[1]唐长安春试正在二月，误田耕也。

董生叹

俗事聊且今日宽，闲读两汉古文章。
董生高逸贾生碎，总恨春秋露太繁。

壬寅立夏过梅山普门岭

梅山旧迹已尘埃，朱子题碑依岸隈。
懒记佛寺云路断，招呼凡俗普门开。
溪幽只合竹中看，峰隐还须秋后来。
遥忆千年佳会事，石磴立夏暗莓苔。

立夏后两日，过东流所见

紫楝繁花佃细香，没云油菜连天黄。

绵绵坡垄屋鳞比，古木傍村倚旧塘。

寻梅山寺[1]

梅山不见寺，古迹何处寻？
缘溪碑历历，多为淳熙人。
志南迎晦庵，盛事焉可泯？

【注释】

[1]东至之梅山寺，僧志南之所住也。其“沾衣欲湿杏花雨”一时名句也。壬寅四月，吾寻其旧址不得，见溪中宋淳熙石刻数方，犹有朱熹（晦庵）手书“普门岭”者，不觉唏嘘。

壬寅立夏前两日，余与刘竹溪、许行者至唐田杨名村寻白乐天所宿之杨梅馆

四月山中麦尚青，早闻垄上乐天行。
土人指点杨梅坦，一脉清泉尚到今。

读　史

叹陈胜、张角、董卓、黄巢、陈友谅诸人之先亡也。

秦亡二世不冤枉，结怨灭人难久长。
君看历朝易代事，前人总为后人忙。

咏张氏二侠

今有春桥古子房，千秋狂客有二张。
博浪沙中淡生死，败绩宫里神超然。

第七章　南山椒思

1.述事

贺张国安先生大著《律诗文体建构与礼乐文化传统》

大雅文章在,字掷尽金声。
学界百年间,几得见此真。

浙江农林大学周倚年年黄山避暑,诗以戏之

岁岁上黄山,黄山亦不厌。
松风谷口来,似我旧相见。

村居——读尹文汉《雅事不易》诗有感

披蓑陇上去,心同南山云。
园竹接山径,荒茅葺小亭。
蛛网结檐下,新酒招故人。
时还读我书,抚松笑渊明。

拟宋之问贬岭南

贬谪路万千，行道草初黄。
涕泣云阴下，理楫湘水端。
阳关三唱罢，一别故人还。

暮春送别

江山次第看，远近水云空。
天际一帆去，春归恰似侬。

南山僧

南风轻扫松云净，崖坐丹田气渐生。
深纳浅出神清远，茶烟袅袅调弄筝。

竹溪先生

竹兮先生公事了，闲傍大桌作潦草。
曾是鲁直阶前客，近来学书王铎老。
八斗才满倾七斗，从来纸幅总嫌小。
人生怨恼亦如此，得陇何须望蜀笑。

赠青云寺僧

山深古刹稀，青瓦碧琉璃。
石径扫松叶，端坐证菩提。

九华后山示寺僧

云松小径茅庵，石桥流水花香。
取泉能拈明月，竹外还是青山。

过九华隐者赵恩汝

茶山松径深，岭上唯孤云。
篱短聊隔世，竹庭苔色深。

岁暮归思

去思友情留思乡，人生留去总相难。
若是红心分得了，半在旧地半归乡。

估客行

一溪烟雨上高楼，淡淡春山动我愁。
为问去年渡口客，何时树下系行舟。

辛丑岁暮鲍然赠予兰花，作诗以谢之

棠溪云水去苍苍，炼剑峰前来鲍然。
怜我岁终无所赏，一盆兰草慰岁寒。

客　愁

晴日扶愁怕上楼，万里归雁识倦游。
乡心难改客知道，江壖赤烧又到秋。

邕州思乡

南宁风雨半天秋，千里衡南海西头。
岭雁不来徒望月，惊飞芦岸一沙鸥。

忆广西大学

西大有多大，池塘一十九。
饭店林立处，其侗名曰狗。
上课四里地，下雨果击首。
农忙脱谷响，宿舍在田后。
嗟彼石得顺，克隆牛高手。
行行复行行，乡思捡红豆。

拟南朝民歌(二首)

秋燕寒闹去，伯劳东西飞。
门前乌桕下，日日望船归。

湖光红桕叶，落日乌篷船。
郎欢不见来，波浪妾心间。

望月戏题

空庭把酒对月辉，问尔姮娥焉不归。
三更偷药五更去，一刻犹嫌多是非。

赋《南山耕余录》署名

南山徒有耕余录，作者署名意更殊。
山妻浅言笑戏我，自今更号明世吴。

江城送人归乡

高天带远旷，古道出城荒。
江雁排空字，旅人去旧乡。
晚风凌乱叶，返照移青山。
回首忆辛苦，不觉泪满裳。

拟北漂思乡

秋来菊又黄，客里过重阳。
望尽天云际，雁去是吾乡。

示行人

如鹤展翼，穿风透云。
只问良心，莫问前程。

相思苦

静坐似尔在身边，回看空空暗自伤。
相思无极令肠断，潸然泪下涕满裳。

2.行旅

过桐庐

富春江上访公望，上得峰来却下山。
烟雨前朝八百载，归时还立子陵滩。

己亥早秋大历山寻舜耕圣迹，借忠惠先生句

古寺钟声远，空山鸟语秋。
石阶寻圣迹，江畔一回眸。

过青阳木瓜铺

世事过风如走马，闻言唐铺名木瓜。
古塘古井已嫌异，独有此山依旧斜。

赋武大樱花

珞珈山下遇微雨，春冷人稀绝路尘。
好似倭花真灿烂，绯云远望总嫌轻。

癸卯仲春，再登黄鹤楼

我本楚狂客，三上黄鹤楼。
子安昔已去，李孟今来游。
云拆青天在，江流矶岸浮。

萋萋江草尽，天际一沙鸥。

谒滕子京墓

倜傥英豪不世才，而今埋没已蒿莱。
唯凭范记名天下，盖世始知凡鸟来。

过灵芝驿因忆唐诗人曹汾、杜牧

古木断垣犹井清，苦寻旧驿已无村。
野苔荒草凭吊处，不见伊人与使君。

池　州

前有杜牧之，后来袁说友。
池人浑不知，诗家为太守。

忆过北大未名湖

因过未名水一湾，前贤足履半成荒。
而今风物不堪画，闻道未得已先狂。

过富春江寻严子陵、黄公望遗迹

水送山迎今我来，富春江色千丈开。
不知严濑人在否，山上试登公望台。

青阳道中

青阳云水阔，旧路青山通。
落日数归鸟，流光带晚钟。

癸卯春登百牙塔怀古

山如筏载塔篙撑，横断清溪抚江城。
远水晴光随山歇，长堤春色任溪侵。
州小民贫偏险要，土瘠草瘦亦膻腥。
吴楚隋陈南唐宋，魏吴陈汉对朱明。
由来征战此间苦，易代不绝似幻云。
吾辈人生当幸足，风烟遥忆徐登临。

过鄂州

旧竹新树夹荒茅，野店长坡红小桃。
细雨斜风仲春冷，云阴不散暗江郊。

过墩上渚湖

渚湖山高八百米，山顶平旷有湖，中有渚，白鹭翻飞，芦荻摇曳，因名

每过渚湖处，巴山上属天。
溪流草岸涨，细柳绿篱边。

苗　寨

山稻初黄凭高下，层层屋瓦依云开。
须于晴日上苗寨，客到竹篱山犬来。

云外歌寻九华古仙踪

戊戌四月十五日，予与二三子，历天柱而登云外峰，寻费冠卿[1]、赵知微[2]、滕子京[3]诸人旧迹。盖三子，修仙者也。因宿峰前沙弥庵。适逢十五，松风徐歇，明月在天，枝影画地，良夜何其！明日，经少微峰，逾天香岭而下，奇峰异景，不绝于目，此王阳明登云外峰之旧迹也。昔唐李白寻窦子明仙踪而登天柱峰，费冠卿寻李白之踪而栖云外峰，赵知微慕费氏而观于此，后滕子京又追二子而巢于此。至明王守仁[4]寻诸人仙迹，复游于此。余今再寻诸前贤之迹而宿于此，是后人复寻后人也，尤不能不以之兴怀，是以记之耳。

昔年欲登云外峰，积雪寒山路不通。
今岁四月寻旧迹，未到山半野花红。
绿树荧荧叠复翠，石壁挂泉声淙淙。
欲学猿猱徒无力，洞府当路似接侬。
仙草缘石暗还长，谁识何年春秋同。
以火照壁漫漶少，犹识延华古寺寮。
牵衣扪汗哪管得，放纵狂呼绕山椒。
峰在云外见嵯峨，渐近仙顶奇松棵。
层层松叠如云绿，山花烂漫石盘陀。
古寺石门少僧俗，古井仙泉动微波。
众人到寺方安稳，雷神暴怒雨滂沱。
云上阴晴谁料得，须臾斜阳照山阿。
群巅起落云高下，松竹饱雨带露多。
众人相呼上石岑，仙云撩足风梳鬓。
山晚虫吟复下瞰，神岭龙脊历层层。
昔时群峰仰首望，今伏足下如春笋。
天柱似莲山腰上，太白知微昔攀登。
五老东峰头上立，势如相拽映天青。
悠然掂出巨源句，对景忽忆费子军。

东岭月出夜光冷，照我松间影长伸。
古寺残阶光似水，石门斜魄月盘清。
遥想知微与宗谅，月中散尽道风轻。
夜深静卧松风歇，虫声唧唧知山深。
晨复山行古寺西，众峰出没云烟齐。
山径若无看还有，林中往还高复低。
少微峰上回首望，五老云外俱迷离。
天香岭南化城西，仙风飘飘吹我衣。
子军阳明今何在？当时明月照君栖。
下山犹比上山难，借草半蹲步步移。
竹林渐闻水声好，犹见采茶供养颐。
已到黄村天柱下，恍恍如梦生觉迷。
以手抚膺知我在，犹念昨日云外栖。
古今俗世多茫茫，异代荣华不相期。
修仙本比访仙难，二日相寻何足奇！

【注释】

[1]费冠卿：字子军，元和二年进士。青阳九华山人。有书堂在云外峰，盖修仙之所也。

[2]赵知微：唐九华山道士。曾继费冠卿之后于云外峰筑延华观，民国时为延华寺，今称沙弥庵。

[3]宋滕子京：字宗谅。曾筑书堂于云外峰修道。

[4]明王守仁：号阳明山人。曾寻仙九华山，宿于天香岭。有《九华山赋》。

访青阳西华宋冲之一

石片粼粼作垅瓦，深山深处有人家。
可怜流水溪沟小，留取夕阳带暮鸦。

访青阳县宋冲之二

斜阳村落古，茅檐破几间。
接舆倚墙醉，回身独望天。

三　峡

一入夔门万丈深，蜀山春色最销魂。
那堪绝巘飞流下，遥闻巴猿泪几声。

四川广安鹭岛大桥上人言渠江改造，有感

俯视已无鹭踪影，抬头唯见楼接云。
或疑昔日数行鹭，今日化为楼上人。

巴山春晓

子规啼处烟水春，岭树濛蒙岚光青。
残月不知天已亮，犹送山影过溪横。

过四川宣汉，路左多高山，华蓥山中断于达州与渠县之间

山农野宿知云近，才到崖树气已秋。
夜来溪声似骤雨，天明依旧桥断流。

巴　山

聚散零落白云间，高山人家下涧泉。
野老扶锄篱边望，儿孙不见已荒园。

己亥三月过四川阆中，人传袁天罡李淳风退隐阆中，且葬其地

万里江行到阆中，春风花树处处同。
感慨袁李千年事，四围青山落照中。

一春苦雨，立春后二十日梅始花。渐近惊蛰。予与二三子峡川梅山寻梅，得老梅一株，盖百岁物也。然花者，唯五六朵而已。因赋

梅在岭上熬风霜，为怜峄峒邻少芳。
岁晚素花青帝令，教与兰芷共春光。

过阆中，怀蜀汉守将燕人张翼德，惜匆匆未瞻神容，因赋

翠屏山下江水清，隔岸古阁望古津。
他日重来阆中地，神前定酹酒一樽。

山居隐者

采山买斧下白云，未到日中即返程。
山道仄仄泉是伴，一身明月到山庭。

过新昌县十九峰

水迎山送入剡中，野树野烟高低峰。
多少六朝曾经事，都随落叶入晚风。

晚登新昌天姥阁

徐上天姥阁，暝色入烟来。

不见新林月，越人语嘬嘬。
念我东山客，宿鸟飞翙翙。

留别新昌

天姥仙山游未了，来年准放子猷船。
寻春滩浅桃叶渡，祓契风清兰亭天。
司马斋中好坐忘，安石宅里不谈玄。
缘何李白频来此，几度徘徊不见仙。

游天姥

翰林句里夸天姥，天姥当时半在云。
今我犹来作过客，不惟叶落晚晴生。
天姥连天向天横，乍然一见魂魄惊。
唐诗之路今尚在，犹费工夫细细寻。

杨棚高山春日即事

几处藤屋竹绕烟，松杉崖壁上指天。
今年茶事春来早，红紫山花满树间。

五月上花台

初上花台每下看，乱崖夹树争天长。
石径袅袅知仙境，五月云间花正香。

黄河孟津水清有感

孟津白鹤水清平，野树芦荻绕岸生。
为问黄河缘底事，不图本色学江清？

有　村

风烟隔远浦，寒雀栖平芜。
荒巷斜阳里，砧声出岸芦。

初秋过马牙童铺

平畴秧绿连山青，流水鸣蝉奏晚筝。
蒿花田塍随处白，撒向秀野满天星。

和故人游田家

石径西风同倚斜，缘溪红蓼晴开花。
野菊山径秋寥落，宿鸟归飞树参差。
十里平畴稻色净，几处垣井人烟斜。
芦边归网随烟暮，新月柴门是吾家。

山村行用江山句

寒川送落叶，飞鸟下危岑。
茅舍斜晖里，秋山怀故人。

忆昔江行

夕阳江岛外，江浪浣平沙。
且喜乡关近，帆桅弄晚霞。

久旱，秋行

山桥流水竹苍苍，每到秋深树见黄。
偏是今秋干白露，可怜枯叶满径荒。

己亥十月，过天姥山，群贤毕至，作天姥山歌以志之

我来天姥叩天鼓，訇然中开青冥虚。
欲见群仙与天语，松风明月笑我迂。

过巴东

巉崖绝壁上属天，车到巴东尽好山。
草木纵横舒晴貌，哀猿清厉云嶂长。

江　津

雨余落照明，江上数峰青。
问尔沙头客，烟村归几人？

立夏过至德梅山

入夏梅山草木新，万壑流水下竹林。
桥头古木人归语，野老倚锄苗尚青。

12月去杭州过南京，途中所见

才离秋浦东，又到南京南。
千万秋冬景，乘风只远观。

冬过宣城，途中所见

木落山空凌霜华，篱边日照鸡犬家。
天嫌冬日太萧索，茅草田塍乱点花。

桐城路上

桂竹解箨绕村齐，绿隙晴光碎客衣。
芒种人在坡上立，平川布谷一声啼。

泾川村晚

一任深山弄晚晴，长川茂树平芜村。
寒鸦点点溪桥上，红叶飘零在暮砧。

过繁昌

转到天青黄麦时，鸠江风物那堪思。
平坡茶绿接山远，依树人家对野池。

饮　酒

深夜每独饮，归来酒已醺。
鸡鸣踏碎月，杜宇不堪听。

再过棠溪

处处青山似画屏，鸟飞山晚是秋深。
川原一缕炊烟起，直到古桥溪上村。

过安庆

人家四围湖中央，还叹锡林街市忙。
塔上迎风独自笑，临湖片刻又临江。

过柯岩

浙之柯岩，巨石参天，有云骨、山根二石，犹奇绝，叹为观止。
巉岩宛似天削成，我来乍见魂魄惊。
试问何年神巨斧，凿得云骨与山根。

柯岩云骨峰歌

不信此是石，恰似香烟袅袅生。
人工竟如此，鬼斧愧三分。
后来浮云皆无骨，原是遗落此处费人寻！

游目连山

春雪初霁，残雪与茶花相映，雪欤，花欤？而空谷生寒，春流如玉，斜阳低照，交柯影乱，山鸟相呼。实有感于斯境。

昔我游目连，素湍出山清。
未消春山雪，几树乱花明。

山高觉天近，寒溪随我行。
落照松青改，临寨欲叩门。
还观坝上水，鳞波满谷生。
得此真境净，暂忘世尘纷。

钦州看海

百越边陲地，动我风光吟。
海色连晴岱，江流抱古城。
归舟天际远，落日暮云平。
欲去流连久，芭蕉叶下村。

石台行野村

林莽乘野性，昨到西山行。
墙矮藤枯石，山高坡破云。
行行路尽处，云外鸡一声。

山　深

山路斜侵树，石峰直挂云。
悬泉响瀑布，林鸟鸣山根。

忆过宜春站

薄雨轻阴桃李飞，宜春小站山黛眉。
来来往往山农客，赣水苍苍草岸隈。

忆登南昌滕王阁有怀

曾是三王为尔记，落霞孤鹜高飞起。
而今满目尽楼台，想见西山暮雨霁。

过淮阴

千里楚州野云空，淮阴近海终日风。
邗沟楼市尽车马，何处访得韩信踪。

忆巴山

山居绝顶与天并，峡底浪急不闻声。
朝下趁墟山谷去，回望始悟来云深。

吊滕子京

金龟原上凭天问，落拓一生滕子京。
纵是青阳仙气在，滕家冲里已无滕。

见淮阴运河街市人家门前立双猴石(以取封侯之意)有感

寻常商贾家，户户望封侯。
难怪吴承恩，也去记西游。
不闹天宫乱，平民焉可侯？

自淮安至扬州皆平原，地势浩阔，至镇江始见缓丘，盖多笠形，殊可怪也

淮阴东去尽平川，才到镇江始见山。
缓岗低丘正诧怪，不觉又到南京南。

自池州赴淮阴唐诗之路研讨会，过扬州作

家在江陲秋浦间，淮南江北重重山。
烟花三月楚州去，一路清风过维扬。

登枞阳旗山汉武阁

汉武帝于元封二年（前109）徙闽、瓯越人于“江淮之间”（“淮”即今之青弋江），其元封四年（前107）至枞阳而不敢渡江犯险，而随行之太史公未得观九华山焉！李白云“太史公南游，略而不书”非不书也，实未至耳。此山越至三国，终成孙吴心腹大患也。因以咏之。

迁越江淮更二年，临江汉武不敢前。
史迁因失九子记，结祸终成孙吴间。
设使当初不移越，未知阿谁主中原。

枞阳城怀古

隋陈之战、北宋南唐之战、渡江战役皆由此发起。盖此地多水泊，利于大部水军备战；又有旗山，可登高瞭望南敌也；铁铜洲江面极狭，利于渡过。

万里江横铁铜间，南朝三灭赖城垣。
千年犹笑陈唐蒋，望断青山南岸烟。

癸卯暮春与行者登枞阳旗山汉武阁

食果树莓求一饱，结友还是行者先。
试登汉武阁头上，已忘身于山水间。

过陵阳上章李氏村，盖其为魏王李泰之后也。

昔闻李泰似太宗，谋谪可惜一败功。
福兆源从灾祸起，绵绵子孙谁能同？

仲夏过陵阳琉璃岭

盖旧日之楚关也，有郢关在焉。忆李太白“霜凋楚关木”句，有感郢关东侧之山，传唐张果老葬于是。

琉璃桥北张果山，木叶霜脱杀气寒。
李白陵阳寻窦令，泾川长溯过楚关。

第八章　南山樵叹

菟　丝

二月沙坡头，春风引菟丝。
四顾无所附，缠在桑树枝。
八月桑叶落，安可得所期。
人生遇不良，恰恰如菟丝。

穷　忙

我无富贵本闲郎，秋也狗不吃粪忙。
往事遍寻穷通理，乱作天问自发狂。

牡　丹

红紫暮春开牡丹，游人挤破洛阳园。
年年春尽花事了，嫌尔多余移靠墙。

取　道

我本一明镜，尽收万事空。
尚能摄其道，尽弃荒烟中。

予，号六朝人也，常与言午、竹溪、晴烟四人游，今联名为一诗，意境殊可爱

锄禾不可言午，门前竹溪正横。
晴烟忽起篱笆，六朝人奏古琴。

乌渡湖居

笑我秋浦河边长，鱼鳖莲菱也共餐。
米饭瓜茄共烧起，青椒炒出小鱼香。

自　嘲

伴我新春访寂寞，青山四处李白行。
惠风和畅羲之喜，时见岭前陶令村。
嗟我囊空装游富，笑杀凿山屐游人。

坐　禅

流急水催月，峰矮树欺峦。
却向崖头坐，看山还是山。

禅

九华山色迴，乘兴游空空。
不嗔亦不喜，行中即坐中。

物　理

真金埋杂土，陋蚌含珍珠。
世奇多藏丑，凡俗识之欤？

笑　忙

逐兔追鹰事事连，狗不吃粪只因忙。
早知如此投生猫，饱食终日只需眠。

七夕思忆英

雨后秋窗凉意生，蝉鸣池上七夕筝。
星槎拟泛河汉去，牛女无须待水清。

白　云

白云亭中望白云，白云空里旋幻形。
归来不作白云叹，依道我人有常恒。

贫　居

贫居不喜计短长，禽鸟林中相斗欢。
莫道山中无一物，茱萸共酒也重阳。

自　谑

一生唯是江山友，不走山川即画图。
恐吾前身是公望，富春独看树亦愁。

山　农

冬樵春种夏秋田，四季无得一刻闲。
怜我午歇鸡犬静，偏他屋右溪还喧

人　生

人生本是三不朽，世俗总为衣食谋。
瓦砾栋梁各自在，共成大厦度春秋。

论　画

匠人为画时，为物造其形。
吾人为画时，为意造其形。
舍形而就神，舍神得意真。
此语告之俗，学鸠笑而鸣。

秋浦泊钓

人生百事可堪忧，江上归去野风秋。
泊舟秋浦岂为钓，也拟芦花共白头。

江　行

江天秋树晚霞色，沙上行飞白鹭群。
莫笑商人候矶岸，世间俱是估客行。

题《冬日松鼠觅食图》

野岭荒山觅食难，拾得楂栗且进餐。
晴光石上每歇脚，唯晒皮毛与肚腩。

题《野凫图》

鹤无汀兮凫无渚，江湖处处皆网罟。
池塘今也不肯栖，恐有奸人下毒粟。

溪　行

读书吾庐竹，行谷一溪风。
石濑流清浅，浣足鱼数亲。

樵　牧

落日随牛下，肩挑一担青。
东山怜我月，相送到柴门。

无奈借荆公句

眠分黄犊草，坐占白鸥沙。
不眠也不坐，影子又遮花。

独　坐

杜坞山前临水门，满轮秋月飞流萤。
往来竹径幽人少，独坐相思唯月明。

题《牧牛图》

水蒸日烤泥炙烫，日落方可塘边休。
蚊蝇叮咬浑常事，强似田耕汗白流。

题《楂栗图》

山楂夏后果，板栗秋霜甜。
凡事未经苦，那得到满圆。

南山樵居

飞鹰逐兔，得豆种瓜，
南山之下，离离黍麻，
慰我仲氏，日淡云花。

茶　酒

茶能解闷酒解烦，俗人烦恼庸人忙。
世间茶酒戒不了，只为庸俗日日长。

淡　泊

王帝金银皆粪土，爱恨情仇总烟云。

名利尽抛挂帆去，一生游走江湖轻。

董生叹

俗事聊且今日宽，闲读两汉旧文章。
董生高逸贾生碎，却恨春秋露太繁。

山　居

马头云上是天青，坑谷流泉跳有声。
韵浃松风盈耳在，兰氤春气动绿萍。
茶中袅袅轻烟起，笑我平生片刻宁。

庚子大疫，人日书怀

是岁大疫，人皆惶惶不可终日。

人日晴光淑气连，浦前春钓不移船。
愿得天下皆如我，白日饱餐夜饱眠。

伐薪者

人归落日后，早起黎明前。
南山砍柴尽，犹带破衣眠。

高斋闲居

篱院对山远，案书消我暇。
事闲人呼鸟，庭静蝶戏花。
开门扫落叶，起火煮新茶。

偶遇砍樵翁，笑谈今岁麻。

采药翁

野老腰镰去深山，悬崖采药挂藤间。
亭午不见人归去，日长庭空鸡上墙。

遣　怀

渺渺江浦一线开，平楚乱山斜日晖。
雁叫长空一字去，举觞邀我白云来。

杜坞闻牧笛

落日流光灭，东山衔月回。
兴歇交万物，牧儿横笛吹。

杜坞隐者

南风堂上伏昼眠，前浦渔歌唱清浅。
乘兴柴扉苇船动，长纶直钓水底天。

闲　隐

山中明月洗弦音，松下流云学水声。
游兴忽来棹艇去，烟波直下长天青。

无　题

壕上人鱼自有别，凤凰麻雀语难接。
行吟偶尔屋角过，村妇疑为攘鸡贼。

山居有感

春雨青林涨涧潦，白斋冬雪鸟扒茅。
久居山中无远友，山椒踏月想州桥。

自　遣

睡觉多为自来醒，读书偶因击案停。
弄笔挥毫缘师古，每观山色求墨新。

秋浦草堂

草堂夏来望浮云，鹤汀雁渚南风生。
抛书依枕睡初起，沧浪渔歌不我惊。

八月十五日，有云无月，因赋

十五夜无月，云阴埋远山。
壶中亦无酒，何以佐清欢。
还顾案头砚，提笔画巉岩。
写我心中月，夜夜照千川。

春过赤壁怀三国诸人

万里飞花一絮轻，春风摇荡水国城。
片云含雨湿鹤背，滴露挂筠润蝉身。
诸葛茅斋草自绿，公瑾赤壁潮初平。
我欲归来江上老，渔歌沧浪一舟轻。

过浙西烂柯山（江郎山）

春日迟迟午过岭，烂柯山下少行人。
荷锄道士今何往，谓去南山学种云。

杜坞荀鹤草堂

秋浦棹斜阳，芦花天水长。
东山入暮后，风月起苍凉。

梦中得句

荒原停辔欲何向，去年枯草今尚黄。
马上吟鞭空指处，断肠春色在江南。

江边估客

却笑江边贾客舟，狂风独挂立帆头。
殷勤问尔为何意，自谓大利险中求。

无　题

估客骚人代代有，长江流水去不休。
重财重义各自得，高卧茅檐看云钩。

杜坞渔父

西风残渡鸟，落日余荒烟。
鸡犬坞中静，一榻临水眠。

无　题

林瘦霜欺月，风高鹤唳鸥。
趁尔一时意，焉知沧浪讴。

山坞穷居

哀风挠山破，残雪乱鸡鸣。
寒士白屋小，苦茗败叶烹。

山　樵

道成丘山大，树空石径肥。
樵翁日日过，一担掮夕晖。

自　遣

俗以利为马，吾以道为牛。
不求日千里，但行日月留。

尚得芳草地，且憩从鸥游。

我本楚狂者，颠倒在紫青。
一朝悟道在，尽弃路旁榛。
不识富贵别，焉辨利名分。
大道青天下，挥手决浮云。

率尔作书乱点画，为诗多是急就章。
人生八九难如意，何苦细分梓与桑。

每怜坡前竹，清影月下留。
渔父苇边钓，秋浪也白头。

到老不学书，俗气上眉须。
人称江湖体，自号画墨猪。

北窗翘足学渊明，壁上亦挂无弦琴。
同种南山三亩地，愧我人拙苗却盈。

赋竹溪先生捻管

捉笔捻管一竹溪，习习谷风过槿篱。
岸上磐石三四点，搬于字左好拂衣。

笔　墨

平生之所好，楮君与管城。
信手乱作线，寄意与诗人。

天人各求福

穷我呼天地，穷天阿谁怜。
各自求多福，猪狗皆不嫌。

山 居

独住深山深处深，邻是大山鸟是亲。
自古富能深山住，今居偏我最穷人。

竹遇藤

竹生荒坡上，霜雪不为欺。
不意藤相拽，却随高复低。

渔 翁

一身败絮岂堪眠，常卧北风雨打船。
不如鼓枻沧浪去，犹得人间半日闲。

泛 舟

泛舟秋日学江闲，爽爽西风难昼眠。
怜尔不堪观柏叶，更兼夜雨打人船。

涂 鸦

不关时事不关情，横抹竖涂乐闲心。
恰似月光不用卖，清茶夜赏邀无人。

南山樵

南山樵夫路，有时入青云。
何须车与马，我本世外人。

南山隐者

仲蔚隐南山，蒿莱竹径深。
庭空蛇入户，树密鸟欺禽。
崖上高绝处，琴招松下云。

无　题

云墨翻空不久舒，竹筏入水总轻浮。
人间百态不须看，夏雪冬雷倒骑驴。

今　日

作诗须废字，作画又销纸。
无画亦无诗，仿佛心有事。

自　况

笑我平生意懒疏，家无长物不生愁。
席中常少王戎李，唯把野菊换酒筹。

咏世人学黄鲁直者

皆云长枪与大戟，不知涪翁盘屈铁。

几人能解此中味，奈何轻佻笔快捷。

作　诗

兴酣乱点墨，未觉作诗苦。
细绎笔前辞，饾饤百衲句。

人　心

世人不怨缺时无，但恨平生损有余。
每观流水从高下，人道总与天道殊。

自　勉

历历风尘但求真，洗尽铅华绝世纷。
为人只作南山树，松叶终年不改青。

世　道

世道不公君莫嗔，祸福成败自相因。
人心还有公道在，一笑人间万事轻。

无　题

雪浪帆风催更滞，秋山叶落我归迟。
松菊荒径从头理，无尽白云过天时。

题自画《二壶》

举杯邀月谪仙子，作镜磨砖佛之余。
欲了世间千事恼，唯他茶瓯与酒壶。

我　书

一雁秋深晴破空，平川漫漫似无踪。
我书臆造唯自乐，准拟千年与道同。

大　贤

政去人声后，山来书案前。
淮阳汲黯卧，黄盖似非贤。
褒贬随人意，磐石我自坚。

相　逢

春朝草露湿，春路朝日洁。
相逢可意人，夙夜不交睫。

抒　怀

风入松似孙登啸，泉下竹如中散琴。
八大涂鸦怀素草，不独万古赤子心。

人　生

一蓑烟雨渔樵耕，荣辱得失任我心。

莫计前程名利事，焉有打叶穿林声。

理发见白发增，有感

人生日当午，春风已二毛。
风姿岂可减，豪气干云霄。

自　述

人人乐于谈钱，我自昏昏乱忙。
世事常浑莫怪，强如泥里栽秧。

无　题

壕上人鱼自有别，凤凰麻雀语难接。
行吟偶打屋角过，村妇疑为盗鸡贼。

快活谣

炒几道小菜，喝几盅老酒。
唱几句京腔，来几声干吼。
带一身快乐，共清风明月与狗。

空山松鼠吟

予与彼同心，游戏于山林。
焉知世间岁，但见松常青。
偶弄松子落，恰逢秋月明。
山中微吟客，往往落其颈。

依然独行去，不喜也不嗔。

无　题

春风酥玉骨，夏水润真山。
天地云合处，云霞散金光。

自　嘲

弄文每破刘家体，玩韵又沾沈氏病。
屡破清规不知非，罚尔牧场牵牛饮。

山　翁

清风不要钱，何必买山隐。
杖履行春色，只鸡招近邻。
世人可俯仰，任尔笑与嗔。

野凫叹（古体，效李白《送贺八归越》）

近草畏蛇鳄，临滩有网罾。
思量可栖处，唯湖安我身。

第九章　南山四序

立　春

春草南湖浅，山兰花盏深。
要知春好处，款款东风行。

临江春思

草色入郊霁，春风散马蹄。
临江拟泛海，夫子教如之。
风色沙头好，芦花钓事违。
白鸥能解意，款款依苇飞。

路　草

每践路旁草，实为怜我心。
焉知冥冥间，天地非草人？

插　梅

且洗陶罐注清水，三五折枝对夜空。
淡淡明花香沁月，草堂自有林下风。

春归雁去

江皋渐暖雁飞沙，野草春风何处家？
岁岁南来北往客，长空阵阵向天涯。

春到山村

村前古木乱横丫，小路斜斜到山家。
园菜畦中满眼绿，篱边一树野梅花。

仲　春

身上衣衫杂酒痕，远游无处不消魂。
二月春分芳草绿，杏花未谢桃已红。

山行所见

岩户路随山势斜，春入山村处处花。
涧水从容松际落，低飞白鹭掠山崖。

谷雨行

阡蒿陌艾气初薰，樟树花开香满城。
篱落蜂忙黄犬卧，芳袭一路醉杀人。

春暮雨霁

池塘鸣草蛙,暮雨湿千家。
童子横牛背,短笛弄晚霞。

春日山行

天光摇动霞明灭,曙色老去草露干。
幽谷山行鸟鸣涧,山花欲燃红逼天。

春　余

黄鸟林外鸣天祺,画舫流水舒桨楫。
柳絮雪飘桃李尽,留得芍药殿春宜。

癸卯清明之一

溪缓菖蒲浅,清明节气深。
晴光影破碎,魂断祭归人。

癸卯清明之二

绝尘寒食雨,空谷鸟鸣风。
村路梨花白,家家祭乃宗。

癸卯寒食之一

昨夜凭窗风雨深,海棠一树又凋零。
不觉已是寒食日,岭上山花红透林。

癸卯寒食之二

黄鹂羞春叶底鸣，长街如扫达山根。
今朝寒食过轻雨，三五科头去踏青。

江天暮色

暮云欲合璧，金光一线开。
长江波滟滟，天际孤帆来。

杜坞春暮

晴水菖蒲叶，春风豌豆苗。
桥头日影短，万籁鸣嘤嘤。

晚　归

花林百鸟语，照晚赤霞空。
车马长郊少，过桥缓缓东。

赏　兰

吾庭兰开已一周，而吾日忙琐事，朝出暮归，无暇赏之，愧负此花。今日午时赏之而不暇食，因记之为一笑乐。

数日花开无暇看，今宁废食细欣赏。
无愧吾室春生兰，天下我为不负汉。

棠溪花庙

屋顶青山屋外田，春山杖履共云闲。
清溪流水缘山去，林鸟喈喈花树间。

江　村

竹路楚山外，茅斋越树前。
凭枝高鸟立，花落下春田。

江　泊

秋光洗练江边草，残桨暮鸦带露昏。
江浪平时矶岸阔，芦蓬月色岭头新。

春雨山行

潇潇山雨传春来，山径横竹扫路苔。
净露澄阶烟锁断，一枝桃花破雾开。

山居初夏

夜气新凉好月色，三更梦醒子规啼。
远山初曙断晓雾，草麂吼出茅舍西。

春　闲

野水漫坡宅荒田，潇潇山雨识春闲。
杏花明水无甚事，一鹭翻飞入云烟。

画案搜意，见月色临窗，大喜

踯躅下笔意来迟，扫脸春风笑我痴。
今剪松窗一段月，省却笔墨省却思。

仲春农家

村外杏花白，风微燕子斜。
春耕还看水，农事少人闲。

春　郊

三月春郊乱开花，李花似雪桃如霞。
更兼村舍菜花起，燕子无家任风斜。

村　杏

春日风暖，杏花昨日暴开，今朝即雨，间或有凋零。而每岁如此，岂此花命乖者欤。

灼灼花白江南雨，谁道人知村杏苦。
刚趁春风花乍开，旋为朝雨摧残去。

南郊探春

疏雨湿衣村杏明，败篱茅舍菜苔深。
寻春恰是好时节，一半云阴一半晴。

南原春晴

野望流风处处晴，南村麦垅雉鸡鸣。
独怜春草年年绿，都予桃花作地裀。

山村夏夜

明月初出沙岸迥，清波漾影动摇中。
缘溪长畈可行缓，冲意每来裹脚风。

懒　起

懒起被他鸡犬喧，柴门鸭鹅一地粘。
已嫌檐雀多琐碎，偏杂架头鹦鹉言。

春雨乍霁，日光下彻，芳草萋萋，湖光阔荡，因作。

驿桥望断杏花蕾，春雨更兼寒意来。
忽尔天开云裂坼，电光一注草菲菲。

村居二月

流水青苔绿，春风油菜花。
宅边五柳在，依栅望天涯。

过清溪百牙塔

百牙山上塔层层，春径叶芜欠登临。
阅岁千秋知谁道？清溪流过碧山根。

东皋春至

江风扫径去年叶，石草已拔今岁芽。
偏是东皋春雨后，更理农具与犁耙

畈　头

空山云卷夏初临，阡陌南风杂笑声。
插秧田水寒浞脚，坡麦未割发棵鸣。

晚春石台高速行

白云寂寞乱点缀，乱掷山间有野村。
处处暮春山光好，一路饱看翠与晴。

送　别

水国蒲绿晴意中，万里浮云列长空。
一棹孤舟帆去远，江上夜雨笛飞风。

山　客

柴扉远山静，林鸟雾消忙。
兴因白云起，踪随麋鹿还。

暮春游高坦

春山霭霭弄余晖，溪风习习贴树吹。
几户人家墟烟起，牛羊也向栅中归。

春行有思

春日水滨嫩柳裁，新蒲芽绿间枯荄。
要知物盛自零落，莫惹春风逗花开。

坞中春晴

村边杏花白，斜阳燕子飞。
春风好生意，伛偻钓鱼归。

牛头渚

杨柳青青江草深，乍来牛渚一眺临。
过江轻舸一帆去，原是暗潮昨夜生。

春日山居即事

南山磊磊大石磐，春日曛曛下翠峦。
柴扉篱院喧喧事，猪拱食槽犬跳墙。

春晴草滩

草嫩沙前春雨足，潮浅春色晓寒深。
云裂光泄滩涂阔，一舸轻歌沧浪音。

采　茶

春草露潮湿，白鸟过山青。
村妇隔篱笑，腰篓入远岑。

清　明

川长行渐尽，清明天气晴。
晓色横溪浅，山寒乱竹深。
鸟翘风吹尾，人倾崖迫身。
家家携酒饭，处处有鞭声。
长跪碑前拜，烧纸祭祖恩。

春日齐山金地藏寺野步

似我春来多寂寂，闲走寺僧野菜畦。
雪霁疏竹石径绿，晴光篱落山墙低。
鸣禽野树发春呺，黄犬柴扉卧嫩荠。
想是僧家苔草茂，久闻重磬已参机。

山樵见野梅临水

溪山拟送残冬还，横水疏枝淡淡香。
谁报东君怨樵客，趁风掮月一路芳。

春　酒

洗盏还自酌，春花隔帘飞。
休怪春色浅，四季频相催。

春　农

空山唯野烟，白水明陂田。

南亩举家事，鸡犬村巷闲。

老　农

一盏新春酒，半壶隔夜茶。
篱边半垄地，收拾种桑麻。

二月归雁

有情鱼戏水，无赖藤垂墙。
古道连春树，荒城斜日光。
覆苔草长叶，归雁骛入天。
烦恼缘何事，家书未封粘。

春行杜坞

楚城树绿桥西东，郊外春光处处同。
细草穿沙春岸浅，野航破水杏花红。
罾夫守网如孤鹤，鹳鸟候鱼似病翁。
遥想梨花满树雪，遍开水驿山程中。

夜　月

浩荡南山月，青天万里辉。
空山叶落时，独照故人扉。

清溪春雨野望

竹鸡竹里啼，川柳拂长堤。

溪草当春长，山云带雨低。
江山原不改，望极心犹迷。
终有风晴日，芒鞋竹径西。

春游万罗山

泛泛江潭今又来，依依柳岸别经年。
山花有意临春水，苔色无声上僧墙。
沙径松竹晴亦雨，逻人鸟道静还喧。
千二百年谪仙去，江祖渔梁两依然。

白　沙

先生渺渺住白沙，茅茨春风次第斜。
时傍修竹看水绿，村边一树白梨花。

春晴访清溪居士

蒲苇初绿岸西东，临水疏林泊短篷。
来客年年何问路，青山转处小桃红。

清明道中

空山一路清明雨，祭罢归来熏草风。
怜我溪花春黯黯，杜鹃临水一枝红。

春日杏花村

秋浦青青草香，长林淡淡村庄。

坡上牧牛昂首，坞中鸣鸟关关。
网罾芦荻汛寒，几处红花浪漫。
春日闲闲慢走，杏花村里江南。

山　中

立夏前九日，携二三子登山，见笋已半人，杜鹃满山，而梨花如雪，始知深山暮春不同山下。故赋。

茶屋三两竹林中，山道仄仄挂壁峰。
春在深山未解老，梨花如雪对春红。

暮春经灌口昭明钓台

秋浦流旋下绿湾，钓台春色晓苍苍。
空寻帝子回首处，万壑千山响杜鹃。

故乡行

陌上风清嘌草香，桃花村外菜花黄。
且偷半日浮生乐，斜树桥头看吾乡。

清溪暮春

清溪南来过城根，三月樟叶堕满城。
溪草芊芊流水涨，落花又是一年春。

春日山行

青山缺处桃李花，山里溪斜趁人家。

屋后松杉连修竹，桥头高木巢暮鸦。

江南春

扶风弱柳菜花黄，芳草夭桃野水浜。
点点江帆还去远，无边春色在江南。

春　雨

三月又苦雨，寒风凄恻恻。
春色湿草泥，满街落樟叶。
清溪流不住，黯黯天涯阔。
桃花春水薄，随流作弃物。
喜我溯流鱼，群戏菖蒲侧。

清明山中

桃李春山户户开，花飞片片点苍苔。
蜂蝶半去花半在，野鸟林中自飞来。

三　月

水涨石溪山涨青，山村处处菜花明。
天青日暖人无力，犹恐南风陌上薰。

杜坞春钓

霭霭春帆远，青青草鹭闲。
桃花矶岸树，且钓一蓑烟。

谷雨只余二日，因赋

树下砧声出碧溪，山光水色浸涟漪。
竹篱花事随春尽，布谷千山秧未齐。

春田归耕

春雨空林烟雾生，寨篱田坂带蓑耕。
归来明月天青后，百草虫吟雨露深。

谷雨日访高山茶户

石径连到家，茶田抱山斜。
燕来泥沾絮，春水半落花。

暮春篱竹始解箨

人道春无情，我言竹有义。
催竹解箨后，伴尔度三季。

清溪暮春

清溪细浪层层起，柳絮冉冉作雪飞。
心忧春归花事了，不堪夜夜添莺催。

暮春别贵口

江山次第看，云水高低空。
天际一帆去，春归恰似侬。

暮春田家

风动荇草蛙声长，蔷薇花开春已阑。
春去无踪留不住，田家留客犬吠墙。

杏花村

杨柳微风岸，杏花细雨村。
从来幽赏地，最喜无心人。

茅斋暮春

蕨长莺啼箨叶飞，山花落尽春始归。
荒鸡向午篱边立，一丛水竹半掩扉。

三月三日风雨大作

敛翅痴蜂怯春寒，春风化雨一地芳。
为问东君缘底事，青春未去雨先狂。

故乡行

天晴谷雨梨花明，山道斜斜是吾村。
才到竹林桥畔立，篱前黄犬来相迎。

杜坞春

柴门春水绿，村外杏花明。
浅濑青蒲短，时闻拨桨声。

山　家

夕照斜移村径柳，秧田铺绿岸生花。
五月香风好篱落，隔溪鸟语到山家。

谷中小景

春山水洗绿，崖壁苔衣鲜。
紫藤相纠结，花间鸟语香。

江边放生

为避网罾处，江边去放生。
数株沙岸树，倚橹大江清。

清溪春钓

春水清溪浅，榾柮苔色浓。
直纶凭岸钓，学尔子牙公。

秋浦田家

山寂云生树，庭空鸟探花。
青秧农父立，一鹭入江霞。

春　暇

燕庐阶下鸡拾粟，虫篱花前犬撵蜂。
徐步莫惊伊浪漫，清风盈袖立桥东。

春江野望

才过春风千岗绿，即临阡陌入江村。
海潮信尽连沙岸，淡淡斜晖一鹭横。

春雨道院

石径连山深，春寒道院清。
无花只瘦竹，可以绝风尘。

田　家

柴门野老倚篱望，陌上菜花处处黄。
春尽不堪农事起，犁田打耙牛也忙。

杏花雨

每岁杏花开时，必春寒多雨，花零落而天始晴，惜之。
春风春雨春寒锁，蜂去蝶藏奈若何。
天教尔曹少子嗣，每逢花事雨总多。

杜坞春雨初晴

白水明枝外，杏花雨后残。
杜坞一鹭下，斜晖泛野航。

春日思乡

汀花平野牛羊乱，青草夕阳春水多。

想是故乡春了得，绕村桃李花万朵。

江城新晴

万里云浮日照晴，清溪新涨绕新城。
江壖茫茫昨临雨，春江日夜去无声。

三月十四日旧溪看油菜花

旧溪云水依河阔，春日看花我又来。
节气如今亦可怪，桃花未落菜花开。

故　乡

渐近故乡天亦晴，溪头草木也旺青。
几户人家树点缀，黄花阡陌蝶飞轻。

杜坞暮春

牡丹事业殿春暮，残桨消息入水深。
花落花开春自去，我歌我醉陌风熏。

暮春田家

得时春雨农夫喜，一路耕烟影入溪。
管教雏鸭与鹅儿，青秧隐隐长川西。

暮春访山家

小桃一路笑迎人，伯劳晓鸣解劝耕。
朝露未晞方近午，山云初起已暮春。
隔篱有唱缟溪水，对壑还弹素壁琴。
酣酒故人知兴会，明年还访青山青。

清明祭归

又到清明树色新，青山几处是鞭声。
缓风细水入潭去，童稚簪花笑向人。

春滩初霁

移舟矶岸古，五月芦蒲青。
云破滩涂阔，天光下照人。

送　春

送春一程悲一煞，不到春去不回头。
千山布谷夏将至，何不随江天际流。

江南春

青山阙处小桃红，村径仄仄篱外风。
随意烟云乱点染，江南处处春不同。

江　郊

晚风收潮气，青草掩岸沙。
江天晴光里，几树归暮鸦。

小　院

开春也种数竿竹，临雪三冬挂碎玉。
莫笑我家篱径窄，岁寒尽是后凋树。

秋浦渡口见桃花

桃花春烂漫，野草古矶岸。
不见渡头人，开与渔父看。

农　家

绕屋数亩田，花开尚农闲。
见说东坞好，锁门去看山。

山庄茶事

满院桃花春色开，新茶试问几时来？
大壶小盏细添水，坐听山鸟鸣喈喈。

李白入清溪

春耕牛过桥，林鸟雾中消。
丹客舟行处，青山影动摇。

入山所见

紫藤满壑石，春风扬菟丝。
似同焉可比，唯木心能知。

立　春

油油泥草画芳屏，堂下乱竹添翠深。
岭树江霞天共远，楼头枝外望山春。

春到南山，立春后三日作

时雨南山湿我松，土膏初润草初萌。
苔花数点梅红萼，石濑浦芽水淙淙。

立春后七日犹寒，赋观园梅

北园梅树南园栽，春日狂花乱点苔。
天气尚寒风不暖，蜂蝶未到人先来。

春　霁

草嫩沙滩春雨足，墨云大野泄天光。
牛羊几处行芳甸，断续短笛柳色寒。

春登太朴山

溪水山中万丈危，远岑山色动芳菲。
入云鸟道溪边树，知我去年来翠微。

故乡行

菜花依树农人家，何处春风燕子斜。
却向溪头桥上立，黯黯流水去天涯。

寒　食

绿尽江南春早来，清风流水共尘埃。
试问春色都几许，一树梨花作雪开。

江　畔

迟迟春日落江流，沙暖水浅下白鸥。
回首青山萧瑟处，村桥野店树初苏。

杜坞清明

嶙嶙老树发春迟，先绿盘根临水枝。
裁柳春风无限意，蒲萍绿尽蛙鸣池。

春晴湖畔

清水白泥映柳斜，游鳞呷浪戏晴沙。
迟迟日暖燕高下，处处春风野草花。

古城孟春

城下清溪对碧空，招摇绿树过春风。
青山古塔斜阳里，城廓已然几处红。

清　明

梨花落尽菜花稀，才到清明水漫堤。
阡陌风光下山客，山花一路鸟空啼。

石门途中

初歇微雨去石门，蝉噪林中春已深。
秋浦平铺波岸浅，芊芊绿草连山云。

深山暮春

花事已残满溪砧，暖风吹雨树空荫。
山泉淙淙学夏响，林鸟犹自作春音。

暮春雨晴

四月樟花香满城，初歇骤雨南风轻。
最是晴云知古意，绕山还伴松石生。

初闻杜鹃声

柳绿花风翠光，音湿叶嫩路弯。
又是暮春时节，一闻布谷心慌。

垂　钓

荒潭行船藻郁郁，槁石垂钓鬓苍苍。
也知吕望直钩意，惜是今朝无文王。

暮春咏花事

花斗春风一地残，苔红小院不堪看。
子规不懂人心事，布谷声声催我忙。

溪居暮春

翻白鱼水浅，草堂深掩红。
啼鸟向山路，白云挂碧峰。

草堂暮春

身在草堂坐，心从云外归。
庭前花寂寞，犹自弄夕晖。

江上暮春

草深花瓣没，浪起江帆肥。
白鹭横江岛，青山涨翠微。

四月三十日，春去尚有五日，忽闻子规，惘然，盖其催春声也

拔谷声声苦楝风，夏生春老不堪终？
怜他秧嫩萍尚小，点染树莓桑葚红。

将近立夏，天阴寒，布谷未啼，因以为咏

嫩秧未稳碎水天，桃李荫荫还轻寒。
待到子规啼万壑，泽国绿尽绿山田。

杜坞春望

春风动树绿，白鸟下汀沙。
柳下移船处，烟村三两家。

江行春色

巴蜀雪消春水黛，江行树退远山来。
墟烟初起坞竹静，望是春风桃李开。

江南麦岭行

林鸟呼晴岭，江南连麦平。
乱山起高下，溪树连天青。

忆晚春

暮春风动树，花落向江城。
车马喧喧地，真心托素云。

岩　前

岩前花似锦，林里鸟弄音。
依水看苔绿，不觉春已深

春　音

猫跳灶台犬吠人，鸟啼蛙鼓助鸡鸣。
蜂飞檐下叩墙去，流水又添细细声。

春到齐山，胜境之外，荒石野草也殊可爱

齐山游得胜境回，也爱石壁破苍苔。
凭君莫笑荒烟处，几树倚石花乱开。

远游见村居

蛙声处处晴明天，山鸟欣欣鸣我檐。
坡上菜花陂下水，天涯春色最堪怜。

暮　春

莺语声声水渐长，暮春暮雨凄凄寒。
闲花满地春欲去，水树天山共苍苍。

燕子飞来又子规，南风拂过绿秧眉。
牧童桥上驱牛去，却趁云阴溪草肥。

落花时节一登楼，鸟自欢欣鱼自游。
也欲惜春留不住，千山万壑子规愁。

五月三日夜送春

柴门犬吠子规鸣，芍药朝来雨露深。
今日送春强不睡，照花夜半灯犹明。

春　雨

一阵云阴一阵雨，清溪水涨风徐徐。
夜坐南窗还萧萧，斜山风暖过我庐。

吾　庐

钵破江花开，茅檐春日回。
疏篱素吾竹，一一点莓苔。
春风动绿竹，山鸟欣吾庐。
喧喧柴门下，乌柏远水舒。

再到五岭

行到白云深处，清溪五岭人家。
但见千嶂叠起，樱桃几树开花。

壬寅初春，予过清溪

苔色向溪深，青山影动摇。
鹧鸪啼唤处，行客过山椒。

伤　春

慵倚虫窗声渐起，高楼独上伤春人。
春晚寂寂愁无伴，芍药花红出黄昏。

江望

夕阳亭岸久沉吟，江浪红波接远岑。
寒雁长空孤影没，栏杆倚遍暮烟生。

村行有感

溪望人觉悟，野竹沙径深。
泥敞蒲细短，流缓少浊尘。
过树因听鸟，入村缘看豚。
人生也如此，虑密必疏生。

年味有感

风气近春冷，不独年味薄。
百忙心不已，人事哪堪说。

正　月

猫眯鸡瞪眼，日暖人也闲。
瞌睡茶烟断，抱书更欲眠。

暮春江畔

平堤绿树滩上牛，合是春江晚景图。
沙岸遥岑天尽处，长江流水去不休。

春　尽

凭窗雨打瓦，临池月近人。
疏篱山连断，夜半杜鹃声。

平天湖春咏

太朴山前齐山北，平天柳浪瞭望赊。
一湖碧水连山翠，想见落霞与鸟飞。

春　夜

东皋探麦垅，竹下看春流。
今我思飘逸，孤亭待月出。

雨水千门柳，清明万户风。
山光浮远黛，绿野湿云踪。

春日过江边李阳村

五月麦畦雉鸣天，板桥流水篱花鲜。
而今村落无笑语，媪浣衣裳翁理园。

五月四日白洋河畔初闻子规

忽闻子规啼，阳台坐日移。
明日春将去，花落水流西。

立　夏

流光布新景，山道横翠微。
竹外斜阳里，蜻蜓处处飞。

布谷催耕去，残阳卧老牛。
南风不解意，吹我梦竹楼。

热风吹雨碎浮萍，轻舸逐流过前津。
已是夏熟花自落，田中山上一时青。

清溪立夏

晴光翠色连竹溪，麦雉将雏出寨篱。
村口桥头荫树下，二三野老歇锄犁。

山中立夏

溪树重重随水远，碧峰淡淡白云间。
绿秧尽处山村少，却是陇头黄麦天。

村居之夏夜初霁

清岭月出急雨收，月流万壑与千沟。
布谷声声篱落暗，溪桥独立风如秋。

至桃坡寻落星石,过铺庄

万木荣青山,夏初鸟间关。
寻幽桑葚红,黄麦过铺庄。

初夏至姥山马料湖

长江牛渚[1]此三分,雨后晴山多白云.
嫩笋成�初解箨。山花共我笑湖青。

【注释】

[1]牛渚:在石城北,长江自此分南江、中江、北江。牛渚至长风沙十数里为三江分流处,商贾货物在此集散,故李白云“相逢不道远,直至长风沙”。

山　里

空山朝气新,石路净无尘。
叶密细垂露,峰疏乱抹云。
板桥接畈色,溪罅咽泉声。
茅舍山椒下,墟烟几缕生。

初夏山居新晴

檐风青瓦角,竹露桃花浓。
鱼戏静观罢,山亭倚碧空。

杜坞初夏野行

五月人间寒未匀,杜坞山下少人行。
茶烟依树轻如鹤,篱径拈花笑似僧。

月光迢递连沙岸，江水起伏落潮灯。
想是杜郎千载后，山居闲步作诗人。

津　口

矶石垂草细，青笋解箨飞。
鸥鹭各自去，沙岸临江限。

湖　舍

熟尽枇杷空径翠，湖光树绿弄晴晖。
莫嫌茅舍柴篱矮，是处青山白鹭飞。

初夏过竹里农舍

庭荒鸡上树，荫重瓦生苔。
黄犬吠行客，柴门关似开。

独　钓

矶岸独坐久，垂纶莎草深。
恰逢潭影浅，好钓水中云。

江南仲夏

江南喜夏清，花落听啼莺。
一梦蝴蝶在，焉知造物心。

松下弈

一鸟空鸣苔院深，绿筠攒户复蕉阴。
围棋松下局初了，脱帽露癫笑我真。

平天夏雨

昨夜暴雨连盆倾，百草今朝露水深。
芦浦钓船桩系没，漫湖远水与天平。

溪　居

沙碛一片树，清溪两岸山。
蝴蝶翻夏草，野老荷锄还。

江浦初夏

萍绿池浮浅，茅香花倚深。
蛱蝶三五个，陌上凭风轻。

六月平天湖遇雨

云墨湖中倾骤雨，船头盈耳碎荷声。
尽脱蓑笠篷中坐，水上看他烟雾生。

西窗听雨

潇潇山雨窗前急，闲阅南方草木状。
百尺楼台万里江，放书高卧摇蒲扇。

夜　愁

扁是愁人眠岂得，夜深山月过墙来。
起坐更尽闻呼鸟，明日阴晴也费猜。

江　钓

江潮已涨滩涂没，得掮渔竿为觅诗。
湖草青青鸥鹭白，鱼豚吹浪风帆迟。

石台矶滩

平波横远山，偶坐鸡儿滩。
白鹭飞三五，青天绿水间。

秋浦芒种

水涨天晴瓜蔓长，西园花草蝶双双。
篱前鸡犬乖芒种，笑尔子规唤千山。

清溪仲夏

清溪连江涨白水[1]，今已仲夏气犹寒。
鹭群莎草漫飞去，唯剩天光云影长。

【注释】

[1]涨白水，本地俗语。指未下暴雨而江水犹涨，谓之涨白水。

小满后五日

点溪才有叶似钱，仲夏即为割麦天。
楝树鸣鸠山霁雨，秧歌轻唱耘田先。

登　山

青山初夏阴晴里，溪水明镜径流西。
山道仄仄行上去，人家几户白云低。

杏花村咏之村居夏雨

夏雨连天白浪翻，子规叫处是水乡。
青秧白鹭惊飞去，五月农夫掮网还。

端　午

雨来花冠湿，云散楚天青。
端午杨梅在，微风蒲艾薰。

水畔菖蒲青剑长，坡脚燕麦蝶双双。
刈罢坡上畦头艾，满篓盛得一身香。

山行自吴田至牌楼

秋来藤蔓著花稠，新雨山间稻色苏。
山里人家依野树，一声越鸟静中呼。

立夏后五日

竹树庭前护短篱，杨梅尚小麦初齐。
草薰陌上夏花发，几处儿童渔浅溪。

江村初夏

阡陌蝴蝶怜花少，沟渠杨柳恨絮轻。
庭前黄鹂啭夏木，正是麦黄过江村。

见夏池萍草郁茂作

萍绿池中野草生，夏临万物长精神。
亦知四季有更替，且念天公不负卿。

时已立夏，登九华后山

斜阳在山峰影横，迁乔幽谷晚鸣禽。
山高花树夏犹笑，一阵风来寒意生。

乡村初夏

五月篱落日初长，晴雨楝花细细香。
点点青钱柳絮白，门前秧绿连远天。

夏　雨

急水檐前倒瓦盆，还作阵阵打窗声。
人生有室能听雨，管甚云中雷不平。

山居仲夏

檀婆山下盍流连，为爱篱边能灌园。
翠蔓牵瓜畦叶满，燕飞蝶戏自在天。

百荷北园

新荷日午亭亭立，点水蜻蜓款款飞。
行走乍惊鹛鹅起，水波漾漾向塘湄。

夏雨初晴

清风阡陌蜻蜓，乳燕茅檐光横。
野老竹篱翠蔓，柴扉荷绿鱼腥。

夏末雨晴过赵庄　闻子规啼，有感

秋浦晴光绿稻秧，子规啼似夏初忙。
南风已送些凉意，古柳斜阳空照山。

夏雨后秋浦渔家

云低南山暗，一篙天地青。
芦荻秋水净，来往是渔人。

渡　头

松山夕照沙头客，蓼水晴晖天上鱼。
不堪枯荷立翠鸟，飞去摇破水中虚。

立　夏

既是别春不伤春，何妨今作立夏人。
斜阳燕子飞来少，江上数峰雨后青。

庚子四月初四，初夏日暖，始闻子规啼

秧田乍绿麦尚青，花覆涧苔水送春。
昨夜蛙鸣池畔草，今朝布谷第一声。

初　夏

初夏秧鸡忙日夜，池蛙聒草萤飞低。
山月流溪知野静，不由村后径朝西。

湖　边

南风五月湖边过，也送云阴护垄耕。
岂是吾曹燕雀恨，西山坡下浪初平。

插　田

南风拂岭川，布谷响千山。
更看田塍外，农家笑语欢。

村居夏日

烟雨清溪水漫堤，南山竹树杜鹃啼。
寨篱仲夏不须看，栀子花开伴犬鸡。

夏　雨

飞流出壑下蛮溪，叶暗芭蕉烟渚迷。
桥岸堪怜深水竹，溪云断处鹧鸪啼。

五月上九华花台，见山花犹未开者，感而赋

一路溪声山道长，山风爽爽似秋凉。
犹恨杜鹃不解事，春去还发抱崖香。

山村初夏

野篱野老葛藤花，乱山深处有人家。
白云过涧影明灭，亭午鸡鸣日初斜。

夏　初

山光水色尽啼鹃，柳树荫荫桃李香。
人道江南风物好，柴门流水杏初黄。

耘　田

野篱芮芮桑麻光，拔谷声声正绿秧。
田畈歌声唱不歇，家家户户耘田忙。

夏日小村

竹鸡叫雨山云低，古木倚石影倒溪。
本是夏初好睡觉，声声布谷催人起。

夏夜行

当风临水听虫吟，月下清川万里明。
世事纷纷非关我，野行何处不赏心。

村居夏雨

戴笠披蓑人看水，掷珠跳瓦鹭下秧。
雨余篱落散鸡犬，最喜白云戏青山。

近秋酷热有雨，喜赋

夜黑竹溪云，柴门急雨声。
狂风知我意，从此扫炎氛。

夏日苦雨

白雨云山没，阴云暗远天。
长风催巨浪，犹有打鱼船。

江岛八月

江渚蝉鸣野树空，滩前八月薰南风。
蜻蜓欲立影斜处，菱芡青荷蒲绿中。

荷　塘

绿杨垂地路生烟，池上荷香已午天。
白鹭秧前惊起处，人家几户对斜阳。

夏日迟起

鸟语窗前细，远天门外蓝。
日高足睡起，檐下松风凉。

小暑后三日

午后风动竹，小榻乘荫凉。
蝉鸣断还续，池荷弄水香。

访人不遇

云锁柴门应知君，未睹先识世外人。
山阴夜雪不见戴，竹下闻琴足辨心。

清溪农家

松下茅檐独斋清，扶助理水绿秧匀。
空庭仲夏槐花落，还看远山云外云。

小暑苦热

六月十二苦炎热，日火东方蝉嘶竭。
百草无光树半死，隔鞋路烫足如蜇。

夏　末

荷天八月南风回，丹脸芙蕖依岸开。
鸥鹭盘云飞欲下，夏蝉隔水一声来。

七　月

白云浩荡益天青，榴叶花光隔牖明。
七月庭中桃李树，檐前屋后尽蝉声。

夏日湖上

采荷船卧天平阔，摇水绿蒲戏蜻蜓。
犹忆江边昨夜月，含风浴面也醉人

夏雨初霁

仄仄山道残雷气，黯黯村眠几梦圆。
睡醒登楼试一望，已是萧索雨后天。

江行夏夜

江面凭栏阔，渔火只独航。
夜萤飞万点，荷叶水风翻。

田　家

四处农家插田忙，隔篱鸡犬自喧喧。
最是儿童无所事，庭前空地学种瓜。

夏雨夜霁

雨洗新松月，篱深吟草虫。
野老聊天笑，儿童调马龙。

夏　末

南陌雨来天地黑，西山日落江村红。
扶锄野老望田水，一路听蝉踏晚风。

杜坞夏夜

前窗凉夏露，夜半月华清。
遥望四天阔，渔灯远浦明。

山居农家

白云山下理瓜蔓，沙水相接好灌园。
试问人生得意处，树荫底下清风间。

古寺夏夕

隔水蝉鸣生路烟，茅斋高坐远山蓝。
斜光入户影自吊，一片云阴送晚凉。

秋夜喜雨(之一)

草露蛩鸣树垂丫，西风爽爽芙蓉发。
山村夜雨朝云静，石路一篱木槿花。

杜坞秋日

空庭日午横竹阴，燕过柴扉落蜻蜓。
槛外弄船矶岸草，西风袅袅水波明。

沙　际

谋生万物皆劳苦，君看水边白鹭鸶。
天旱水干唯泥坼，世间试问几人知？

壬寅七月秋热，午过清溪湿地、百荷北园

百牙山下行走，上身衣裳湿透。
满眼荷叶田田，想见花下莲藕。

秋浦寻秋

昨日夕雷雨，今朝去寻秋。
远观浦草活，原是青残留。
一雨气难变，衣湿汗雨流。
水竭似闲鹭，泥里觅沙鳅。
堤长漫无尽，我试神农行。
堤腰蔽藤蔓，百草岂得生。
下到堤脚处，始见草零青。
非是蒌蒿细，即为芦发根。
偶遇枯河蚌，沙鹬已不争。
物皆活见仇，叹息行复行。

己亥早秋大历山寻舜耕圣迹，借忠惠先生句

古寺钟声远，空山鸟语秋。
石阶寻胜迹，江畔一回眸。

秋　江

枯桑蝉噪水啮根，秋日江晴好看云。
一竿闲钓矶头坐，笑听渔夫沧浪吟。

题天柱峰茶照

天柱峰下石中生，云去云来鸟自亲。
路过知徽太白踩，仙人摩顶古至今。

七月立秋后酷热

坐是桑拿卧汗蒸，遥思主父五鼎烹。
谁人借我倚天剑，削来南极一块冰。

杜坞立秋

独坐爱绿竹，孤行喜白云。
临河沙际阔，苇曳动秋声。

秋　夜

新雨入新秋，篱风到骨酥。
新月凉如水，清光万里流。

壬寅七夕

新雨蒹葭绿，双燕穿浪回。
焉知河汉阔，牛女共悲催。

初秋雷雨

云雷阵阵犹暑气，西风爽爽扫炎氛。
一枝临水惊蝉去，雨后郊原草木新。

故乡初秋

淙淙涧水助秋声，桥畔斜枝犹挂藤。
田畈千顷皆稻色，树花独剩紫黄荆。

立秋小池

金风西陆蝉声长，一叶惊飞池水南。
谁把静心知道在，始明物壮自凋伤。

秋日郊行

疏疏篱落过村牖，云去风来鹭伏波。
行到秋光最爱处，似嫌阡陌蜻蜓多。

秋晴渔家

庭户烟熏今已黑，柴扉常为鸡犬开。
想是天晴无一事，钓车渔艇早安排。

新秋夜雨新霁

夜雨秋来万物欣，添花篱蔓豆荚香。
虫吟竹露草庐坐，枝外蝉鸣吾稻黄。

秋　风

起于萍末太匆忙，越浦过岗入我窗。
浩浩晴秋长望景，害我临水又登山。

九月道中

午后阳光烈，斑驳秋树荫。
田塍初熟稻，溪水送蝉鸣。

秋　霁

花动柴扉林鸟啼，一夜山雨醒来迟。
推窗蛛网檐边净，阶草犹披露未晞。

杜坞早行

杜坞秋浦横，白鹭入江云。
临水芦翻叶，秋风处处生。

感秋花争放

阶草鸣蟋蟀，秋风花乱开。
也知霜露劫，岂愿成尘埃。

渔村晚归

船尾青山渐次低，江风瑟瑟芦荻稀。
不须相问径归去，犬吠板桥烟树西。

秋　雨

秋雨纤绵瓜蔓新，西风初起云脚明。
蝶附秋花酒未醒，
微晴，竹露摇落学雨声。

杜坞秋至

山树绕庐墙，山前秋浦长。
啁啾百鸟处，远帆枝头看。

过祁门赤岭

重重树影碎溪光，山道弯弯去似还。
十月岭南有异景，秋山隔水一鸣蝉。

早　秋

林鸟鸣稀天渐寒，山径落叶弄斜阳。
柴扉庭院茶烟静，野老榻边话始皇。

八月齐山

西风爽爽水亭凉，也拟轻阴去看山。
绝壁苍藤添古气，凌崖荒路忆仙班。
曾经石刻难追宋，既入洞壶易见天。
杜郎九日酩酊去，山径野菊依野烟。

秋　意

秋风下炎氛，落叶也关情。
林表吐初日，高岫依闲云。
山鸟随林没，水莲带露生。
举杯对此景，笑尔思莼羹。

秋意有感

玉竹影碎落崖风，山果初熟鸟喙红。
岭外晴光秋意到，岂知万壑尽云松。

小村所见

古树捣衣空，板桥淹蓼红。
去去流水意，老叟携孙童。

中秋咏月，兼寄姑苏二三子

吴刚伐桂苦何时，玉兔通宵捣药思。
月上花枯月下在，嫦娥岂是一仙痴。

乡村九月

红紫凤仙鸡午眠，乡村九月好晴天。
宵征蟋蟀鸣还隐，稻色初黄陌相连。

江村秋色

云天万里共徘徊，沙渚一一白鹭来。
蘋末秋风袅袅起，寒菊未蕊桂花开。

江岛钓翁

疏林江岛落斜晖，江鸟依依来去飞。
爽爽高秋风色动，船头苇白弄夕霏。

齐山湿地

十月阳春小，芊芊草平湖。
临荷看水鸟，出没苇影疏。
坡头斜阳暖，红尘攘攘无。
鸥鹬声在耳，心与云卷舒。
暇时常来此，就地倾一壶。

山居秋雨

山雨洗秋光，沙径依松寒。
白云藏岫出，篱落隐禽眠。
残碑缺字古，旧瓦覆苔荒。
浅浦鸥鹭少，前滩湿草烟。

夜　雨

莫道秋雨细，一夜打瓦声。

西风携潮气，凉意隔帘深。
荒草能再绿，明朝看山根。

八　月

白苇拽沼泽，八月秋风凉。
岸前虾蟹乱，张翰弄归船。

秋　色

远渚秋沙放晴，苍鹭横飞青林。
白头渔翁江上，芦花深处钓民。

南泉道中

野蓼斜晖俱寂寥，沙水晴暖过秋郊。
青秧白鹭两相得，千树蝉声似晚潮。

江上秋望

大江滟滟夕阳晖，秋浦长川已翠微。
今岁久干不见雨，海门无有片帆归。

江村秋晚

山衔落日动霞霏。一雨成秋掮网归。
都爱晚凉天气好，秋花篱蔓啼络纬。

杜坞秋霁

依篱瓜蔓叶肥青，雨后浅沙秋水明。
鸡犬嘈嘈墟烟起，高天初下一鹭轻。

杜坞津

杜坞野望路迢迢，渡口秋声黄叶凋。
瑟瑟芦花连茅白，滩沙落日共萧萧。

秋夜雨喜故人访

棋局闲敲夜，山雨润泽深。
篱响疑风动，故人来我寻。
园中春韭老，饮酒但无羹。
拊掌时一笑，云开北斗明。

癸卯立秋作

万里鲜澄一色秋，缓行江壖上江楼，
长笛吹尽西风起，怅望江流浮白鸥。

暂　坐

我作堂前二伏人，南窗暂坐听秋声。
那知前浦千层浪，雪卷渔舟浮鸥轻。

齐山居士

清溪草庐西，门对齐山齐。
峰峦横苍翠，次第入云溪。

秋　岸

茅白斜晖里，蓼花隔岸红。
西风知燕少，向晚认飞蓬。

中　秋

空庭露冷寒满衣，月到中天光入扉。
怜取桂花暗香发，西山月落讵忍归？

湖舍秋晴

天青还有天边云，野树斑鸠好叫晴。
一鹭门前凭湖起，柳风扫水细浪生。

秋　至

水中蛙聒动秋萍，坐我池边自在清。
纵是西风残柳叶，空山尚有万竿青。

秋日村居

檐瓦晨光高树阴，竹篱茅舍斯螽声。
白露团团桥畔草，西风叶下捣衣砧。

江浦秋晴

平野青川行处休，远山淡淡似心愁。
片云江浦悠悠去，莎际秋光散白鸥。

去五岭，过清溪，行沙上

家住清溪五岭前，秋山红树净无烟。
可怜野草沙前绿，潦水诗思清涟涟。

秋到南山

芒鞋竹杖轻胜马，秋到南山红树崖。
斜照枝间长影淡，一群山鸟落茅花。

山居秋晴

潇潇秋雨朝来晴，远处青山近处村。
莫道郊原无所赏，青林杳杳岫出云。

秋日远眺有感

红树青山生野烟，山中猎户住崖边。
田园芜尽欲归去，或恐老猿笑木巅。

故里仲秋

绿叶黄菊倚篱开，北风随雁江上来。
片云直到南山去，故里松竹已蒿莱。

桂畈行

平郊稻色齐天黄，阡陌蛱蝶乱飞翻。
晴光历历数棵树，笑指前村是吾庄。

秋雨喜晴之二

夜来山雨足，城郭背水情。
白云流空过，长川放眼明。
芭蕉涨篱绿，庭竹绕池青。
龟背挂萍起，山鸟隔树鸣。
西风扫前浦，那管物重生。

秋行杨叶洲

平楚苍茫江浪低，秋风独立杨叶西。
人生长乐偶行处，凫雁浅沙惊起时。

十月小阳春，今九月东风而朝露草间莹莹然，因作

草间白露团团在，两度阳春九月回。
或恐人间不解我，东风划地又重来。

庚子重阳欲招二三子登高

篱间秋色鸣寒蛩，渐近重阳意万重。
不喜菊前王弘酒，愿我山道茱萸红。

登　高

登高山勒脊，穿径叶遮峰。
就涧秋泉落，临崖霜柿红。
仄仄啼山鸟，嘤嘤鸣草虫。
不觉月初吐，流连听晚钟。

九月九日登清溪五岭

山道楂栗霜柿红，白云晴日翠微峰。
野老宴客篱菊畔，鸟争茱萸落酒中。

重阳日登清溪五岭密岩

丽日天高远，访山到白云。
篱菊野老笑，鸡午酒已醺。

野行所见

稻色平川黄欲尽，寒秋红叶落溪声。
暮鸦归树墟落晚，回首青山凉月生。

秋客江楼醉书

秋林疏叶渚清愁，落雁平沙醉楼头。
江上风帆斜影外，客心生处凝寒眸。

老秋远望

买得溪山几亩秋，大江归去夕阳流。
断鸿声里平芜阔，浩荡西风芦白头。

浣江沙

短篷疏雨过江头，江晴天已秋。
远山犹横落日去，归绪平芜收。

秋浦隐者

身披蓑衣不戴笠，手提虾篓肩扛犁。
坂上耕田河中钓，柴门不锁月照篱。

江上西风有感

南山秋气与天迥，浩浩窗前又西风。
双鹤盘空久不下，晚蝉隔水断续中。

九日忆渊明

王弘不送酒，笑煞采菊人。
醉卧东篱下，归来月正清。

七夕咏牛女

借布牛耕各东西，一年一遇岂言稀。
如今世上半分别，三载两会即是奇。

秋浦渔村

鸟语日朝鲜，溪清叶露圆。
凭槛山风起，蝉声起树间。

乡　村

西园自在蛱蝶飞，原上秋行草径微。
溪树荫凉村犬卧，倚墙橘柚出庭围。

秋日书怀

万里川原万里晴，白鸥流水大江横。
沙洲野渚不须看，直下长风到海门。

山中早秋

窗外青山颜色改，方知季节已秋霜。
林中山鸟喈喈意，似笑百虫寒翅僵。

秋　兴

万壑秋声起，素琴膝上开。
松风洒明月，衣满拂还来。

杜坞秋望

秋苇依浦岸，白鸟向人飞。
还看平林外，远山横翠微。

杜坞秋夜

万籁暂息微吟，西窗细雨乍临。
雁声叫断寒浦，犬吠灯火渔村。

杜坞季秋

秋苇青头低，长浦下雁稀。
枯荷宿水鸟，沙岸红蓼齐。
最是一湾水，无聊过钓矶。

杜坞秋暮

落日秋山净，梢头浦帆稀。
圩草知节气，冉冉绿无极。
但见潦水畔，渔舟泊岸矶。
余晖牖渐暗，归鸟飞依依。
回望大河远，荒烟没长堤。

八　月

八月南风起，落叶动秋声。
篱边菊未蕾，秋光野情生。
临风一把盏，暂忘世间纷。

八月新晴，稻色千里，喜赋

红蓼溪头秋水涨，空林八月犹鸣蝉。
西园蝶舞缘底事？陌上川原稻粿香。

村行所见

绿树招摇掩墟落，篱边鸡犬傍野蒿。
斜阳田塍平畴望，翁负书包孙放学。

棠溪山居

推窗常见云出岫，烹叶每闻鸟间关。
落日清风流水去，白茅依旧盈浅滩。

野行所见

四处青山带晚晴，寒秋红叶落溪声。
平川稻色黄欲尽，暮树归鸦是烟村。

秋日登高

岭上沙虫道，鹰飞秋气高。
扪石溪水净，蹑磴苔衣娇。
黄叶经霜陨，朱实过鸟凋。
去去意未尽，绝顶入云霄。

晨起新晴

平日读山云几层，今时晴雨光景新。
短篱日照风摇草，雏食庭中山鸟争。

早　雁

昨夜凉风急，过江早雁来。
沙汀鸥鹭宿，相近莫相猜。

江　雁

江上西风拂岸草，一轮明月雁飞高。
渠心直向衡阳去，彭蠡洞庭不歇稍。

中秋农家

中秋无有事，偶尔至田家。
贫圃三株菜，荒墙一树花。
迎人野老急，送客童孙乖。
溪水旧时净，浣石雀戏苔。

秋日即景

晴日远山树，秋风原上村。
墟烟五柳散，隔水一蝉鸣。
清川垂钓久，笑我楚狂人。
世事多不谙，陇头梁甫吟。

秋过南山

秋山黄叶树，雨后斜阳村。
苔暗竹连水，白云拭岫青。

寒　秋

白日声声寒雁叫，萧萧黄叶云天高。
漫看南山出峰远，长风掠水捋山茅。

归　渔

飒飒西风吹寒雨，隔窗浦树照火渔。
人生辛苦破网罟，月夜归来唯犬趋。

秋浦霜降

木落秋山知远近，霜空白鹭起高低。
渔翁滩上依矶蓼，正是鱼肥堪钓时。

秋　行

秋山野饭寒意轻，落日余晖松影横。
一把黄花独自笑，乾坤谁是真主人？

塞　上

斜阳秋草净，垄上牛羊肥。
沙碛胡杨老，楼兰白日西。

壬寅中秋见田禾焦而作

田父中秋也望月，嫦娥未带滴雨来。
我田干裂苗半死，月满荒村人掩扉。

白露后一日，秋浦行

浅浅秋水白沙岸，行走二三白露人。
望尽滩涂无寸草，唯他苍耳旱独青。

嘉鱼池

在九华后山阳山之半，窦子明钓白鱼处。昔李白往寻焉。
玺深流水玉，窦令钓龙仙。
太白追寻处，空山白鹤烟。

秋浦仲秋

夏草回橘青，新苗尚未生。
徘徊秋浦上，暂作采菱人。

渊明九日

常见野分藤绞树，偶逢崖裂石断云。
重九顾我东篱下，自有茱萸野菊亲。

沙　岸

残柳秋来黄叶催，午后掮犁农父归。
沙岸牧牛莎草散，白鹭徐徐三五飞。

咏秋莲

莲花，夜凋也
轻寒夜解凋朱颜，一任清波送瓣船。
人共汀沙怜孤雁，谁解芳心入故云。

晚　秋

才见丹枫绿，又闻楮果红。
今秋天气暖，白露隐寒冬。

九日齐山登翠微亭

青桂金风一路香，亭边石畔野菊黄。
一枝闲拈杜郎笑，莫把齐山当牛山。

秋　望

人伏栏杆看老秋，风吹黄叶上旧楼。
藻思秋浦鱼鹰健，江壖芦荻远帆收。

壬寅十月杜坞闻雁

湿雨黑枝花误开，渔灯夜暗数声来。
江南今岁才歇旱，此地焉能久徘徊？

杜坞秋夜闻山麂

壬寅十月小阳春，余于秋浦草堂夜闻山麂吼，几近咫尺，其声与车声相杂，有感慨焉。

十月阳春暖乍微，夜林草麂吼山扉。
杜坞纵是城根下，百年初听第一回。

野　望

江上依稀是远帆，堂前秋浦鹭飞还。
人间风物销魂处，浅水明沙雨后山。

壬寅秋九月故乡行

红蓼花开芜已平，干泥裂坼前时深。
松竹山道半枯槁。林下不闻鸟一声。

秋　夜

天深秋月白，露冷虫吟长。
夜静数声急，野凫下雁塘。

清　秋

高天秋鹤回，地旷寒塘风。
举首浩然气，快哉亭上侬。

五　岭

山高客少到，地偏石乱生。
鸟迁日色薄，远近木巅鸣。

再至清溪五岭

千嶂横断晚霞生，五岭重来沙水明。
野老山中无所有，只鸡旧酒招故人。

江　畔

怅望江原落日空，青山半在晚霞中。
长叹多少古今客，依次芦荻摇晚风。

秋　杏

晴涨秋湖犹可赏，杏花秋放徒明扉。
绕树惊呼俗世喜，谁解零落叹夕晖。

暮　秋

野菊寒蕾傍野葛，篱径昆虫晒翅轻。
十月阳春日尚暖，南山脚下且犁耕。

壬寅十月读《诗经》，时秋尽冬来而野菊将开

鸟鸣喈喈葛之藤，习习谷风灌之阴。
幽幽南山足我望，砍砍伐檀水涟沦。

秋　渡

垂纶矶岸静，墟落复斜阳。
渡口逢接舆，芦荻沙际船。

江岸秋望

霜落江树空，蓼花开岸红。
望极愁意长，不独为秋风。

白　露

园蝶乍飞霓裳光，木槿渐开朱锦栏。
初入仲秋才白露，檐蛛添网是添忙。

小　园

笔种诗书锄种菜，小园日日蝶翻飞。
芭蕉偶栽为听雨，红藕花开白藕开。

冬

立冬日，寒风夹雨
水枯沙浅又寒风，天地恰如飘摇中。
争似昨来晴尚暖，菊花还有两三丛。

初冬喜晴

终风不动天也晴，屋上鸠鸣岸草青。

十月隰原冬日暖，天涯处处小阳春

腊日小窗读书，望东皋有感

闲坐窗前读我书，云光乍现天景舒。
纵是至日东皋上，轻阴微润草也苏。

过建德周村

周氏自唐高宗时来，历千余年，至周馥而再大。今荒村零落，何兴之勃而衰之速也。

周村想象是繁华，匝地人烟古树斜。
岁暮我寻周氏里，疏林空处两三家。

故乡行

冬日南山晖已斜，缘溪村树暖枝丫。
青青还是篱边竹，天气未寒梅未花。

十月杜坞冬晴

荒城流水接远岑，万古青天斜日新。
浅岸芦花乌桕树，一群山雀伴渔罾。

初冬忆邕州旧游

凭雁问信衡阳断，君在衡南路九千。
岭上梅花开几度，要知岁晚加饭先。

初　冬

寒树萧萧红叶，茅草斑斑花白。
雁来燕去湖平，秋冬代序时节。

江　梅

岭头魂断春消息，篱外神采雪文章。
不是诗人偏好事，江风吹落数枝寒。

冬　日

石清潦水浅，霜气杀正严。
屋后高坡树，日光生暖烟。

杜坞腊月即事

杜坞茅白冬萧索，年腊江帆泊岸多。
却怪寒塘凫雁起，斜晖船钓唱芦歌。

己亥除夕腊祭

空林湿雨黑森森，坞里梅香销我魂。
腊祭蹊行欲尽处，山桥野店满墙藤。

庚子人日

离离晴光蜡梅香，笑我雪冰檐后残。
最是人日清气好，南山松竹故苍苍。

秋浦冬月十七日苦寒

严霜结屋瓦，草断岸崩沙。
冰河绝流水，高树冻寒鸦。
嗟尔远行人，渡头践霜华。

杜坞冬日

斜日爆暖东篱坐，人间消得午后茶。
半醒半眠檐雀静，闲着篱畔蜡梅花。

朔　风

山残兼雪乱，河断带冰封。
君报夕寒意，墟烟向晚松。

杜坞冬至

白日沦山西，寒空浸碧漪。
归鸟投谷壑，墟烟暮林起。
劳歌前浦歇，明月隐长堤。

冬　日

岁晚东皋前，寒风转凌厉。
还念崖头窟，荒兔窝中息。

江　郊

晚风收潮气，青草掩岸沙。
江天晴光里，几树归暮鸦。

早　梅

临壑冲风山意寒，竹篱梅骨笑溪旁。
枯茅瑟瑟冬犹在，雪点青天共水光。

江　村

江村疏树野，荒径沙鸥行。
独雁沙浦冷，寒塘苇影深。
月残上草露，人稀入烟村。
我过乌渡里，牛喘月山耕。

冬雪过檀婆山下

晴光影碎岭崎，松荫竹下流溪。
乱石山径藤枯，积雪走兽犹迷。

冬日杜坞雪

江上朔风来，杜坞雪满山。
湖白芦中雁，火红灶底烟。
喧喧茶作酒，淡淡俗成仙。
砚冻聊呵墨，欲和飞雪篇。

雪中行

林中山雪声寂寂，一夜松杉尽白头。
残腊野行犹见客，天地莽莽令我愁。

除夕守夜

始知岁已尽，处处有鞭声。
煨火去夕冷，续油添夜灯。

冬日窗梅

几案读书山雨苦，枯荷泛舸非前时。
岁残时腊何所了，一树梅花二句诗。

冬日野望

白鸟寒江树，乌篷荒渚云。
晓行霜夜白，村居茅斋清。
鸦鸟归巢后，苍山望月明。

冬日有感

朔雪结阴云，村前鸦噪林。
榾柮煨火罐，余暖作诗人。
白屋依山在，落日长河宽。
晚来天欲雪，风到气先寒。

对　雪

剡溪昨夜雪，曾泊子猷船。
开门玉满竹，不见故人来。

过故人宅

何事羁凡尘，东山不更归？
故业埋荒径，空庭红叶飞。

岁腊疫尽有感

春近腊残阳渐生，人间无事不重兴。
渡头贸易人拥挤，枝上营巢雀斗争。
野树荒村行处是，相煎何必不相亲。

望浦有感

秋浦潦水岸沙寒，更立江头看白帆。
东去海门观沧溟，潮汐如信是法天。

疫中阳台

正午倚栏似蝶痴，景还寻常今却奇。
白日青天净如洗，画岗长卷树若荠。

壬寅腊月二十四小年大雪

朔风扬白雪，拟兆新年瑞。

烧茶冻手暖，扫庭阶玉碎。
盈天飞白蝶，纷纷似舞醉。
天地俗物了，一净覆白被。

腊　日

庭静腊残添兔迹，近来案牍懒拂尘。
窗前秋浦来天外，料峭水风春似生。

江　月

岭树千里目，江流九惊魂。
一夜无眠客，江月空摇情。

江　草

经天赤日回冬暖，江草江花亦可人。
百草尽枯此草绿，独怜造物留冬青。

冬　雪

山结阴云地势迴，大江西来尽向东。
寒山一夜似银砌，柴扉新白路不通。

拟江行归九华

暂凭苇白动秋兴，一自沧江梦白蘋。
云卷萧疏山径断，九华归去叶飞轻。

咏　雪

白絮漫天漫舞空，漫同柳絮舞春风。
寒风割面方警醒，非是置身四月中。

赋山雪读书

积雪柴扉静，窗明读我书。
南山樵者在，亭下茶烟舒。

腊祭所见

野水啮枯桑，赤烧燎地荒。
长风茅白雨，旧岁入寒江。

壬寅除夕

青天带远旷，古道出城荒。
落叶连山瘦，流云孤影长。
夕照流光灭，诗思入旧年。

第十章　南山物语

鹡鸰与瓦松

日行屋脊上，瓦松不堪赏。
瓦松生瓦楞，类苔貌不扬。

咏獐神嗅也

獐生性警隐迹高，未睹猎人闻气飘。
常嗅先机岂无礼，他未来到我先逃。

沙　鳅

漫游体最妙，水里即云中。
类鳝无凶齿，二须正似龙。

秋　花

但知春日不等闲，谁料秋花也疯狂。
君看山前泽畔草，百般红紫齐争先。

咏　风

四季奔忙均水旱，吹云撼海弄穷通。
几人识尔功德在，唯有楚臣赋心公。

题麒龙笔

世间有笔千千万，独喜麒龙笔饱圆。
昔我吮毫润香翰，至今犹念枉断肠。

扁豆花

扁豆秋花艳，绵绵牵艾蒿。
仲秋本寂寂，仗雨润东皋。

咏兰花

还好开于二月时，山中尚有幽人知。
倘若开在春三月，人逐桃李尔遭嗤。

暮春早晴赋蔷薇

晴光浮瓦晓露明，屋角青山柳上莺。
数阵篱风吹不去，蔷薇商量来殿春。

咏蔷薇，因化少游句

蔷薇花色春怜小，雷雨篱头斗牡丹。
却惹诗家笑半霎，晓枝无力乱垂墙。

二月尚寒，见雨中杏花，因赋

二月轻寒春已浓，湿苔绿草小溪东。
可怜春色花千树，一半凋零风雨中。

江 梅

纷纷江雪浩无垠，红梅岭上已探春。
古来既是称傲骨，漠北缘何不见君。

题云山图

我写云山最高处，茫茫俗世埋云雾。
兴来松下一壶酒，长风绿竹任帽除。

咏鼠辈

缘高墙，夜未央。有墙即有人，有人即有粮。笑尔人辈乱奔忙。

江 花

江草江花者，生江滩，夏秋江涨则枯，冬春水落复生，是高士之风也，今咏之。
暮春潮涨江草枯，为问春光有亦无？
百花虽落犹剩子，独笑牡丹舞春余。

孤 雁

霜天渺渺印沙痕，江月芦荻似旧人。
忽忆往年伤弦事，夜潮入梦心犹惊。

战　马

一放南山下秋郊，川原奔走时啸啸。
无边湖草没云际，也趁西风好养膘。

题牧鸭图

一篙点水鸭归轻，几处烟村带晚明。
始是芦苇初复静，一群山雀又来临。

白　鹭

最喜青秧映白鹭，天光云影到田畴。
怜伊牛后虫食少，又去溪头学沙鸥。

山　雪

松风照月冷，溪谷冻流声。
茅舍山人饮，空庭碎玉深。

云

白云过涧绿，投影暗松竹。
山色斑斓处，临崖更看屋。

落　花

数点飞花轻似烟，随风弄态各蹁跹。
想来萍藻卿坠处，不堪池蛙作枕眠。

题蕉扇图

莫为物无用，从春扇到冬。
冬春驱炉火，夏秋赶蚊虫。
无有四时歇，君意何嫌侬。

题竹鸡淋雨图

竹鸡叫雨雨翻盆，雨中无处可庇身。
世间罪孽半自作，自古醒来有几人？

题牧鸭图

早起放鸭趁天晴，无地无田聊水耕。
芦叶初黄秋色浅，一篙点破水中云。

咏紫苏

叶茎同玉簪，花小裹绒装。
篱院秋风过，时闻有异香。

咏宠物猫

常足衣食常年睡，偶闻鼠辈避橱柜。
还惊世俗人相过，佯倚牡丹学富贵。

咏彼岸花

此花也，春花秋叶，花叶老死不相见，人多伤之，因以为咏。

春花嗟彼岸，绿叶秋来长。
本是同根生，奈何两不关。

咏萱草

文人揖让弄风雅，尽插病梅笑煞人。
今我花开遍野院，不用攀采有篱亲。

赋萱草

庭中植萱草，借此以忘忧。
但少诗人赋，因花解客愁。

见人捕得鳜鱼作

曾是水中一霸王，而今半死餐厨间。
早知要作俎板鬼，悔不当初拒饵香。

咏长江

因叹黄河屡绝也。
三江源自寻还微，下到中流巨浪催。
同是昆仑白雪骨，黄河万里可行车！

咏芭蕉

小立栏杆院台阶，冬梅落尽始抽苔。
芳意紧卷畏人晓，留与春风慢打开。

江边草

江滩有草小，夏死冬复生。
青青石间细，粒粒冬蕾匀。
当春弥野望，遍地花黄金。
苍天生万物，物自各有灵。
何必寻常辈，夏荣冬调零。

书　斋

书尘虫蠹掉，牖暗蛛网垂。
蚰蜒依墙走，蠨蛸傍壁飞。
何时到仲夏，喜君又重回。

赋得《鱼鹰图》

竹筏望似尔清闲，江上鱼鹰最可怜。
日暮方得鱼数尾，归来无食宿芦烟。

题自画《鳜鱼图》

桃花三月开，都夸我鱼肥。
何不溯流去，叫他空网归。

咏　藤

藤本攀扶物，风来每任斜。
落地成草莽，可笑不如麻。

咏茶花

茶花本自生南国，移在江边待春泽。
知是花红不称时，独开孤艳伴顽石。

咏海棠

春雨海棠点点红，桃花笑尔为艳容。
青君多赐十余日，何必吟诗夜把釭。

咏牵牛花

牵牛不牵牛，整日在田畴。
空望牛耕地，愧我花自稠。

咏金樱花

秧事才了恰山晴，万壑杜鹃啼血声。
春去金樱殷勤意，满篱素白照眼明。

泥滑滑

泥滑滑，鸟也。啼即雨至。
竹暗泥滑滑，声声唤雨来。
潇湘不可渡，孤岸点莓苔。

咏　鹭

炎炎烈日守河池，柳下牧童笑尔痴。

一日三餐来不易，芦边鸡犬岂得知。

咏 竹

谁种千竿玉，临秋不改容。
见君增我愧，世侩常与同。

题双鲤相疑图

水底逍遥多自在，鱼鹰日日不见来。
寻根泥上应相让，何事同游常相猜。

观山有感

中夜读山古墨沉，平明视岫绿岚新。
山光树色时时改，万物相难由我生。

题《南山樵居》

飞鹰逐兔，得豆种瓜，
南山之下，离离黍麻，
慰我仲氏，日淡云花。

题《仓鼠腊肉图》

谓我农家倍辛忙，稻入粮囤谷入仓。
今余些许梁上肉，却被尔辈充肥肠。

题自画《二壶》

举杯邀月谪仙子，作镜磨砖佛之余。
欲了世间千般恼，唯此酒壶与茶壶。

雨中早梅

冒雨冲风山意寒，竹篱梅骨笑溪旁。
枯茅瑟瑟冬犹在。何不趁晴昨日香？

咏鸬鹚

嗟我嗉包长，时时怕断粮。
一年忙到底，尽日唯一餐。

水　雉

行荷上如履陆地。
晴风浩荡鸥眠渚，江流绕楫自旋深。
水上谋生本不易，绿荷行走一身轻

咏六畜

狗挣套绳猪拱栏，牛挤圈栅鸡飞墙。
本来放出好自在，日之夕矣下牛羊。

鸡公学下蛋叹

引吭高歌本尔长，今学下蛋改尔行。

世人皆晓不自知，学到来生恐白忙。

戏言希孟之千里江山图

曾去故宫见过此画一面，少墨韵耳，惜哉

每忆隋朝展子虔，漫写山树惜春晖。

可怜希孟终难悟，画尽山河少烟霏。

试藤纸

唐开元间，玄宗与学士俱用白麻纸（池州楮纸）作诏书，六部用剡藤纸（以剡溪老藤皮为之）。剡藤纸绝于唐末，今未知其性状。2018年秋，予于贵池棠溪花庙委托冯支书寻人割紫藤皮（未知剡藤纸为何藤也），交省校樊嘉禄书记，嘱太湖桑皮纸传承人刘先生制之，近期始成，予得数十枚。初视之其劣于黄竹纸，且薄。然细审之，极坚韧耐损毁，利于辗转流传（始悟六部公文选此纸之由），试墨，则古意盎然也。因以歌之。

今作剡藤初试墨，皮糙筋犟耐磨裂。

六部公文传天下，驿邮风雨不变质。

此纸宋来不再闻，或是剡溪藤垂灭。

我与樊刘通合力，遂使古魂现今魄。

作假山

人生可娱处，但在一笑颦。

事闲对顽石，方可乐心神。

莫嫌此山小，匡庐之志存。

沟壑历历在，气势弥敦庞。

峰峦似回望，坡陀接水滨。

植草聊为木，蓄水作湖盆。
置案一大笑，庐山傍我身。

题《野田黄雀行图》

野田黄雀行，饥饱自不匀。
高处当已饱，低处苦相寻。
相寻还无得，啄剥在草根。

悲李白

游子西来未再归，蜀江雪浪凭春回。
一生唯去夜郎国，路似近乡心更悲。

第十一章　南山夜话

平天春涨平天咏之一

忽见遥山绿，始知平天春。
湖光侵远黛，宜雨亦宜晴。

碧山[1]平天咏之二

绝顶松风碧，丹崖赭岸东。
寒川歌明月，或疑在此中。

【注释】

[1]在平天湖东，绝崄倒影，沉泓似碧。

太朴烟云平天咏之三

太朴微雨后，山半生云腹。
遥想山前过，云中犬吠出。

知鱼湾[1]平天咏之四

每念庄生意，临风独看鱼，

青荷惊白鸟，点破镜中虚。

【注释】

[1]在包山之东，观钓佳处。

七星古韵[1]平天咏之五

各自妻孥各自村，落湖北斗化为墩。

朝去网罟蒹葭白，一舟归来天地青。

【注释】

[1]在平天湖东。新石器遗址。七山丘相连，状如北斗。

古木浓荫[1]平天咏之六

试问树翁老，已阅几枯荣？

当流盘根古，何乃心已空？

扰扰人间世，何人与身同？

但笑不复言，繁荫落地浓。

【注释】

[1]在平天湖东之柳树章村。根状如磐石，树洞可容五六人。

碧山遗杏[1]平天湖之七

长笑李太白，丹灶何处寻。

寂寞长夜独，植杏以为亲。

古木千年在，松岗不见人。

青天流明月，万古动风情。

今咏寒夜篇，月白如霜清。

【注释】

[1]在平天湖之东木田姜山坡上，岁已千年，绿叶纷披，童颜鹤发也。

杨梅坞[1]平天咏之八

坞中杨梅熟，斜阳半山时。
稻香杂酒醺，对景吟清诗。

【注释】

[1]杨梅坞在湖东，松竹映晴，临水稻香。

桃花坞[1]平天咏之九

桃花遍地水，春山半是云。
樵夫与舟子，长歌楚天青。

【注释】

[1]桃花坞：在平天湖之东北，碧水一湾，桃花乍红，坞中吐霞，村酒新熟，野老相呼，企翘槐荫，喜步兵之来访，笑右军之兰亭。蒲苇初绿，临流赋诗。

平台秋月[1]平天咏之十

月出碧山上，平林清风寒。
波光起淡淡，四顾莽苍苍。
渔村星火远，独月佐清欢。
渺然望城郭，灯火在眼前！

【注释】

[1]望月处唯莲花台为最佳。中秋月上，远山淡淡，四顾寂寥，唯月与我。

绿蒲湾[1]平天咏之十一

斜岛层层湾护绿，晴晖暧暧对蒲烛，
偏它白鹭不知事，飞入蓼红乱看鱼。

【注释】

[1]在水泥船东，绿蒲秋熟，烛黄叶绿，草虫晨吟，山影横潭，行能忘我。

平岗落日[1]平天咏之十二

平岗水浸赤霞空，处处青山带晚红。
三五归林寒雀去，闲着荻浦芦花丛。

【注释】

[1]在龟儿岛北，观落日依依，楼宇层层，别是一番景象。

龟儿岛[1]平天咏之十三

爽爽松风过夏荫，焚香独坐对柴门。
荷香细细新蒲绿，枝外烟波不见人。

【注释】

[1]龟儿岛在平天湖东北，本树木荫翳，可对湖而隐，自是人间一绝境。

望华霁雪[1]平天咏之十四

朔风扬积雪，攀附穿楼柱。
绿岭南天望，九华青玉骨。
一岭分二水，群山乱伏起。
北风似头篦，夜冻梳松竹。

【注释】

[1]望华楼在碧山上。望华雪霁，日光荧荧然，望之如琼楼玉宇，犹仙人之宫也，实平天一胜境也。

暮春登望华楼[1]

时来登远楼，山色动流光。
花落愁春暮，虫声斜日间。

【注释】

[1]楼在碧山。名楼，实阁也。

绿荷湾[1]平天咏之十五

绿叶青荷鱼鸟间，香风终日盍流连。
五月蜻蜓钓竿落，藕花照水不见船。

【注释】

[1]绿荷湾：在平天湖之东，山陬一角，绿荷满潭，香风四溢，夏日犹薰。

宾翁圩田遗址[1]平天咏之十六

圩田三十亩，不堪寄浮生。
天长理楫去，湖白对山青。

【注释】

[1]遗址在西冲姜，即今人造船之东。

齐山湖舍[1]平天咏之十七

宾虹似宾鸿，那复计西东。
圩田对敝庐，江雾隔山重。

【注释】[1]遗址在平天湖西南角船帆雕塑处。

包山春晓[1]平天咏之十八

释箨青粉露滴筠，包山春晓霞微生。

湖光草色侵山径，行客依稀山倚亭。

【注释】

[1]在平天湖南岸。

晴天海浪[1]平天咏之十九

晴天湖阔处，栈桥摇浪空。

沙鸥三五个，振翅凌清风。

【注释】

[1]观浪处在平天半岛木栈桥上，湖阔浪高，气势如海。

听荷亭[1]观雨平天咏之二十

栏杆闲倚水天阔，云卷西山雨打荷。

一阵清风收拾去，明珠多被绿叶驮。

【注释】

[1]亭在平天湖北角。

八字井[1]平天咏之二十一

残垒败垣外，独余八字井。

一泉作二眼，何问人烟盛？

【注释】

[1]在碧山西北角村塘。

南江遗礁[1]平天咏之二十二

矶岸古江侧，礁结千万年。
湖存江已灭，蒲剩倚芦边。

【注释】

[1]在平天湖东北岸，礁石卷起，沙滩纵横，今没入水下两三米。

战国遗冲[1]平天咏之二十三

越灭楚人来万里，窖藏铜器五十七。
举家共钓钩十四，割稻伐苇在淤泥。

【注释】

[1]齐山徽家冲为战国青铜器窖藏地，计五十件。铜钓钩十四枚，铜铲、铜镰各四把。址在平天湖包家山之东滨湖。

平天渔唱平天咏之二十四

渔唱晚霞独棹归，天长地阔芦花飞。
一杯浊酒且谈笑，万事古今尽一挥。

九华天池之一

小道旧经今不同，山花犹自学桃红。
行行碧水源穷处，尚有云径连远松。

山上茶者九华天池之二

松下茶烟横，绕篱开紫藤。
行商不是客，黄犬来迎逢。

昔日法海寺九华天池之三

秋来山果红，林鸟听疏钟。
袅袅香烟处，庵堂水岸东。

孟夏九华天池之四

天池孟夏游山椒，深壑涓涓过水壕。
今日小桥绿树在，似闻布谷唤前朝。

春色九华天池之五

桃李山中红尚蕾，天池山色似深春。
兼黄带绿隔水看，山鸟林中自在鸣。

仲夏初游九华天池九华天池之六

白云乱点散晴光，远近高低山夏长。
树色清溪闲镜里，啾啾林鸟似独忙。

过景老

绿园猗猗半果蔬，橘树漆光满枝头。
借问先生居何处，秋风江畔杨叶洲。

过乌沙因思景老

想见耕余行底事，平林荒岛两由之。
夕阳江上渔歌远，正是烟村明月时。

过景老饮

白云流水孤岛长，也拟秋江漫轻狂。
知会主人殷勤意，我今浪步犹举觞。

青峭湾访翠峰寺二首

访山到白云，云上翠峰横。
茶树石板路，到寺不见僧。
见说修禅者，名动远京城。
谈笑说禅意，方便度众生。
合十但行礼，不宣自有声。
回望石罅处，流泉处处清。

草露犹寒日山腰，山鸟嗜嗜林气消。
历历石阶清且净，众僧打扫梵音飘。
山中岁月无朝晚，东西南北相混淆。
今我尘世更蒙翳，佛心未明常自恼。
来时向南去向南，此意相难问佛老。
佛老缥缈何处问，五老峰前一长啸。

访延华寺[1]遇山雪

微雨清尘一路行，不觉已到青梢村。
仰望天柱山背后，雨止天雪始飘零。
斜径穿竹初经过，忽到茶园隐半身。
人云仙人碧桃洞，乱石参差也纵横。
雨雪霏霏鸟藏处，树木阴湿冻泉声。

扪石抚崖历山涧，松径陡仄难攀登。
要是平居那思得，炉火煨茶酒半醺。
衣上飞雪拂还满，此时青山半腹云。
石上摇摇行复止，路边忽见和尚坟。
前行又到古华洞，雪中玉碎是狂奔。
生我篝火暖我身，纵使草火也销魂。
回我僵指暖我心，天寒地冻独此亲。
雪落无垠下山苦，四肢着地学猿人。
上山攀援尚可解，不道下山犹爬行。
山居到时车辆在，雪域归来魂半惊。
村人暗忖车上雪，疑是神仙下凡尘。
早知仙班累如是，不如围炉作凡人。

【注释】

[1]延华寺在云外峰，或云即唐道士赵知微延华观旧址也。今谓之沙弥庵。云外峰与天柱峰相望。2022年12月5日，余与诸人访之，遇山雪载途，几不能行。未果而返。

九子晚钟

群山回望似朝东，九子红霞浸晚钟。
溪水南来风物在，千顷稻色暮蝉中。

十一月游后山六亩田禅寺，时已初冬

六亩在云中，秋枫也转红。
清潭响涧水，绿岩抱高松。
世外无粉尘，到此万心空。
嗟彼上人者，拈花笑世通。

微雨洗路洁，禅房听晚钟。
下山一回首，云山隔几重。

春登九华阳山

三月登九华后山打鼓岭下之阳山，时玉兰花开，下瞰千沟万壑，花光浮动，平生未见之景，尽在眼前，恍然如梦。因以赋之。

曲曲折折雾中行，云上原来是天晴。
白玉兰花乱如雪，野樱桃发烂霞云。
巨石磊磊间茶绿，山泉滴沥似弦筝。
山高荒残去岁雪，唯我云松发故青。
平平仄仄缘蹊径，高高低低石罅人。
久攀峰高在头上，暂倚曲树抚枯藤。
拂石试读前朝字，勾画历历古意生。
岂料今日野岭外，喧喧原是先人村。
归来山下犹长叹，沧海桑田何处停。

与天蓝方凯晴烟诸人宿九华后山

布谷响千山，松风明月光。
竹窗论世事，月色已初阑。

予村乌渡湖有汪律本黄宾虹栖隐处，宾翁舍曰池阳湖舍，因咏之

缓坡丘连岗，背倚在湖天。
云看南山灭，兴疏北坨还。
乡亲谈笑老，诗画闭关闲。
栖隐先生处，池阳湖舍荒。

杜坞晚望

日落西山树，流光灭远村。
白头苇浅浦，一一摇风清

杜坞渔者

网罟白鳞下，依依苇烟低。
欲辨渔者谁？赤脚绿蓑衣。

杜坞渔者之二

四面天光接水光，三三五五映垂杨。
渔翁钓罢归来后，总是溪边不系船。

杨棚茶屋

流莺四月花初阑，山道雨晴散斜阳。
云上松屋茶烟静，回身笑指脚下山。

杨棚茶屋之二

自在空林起野烟，山行佳处见茅檐。
杜鹃花落茶事了，何处人生不许闲。

杨棚茶屋之三

穿林松径到白云，石畔流泉草青青。
山鸟啼时我应在，林中空啭鸣好音。

杨棚茶屋之四

马头云上是天青，坑谷流泉跳有声。
韵浃松风盈耳落，兰氤春气鹿鸣苹。
茶中袅袅轻烟起，笑我平生片刻宁。

乌渡湖

红叶秋山树，白云乌渡斜。
微波临水暖，岸上两三家。

落日远山净，高天寒雁回。
芦荻萧瑟处，白发钓船归。

松风时初定，落叶去无声。
明月出山后，依苇下网罾

牛耕坡上田，墟里起炊烟。
临水草庐旧，平生渔樵间。

雷惊春水生，鸠唤天还晴。
树外湖光绿，渔舟棹浪轻。

山洪七月漫天溉，河坝初决鱼上来。
水涨心烦割我稻，与鱼争食亦何哀。

楝树花开四月晴，小院苔色初成荫。
水乡布谷催人早，一路秧歌一路青。

鸠鸣村上树，陂里牛耕田。
白水连天外，坞中还系船。

雨中游大愿文化园拜九九铜佛

我来山色蒙蒙开，慈雨霏霏下露台。
三叩焚香齐仰望，佛光竟自云中来。

忆　昔

忆我少年时，力田常苦辛。
趁星辨秧绿，映月归篱门。
浣洗踏溪石，蛙声杂流萤。
六月火云起，云舒楚天平。
凉风屋檐下，山雨读书灯。
楂栗秋已好，朱实鸟相争。
放牛山中草，露水侵我襟。
八月荷花落，湖中采莲菱。
长河天共远，落木秋同清。
扣舷时一笑，此中乐无垠。

杜坞夜行

行吟月下动秋声，小径莎鸡满篱鸣。
今我浦前偷月色，一瓢水月带回村。

秋浦渔者

湖上风光云影晴，竹筏一任自飘零。
一壶浊酒横篙笑，直把渔樵过此生。

拟秋江行归九华

暂凭苇白动秋兴，一自沧江梦白蘋。
云卷萧疏山径断，九华归去叶飞轻。

冬　雪

白絮搅天漫舞空，也同杨柳暮春风。
非他彻地霜寒苦，即是置身四月中。

寻隐者不遇

柴扉每不闭，云掩故人门。
松下昼窗净，山空鸟下庭。

昨日山椒访故人

时过涧水云外云，还访故人青山青。
仲夏山椒人独立，旧识黄犬来相迎。
草木纵横舒长貌，山人如斯动高兴。
斯蠡白日鸣篱短，山鸟出没动柴青。
却似苏门长啸处，还笑独来只阮卿。

郊 外

田水陂泽微起纹，春耕蓑笠去时轻。
好花不占田畴地，尽在林山缺处明。

小 城

南山依城静，长街车马喧。
修竹护露草，溪日共澄鲜。

夜 雨

山气松风篱径叶，暖云夜雨小楼窗。
春愁淡淡不须恼，蛙鼓随听不要钱。

古 城

古木绕墙县已老，青溪环镇恨春生。
野鱼跳波轻起浪，白水芦须沙共明。

街 头

一日三餐也可怜，茫茫俗世哪得闲。
从早街头忙到晚，方依落照吸根烟。

江渚渔居

平流江岸远，落日暮烟荒。
江渚数椽在，渔歌小艇还。

百荷北园

新荷日午亭亭立，点水蜻蜓款款飞。
行走乍惊鹧鸪起，水波漾漾向塘湄。

故乡行

树影天光路草倾，溪桥夜雨阻归程。
夏山岭上驻足望，游子忽闻歌白云。

山　雪

山意冲风寒历历，可怜户牖缝成隙。
鸟雀唧唧林下觅，长嘴短喙一时饥。

江　行

斜伏堪怜江岸柳，海风吹断天边云。
一鹤盘空久不下，船头双桨倒挂萍。

村巷石阶

多少人行石始净，今人不见唯栖鸡。
怅望峰头云正午，白衣苍狗变须臾。

晨兴远望

百鸟鸣春坞，春坞绿意浮。
江帆春影动，远渚白云虚。

访故人居

人世疏钟外，秋林白雨寒。
旧门对岫破，荒井映天残。
鹤唳西风紧，浦平天际长。
何时江上客，落日能收帆。

村居野望

茅斋庭院小，篱径竹杖闲。
风侵春鸠树，牛惊戴胜田。
草滩春水绿，矶岸游鱼连。
农父荷锄立，东皋麦雉眠。
板桥行经处，湿竹起溪烟。

乡村夜读

乡关但见冬萧瑟，处处芦荻尽白头。
暮烟尽随寒雨去，灯下细阅古人愁。

清溪晚行

楚水出山清，兰桡划玉流。
岸立石插水，枝横树报秋。
墟烟带落日，林鸟集梢头。
村妇沙际唤，牧童隔水牛。

南　亭

南亭久不临，孤鸟下寒汀。
望尽长空处，云帆天际生。

山　村

天气朝来清，始知夜雨深。
鸟鸣林岫乐，竹树浮烟轻。
断桥分涧阔，山影带岚明。
争食群鸡闹，庭中斗犬豚。

杜　坞

鸡鸣坞昼静，芦雁沙汀喧。
天冻云阴矮，钓船枯蓼间。

山居荷池

曲池流水石苔生，水畔菖蒲桥下青。
荷叶田田君须护，能留雨响和蛙声。

过山村

茼茼桑麻动漆光，莎鸡篱里振翅长。
此处世间谁称意？云中飞鹤林中蝉。

南　山

古刹青山外，钟声流水中。
南山依径树，霜叶白云红。

山　居

庭树摘实不用耕，举瓢欲舀山泉清。
平居野性不应世，山雨还明读书灯。

杜坞野望

江浦万里风烟收，桃外青山竹外楼。
欲将天涯芳草恨，尽付滩上二三鸥。

山村夜月

山月明溪夜气凉，香风篱落虫吟长。
庭前波动摇蒲影，隔树人家笑语喧。

清溪山居图

竹里有人家，林间小路斜。
墟烟朝日静，犬卧篱边花。

村　外

半霎田中雨，挂山一角云。
久荒南亩地，趁此好春耕。

齐山万壑云涛

陶沈华黄齐聚地，我来云下叩云扉。
古人不见仰天看，笑指洞天苔子肥。

寻高山隐居

夏日青山接远蹊，深涧流水子规啼。
高斋松下云锁系，黄犬柴门卧竹篱。

秋浦渡头

燕子来时柳嫩芽，春风渡口老昏鸦。
沙头散客人归去，唯剩空船摇浪花。

秋浦农家

秋浦山前江边树，子规声里看远湖。
柴门虚掩秧田绿，独立田塍荷笠夫。

乡　村

烟火乡村少，吏人鸡犬稀。
溪头看落日，形影自相依。

故乡行

岁在庚子，四月将尽，环村而行，少闻人声。欲山行，路已荒绝，为荆柴所封，遂憩竹林中，而笋尚未解箨。遥仰群山，夕阳斑驳，子规在耳，兴叹而已。

近夏小村亦可怜，藤墙野水流荒田。
旧山荆棘已无路，唯有鹈鸠树参天。

故乡行之二

春去花落笋初齐，过午阳光影自移。
陌上南风荒远近，吾村渐到心犹疑。

山　家

夕照渐移村柳影，秧田平铺塍岸花。
五月香风好篱落，斜溪鸟语到山家。

江村野望

江夏寨篱野望人，青山独立大江横。
天边一树平川绝，更把夕阳送江声。

杜坞吟

我家秋浦阴，杜郎印游屐。
秋冬草木凋，渔钓常相忆。
寒夜雨敲瓦，孤篷渔火寂。
芦荻瑟瑟风，江浦云垂地。
一雁晴初高，恰似齐秋气。

杜坞山居

苇蒲滩上春又生，春去无情随黄莺。
临水柴门千万竹，可怜雪里亦青青。

石台矶滩

四处青山落照中，清江见底一帆风。
山村几户墟烟起，矶岸霜枫落晚红。

见卢师大庾岭照相，感宋之问诸人事

岭梅驿道旧时红，逐客曾经几度逢。
长笑人生不似雁，衡阳飞到即回峰。

秋浦渔村

鸟语日朝鲜，溪清叶露圆。
凭槛山风起，蝉声起树间。

乡　村

西园自在蛱蝶飞，原上秋风草径微。
树底亭凉村犬卧，倚墙橘柚出庭围。

村中晨起初晴

千峰晴色黛参天，古木村桥蓼水烟。
庭草一蝶才戏过，柴门鸡犬又喧喧。

田　家

蔷薇花开春已阑，风动萍草蛙声长。
春去无踪难留去，田家好客犬拽衫。

杜坞渔父

西风残渡鸟，落日余荒烟。
鸡犬坞中静，一塌临水眠。

杏花村

杨柳微风岸，杏花细雨村。
从来幽赏地，最喜是诗人。

锄　园

菜畦略略向篱斜，数只游蝶戏野花。
生计只如园圃草，勤锄日日少闲暇。

夜　雨

夜雨朝歇布谷鸣，楚天云暗南山青。
前溪添涨平沙路，等煞桥头犬后人。

心安禅寺

禅寺高阁迥，禅潭秋水清。
长天鹤唳处，山道入云深。

母亲节

仄仄山道慈严去，人到中年我是家。
幼逆向谁说忏悔？唯有长跪对天涯。

江　行

往日，余自荆州顺流而下，江行所见，因录其一二。

行行江岸泊，秋树江帆稀。

脉脉斜晖处，危崖塔影低。

小　村

院里红桃屋后山，绕村尽是菜花黄。

年年不带惜春眼，留取春深看牡丹。

山　居

山雾重重茶露盈，阶花零落院花明。

烹茶小坐天晴后，爽爽松风林鸟轻。

鱼龙儿

春归梅英落，枉却东风，一地残红。画楼溪畔树重重。

水涯问归舟，几人如侬？帆影遥岑天际远，沙岸柳色凝望中，记取鸥鸣。

登石台铜陵坡

铜陵坡山势峭拔，崇山峻岭，林木幽深，自昔游广西十万大山后，今始再阅此幽险。

山上茅屋三两家，一峰新绿间红花。

涧水潺潺春昼静，闲敲棋子古松斜。

杏花村憩园

草堂庭院多繁荫,闲坐湖光竹树深。
渔父归舟依浦岸,芦花秋水晚霞明。

秋浦村居

柴扉一径通,红蓼碧荷东。
江上西风起,芦花隐钓翁。

杏花村居

秋浦江色四时开,荀鹤菲菲菊岸回。
望尽杜郎游冶处,西风吹雨入窗来。

赋秋浦杜坞新居

秋浦西来春水平,行春小杜费船吟。
窗前竹叶添新画,屋角松声入古琴。
鱼动藻石数尾散,鸟飞藤树一身轻。
蕉荫棋客局初了,新起茶烟水尚生。

梅花落

竹里梅花春消息,溪头横断风雨欺。
东风碧水冉冉去,唤取来年开我篱。

游青阳黄石溪

山山红叶树，岚光弄晴晖。
仄道崖如落，盘旋碍鸟归。
藤蔓缘桥拱，茶屋依山排。
深壑临溪水，雪浪下岑危。
竹修石磊磊，罅细流微微。
还看天台远，茶田没夕霏。

余及继红同学两家人同游齐山，因兼寄诸同学

峰齐石不齐，木落草未枯。
历历丘壑在，徐徐山道迂。
登高枝横路，寻幽石打头。
忆惜少年时，狂呼三五徒。
高下遍山野，摘花信手丢。
时时一大笑，放歌傲清秋。
抚藤独长叹，今才几人游。
青春不堪忆，望极天涯愁。

江　渔

船尾青山行渐低，夕阳江上芦苇稀。
掮得网罟鱼归去，竹树板桥红蓼西。

杜坞渔夜

白雨疏林空，寒江天水同。
江渔归去晚，听雨卧船篷。

渔舟唱晚

渔翁收网时，江上暮添霞。
归去芦花后，篷船依岸沙。

江　畔

日暖浅沙鹜雁行，春风吹处草青青。
江畔往来渔利客，几人独坐听江声？

乡　愁

近来年味薄，世变风俗移。
惆怅故乡远，欲归不可期。

八月十五月明感季鹰吴中之叹

故乡十五时，滩前明月圆。
秋风芦掩处，曾泊故人船。

探亲将返

晓程夜霜白，月华山住清。
犹恐大儿醒，征履催风生。

清　溪

历历晴光溪岸麻，风轻潮浅卷细沙。
清溪河畔故人垒，几处败垣荒圃斜。

磨盘山居

日绕园圃过篱落，山居无外柴与耕。
樵弈不觉松落子，烹读未懂风吹灯。
东皋稻色喜经雨，楝树阳光厌巢莺。
嗟我年年不晓事，冬晴火桶煨墙根。

江　行

江天秋树晚霞色，沙上行飞白鹭群。
莫笑商人候矶岸，世间俱是估客行。

山　农

清晨歇寒雨，空山生野烟。
荷锄理旧业，暂倚疏篱边。

归　渔

一夜西风吹寒雨，隔窗浦树照火渔。
人生辛苦同网破，夜夜归来唯犬趋。

杜坞渔歌

落日孤屿外，霞霏江上来。
帆收渔唱起，白鸟滩前飞。

夜　雨

一阵云阴一阵雨，山风含润过檐挑。
清溪水涨柳摇绿。夜霁南窗岭月高。

无　题

石润苔苍古，木落雁云深。
昨夜江边月，风清不醉人。

村　居

秋日登楼一望间，几番萧索雨后天。
仄仄山道连峰远，午后村眠续梦圆

山樵夜读

山空明月作光霰，松下流云学水声。
野客樵余唯读易，云窗夜雨风吹灯。

秋浦平居

二月烟波三月雨，秋浦山前水自舒。
平林横卧无人扰，庭下鸡鸣残梦余。

溪　行

峰前指山小，云上笑风回。
行舟自相适，山水动霞霏。

春　茶

碍人野树掩村稀，春雨霁时路高低。
好趁采茶新露水，腰篮系背缘云溪。

青枫岭

日低轮压气，城小街连山。
池口青枫岭，浩浩一望江。

山居晨起

石束山溪响，夜终侵晓寒。
引水池萍涨，亲峰日掩芒。

湖山所见

绿树招摇山花明，疏疏篱落一径深。
五月南风湖上过，也送云阴护垄耕。

江浦暮春

无边春色到江南，细雨丝丝江浦长。
云白横山峰点破，急湍奔涧湖成全。
可怜万里思归客，飞鸟平芜下夕阳。

题自画

信手拈来不自珍，当时只是寻常人。

可怜落尽千山叶，雪里方知有故青。

秋浦晚望

暮天蝉栖霞，暮树归寒鸦。
嗟彼辽天鹤，盘云不肯下。

无　题

人情解世故，文章弄风流。
笔墨谁知会，归来月正秋。

乡村守望

藤花墙矮蔓牵深，疏栅黄鸡与犬豚。
打自荒村偶经过，背驮野老立柴门。

秋　分

枸杞新花叶，石榴老果枝。
宵征蟋蟀隐，秋气正分时。

后　记

我从未料到，2024年2月3日，竟会如此沉重。那天，恩师吴世民先生因尿毒症透析不幸骤然离世。2月3日一早，我准备从石台县返回市区，出发前和陈峥前往菜市场，为恩师选购一些山里的土猪肉。正欲扫码结账，接到池州学院文传学院高祥华副院长的电话："万余胜，你在哪儿？"我答道："高院长，我在石台，正准备回去，您有什么事？"他沉声道："赶紧回来，你世民师'走了'。"我的脑袋顿时"嗡"的一声，仿佛遭受重击，当场蒙了，呆立街头。回城路上，车子差点被我踩爆缸。我一路驾车一路泪流，双手几近握不住方向盘。陈峥在副驾驶座上瑟瑟发抖。途中，我反复拨打江山老师和同学杨明星的电话，请他们帮忙确认，"世民师怎么就走了呢？怎么可能？？"到世民师家时，角落里已搭起一个简易的祭台，上面摆放着一张遗像。

刺骨寒意裹挟着师母的啜泣声："透析返家后突发不适，再送医已……"明明一天前，我们还通过电话。2月2日早上10点36分，我告诉他已联系到上海华山医院的肾脏科专家，并通过微信发送了截图。电话那头传来他惯常的从容："再等两天，你回上海顺路送我去检查。"老天竟如此残酷：话音尚温，阴阳已隔。

站在灵前，我神情恍惚。往昔种种，一幕幕击打我的大脑。

2月1日的晚上，江山、许海斌二位老师及我，和世民师在他家楼下的饭店年前小聚。记得那天我正在给客户拍摄宣传片，下午时分接到世民师的电话，询问我的位置，邀请晚上一同用餐。我问："哪些人？"他笑着回呛："你问哪些人干什么？我喊你吃饭，你不来？"我赶紧解释："不是那个意思。我想准备忙完这两天,喊江、许二位老师一起小聚。”世民师半开玩笑地说:“那你不早点安排? 那个陈峥,江老师为他忙前忙后,小孩儿却没一点动静。我能坐视不管吗?”瞬间心头涌起一股暖流:他尚在透析治疗,夜里奇痒难耐,夜夜无法入眠,却依然为学生“拾遗补阙”。

由于年前需交付影片,收工晚,赶到毓秀门饭店已近七点。席间,江、许二师见世民师面色极为不佳,频频劝他务必前往大医院进行检查。许老师提到自家亲戚在池州人民医院,资源尚可,先前孩子生病辗转多处,备受折磨却未见成效,去到上海很快治愈。江老师不仅力劝他尽快到大医院就医,更用反语激励他:“你把身体养好,再与我争论三十年!”饭后,我护送他上楼,并约定由我联系医生。第二天上午10点36分,通话结束后,我便前往石台县。

3日一整天,师母、小师妹以及世民师家中亲戚,忙着照顾前来吊唁的宾客。我强忍悲恸,通知恩师生前好友,直至夜幕降临,大姑(世民师的大妹妹)劝我回家休息。回家洗漱后,我重返灵堂,大姑她们颇为惊讶。我解释道:“今晚我要为老师守灵,回去实在难以入眠。”那一夜,我坐在他常坐的沙发上,回忆他的音容笑貌和谆谆教诲,不时点蜡焚香,看着遗像,总期盼他能再与我交谈。我多么希望真的有魂灵,哪怕一丁点儿的异象!

次日,我们将骨灰从殡仪馆送至桂畈的祖坟山,安葬完毕后,众人皆无心逗留,便一径返城。随后,在谢文胜老师的建议下,我们前往饭店小坐用简餐。席间,几位老师纷纷询问我,是否知晓世民师那些文稿的下落,是否有书籍待出版,以及每本书的撰写进度。坦白讲,我对此一无所知。我们平时交流的主要内容是下周的考察地点及拍啥节目,至于《南山耕余录》的书稿,世民师仅提及与出版社有签约,具体进展,我全然不知。我甚至曾有过一个荒谬的念头:若他生命最后,有所预感,哪怕仅在医院持续待上一个月或一周,至少会交代一些事宜,告知我应整理哪些资料,与何人联系。如今骤然离世,未留片言只语。这一点他未曾料及,而我更是从来不曾有过此念!

守灵的那夜,我便将世民师离世的消息告知了卢盛江教授。卢教授是中国唐诗之路中国研究会会长,南开大学博士生导师,是世民师生前最为敬重的学界前辈。卢教授闻讯,震惊之余,详细询问了世民师的家庭状况并特别提到世民师的书稿事宜，他叮嘱我务必认真整理。有任何问题，随时与他联系。卢教授表示，若书稿具备出版价值，他们唐诗之路研究会有专项丛书出版经费可供支持。

料理完丧事已是腊月二十六，我匆匆赶回家中过年。过年期间，我独自猫在角落，将他微信朋友圈的诗歌、书评及绘画作品一一翻阅，全部整理出来。

2024年2月26日，我与师母姜文莲女士及世民师的两个妹妹一同前往他生前所在的池州电大办公室，整理其遗物。我们将他办公电脑中的文件悉数拷贝至硬盘，并制作了两个备份。拷贝过程中，我逐一查看各个文件夹，试图寻找书稿。随后，我又花费了一周时间仔细浏览这些文档。最终，仅找到了《国学十七讲》和《池州领风骚·人物看千秋》的目录，却始终未能找到他曾提及的关于"认识论"的书稿，那本书被他视为"枕棺"的珍品。

得益于浙江师范大学吴民祥教授的精心筹备，2024年3月10日，我们在九华书院举办了"吴世民先生追思会暨著作出版座谈会"。世民师生前好友及弟子们首次见到了《南山耕余录》责任编辑——来自安徽师范大学出版社的房国贵老师。大家一同追忆与世民师相识相交的点点滴滴，并为遗著《南山耕余录》的出版献计献策，人人皆愿全力以赴。受众人委托，我请卢盛江教授为遗著撰写序言。此前，2023年9月卢盛江教授曾因世民师力邀莅临池州讲学并考察池州诗路脉络，我为他们驾车，有幸结识这位德高望重的学界泰斗。卢教授正忙于校正唐诗之路的丛书，但他慨然应允，并表示通读全书后方可落笔成文。8月6日，卢教授发来万字宏文，既对全书进行高屋建瓴的剖析，又对世民师的诗歌进行细致入微的解读。

2024年11月18日，房老师将《南山耕余录》打印稿分别寄给了江山、谢文胜二师及我。随后，我们四人组建了一个微信群，江老师命之曰"粑粆《南山耕余录》"。我们从文法表达、句式结构、引文来源、历史纪年，到句读和错别字，无不"锱铢必较"。江老师仅对本书自序的校正就投入了一周的时间，谢老师则对表达不畅之处，反复斟酌，重新梳理。为提高效率和质量，我们每人分校80页的内容，最终再统一汇总"粑粆"一遍。

2025年1月23日，值世民师逝世一周年，《南山耕余录》编辑房老师不辞劳苦，携"样书"亲至世民师墓前，虔诚祭拜并恭敬奉上样书，以"焚祭"之仪缅怀世民师。闲谈间，我意外得知房老师与世民师此前竟未曾谋面。2022年世民师出版的《碰撞·融合·创生——吴越楚文化交融视野下的池州历史变迁》一书，编辑工作亦由房老师担纲，二人修改书稿全赖电话沟通。两位老师因作品相交之谊如此之深！遥想此景，鼻头微颤。敬爱的吴老师，您的著作出版托付于如此挚友，实乃幸事！

受业　万余胜　稽首再拜

2025年2月18日